LETTRES POLITIQUES CONFIDENTIELLES

DE

M. DE BISMARCK

Il a été tiré à part
10 exemplaires sur papier de Hollande numérotés
à la presse (n⁰ˢ 1 à 10)

F. Aureau. — Imprimerie de Lagny.

LETTRES POLITIQUES CONFIDENTIELLES

DE

M. DE BISMARCK

1851-1858

PUBLIÉES PAR

M. HENRI DE POSCHINGER

CONSEILLER AU MINISTÈRE DE L'INTÉRIEUR DE L'EMPIRE

TRADUCTION FRANÇAISE

PAR

E.-B. LANG

PROFESSEUR A L'ÉCOLE SPÉCIALE MILITAIRE DE SAINT-CYR

PARIS

PAUL OLLENDORFF, ÉDITEUR

28 BIS, RUE DE RICHELIEU, 28 BIS

1885

Tous droits réservés

AVANT-PROPOS

Le prince de Bismarck n'est guère connu en France. Cette vérité a l'air d'un paradoxe, mais c'est une vérité. Le gros public ne sait ni d'où il vient, ni comment il s'est élevé. D'aucuns ignorent s'il est baron, comte ou prince. On le nomme Bismarck tout court. Cette familiarité, privilège des morts illustres, lui est accordée de son vivant par un aveu inconscient ou tacite de sa grandeur. On ne lit pas ses biographies écrites en allemand, et pour cause. D'ailleurs il n'a eu et ne pouvait avoir jusqu'à ce jour que des historiographes. Aucun écrivain français n'a essayé de raconter cette vie si intéressante à tant d'égards. On ne se risque pas volontiers à effleurer un sujet aussi délicat, à discuter les questions brûlantes qui s'y rattachent. Pourtant je ne sais qui se mêla un jour d'écrire l'histoire burlesque de M. de Bismarck. Sa tentative échoua devant l'indifférence publique. C'est que la note était fausse. Le personnage a la taille trop haute pour que la plume, la plus spirituelle même, puisse le rabaisser et en faire un grotesque.

A défaut de biographie sérieuse et impartiale, lisons ces *Lettres confidentielles* que M. de Bismarck, délégué à la Diète (1851-1859), écrivait de Francfort, de Vienne, de Paris, de Copenhague, à son ministre, le baron de Manteuffel. Nous le surprenons là vivant, agissant, jetant pêle-mêle sur le papier les résultats de ses informations, les intrigues, les maladresses des diplomates, leurs vues, les siennes propres, et, brochant sur le tout, des sarcasmes, des plaisanteries, qui sont le sel et le piment de ce ragoût politique. Ces lettres n'ont pas en effet l'allure souvent solennelle, presque toujours froide et compassée des « Rapports officiels » antérieurement publiés (1). Il y circule plus de sang, plus de chaleur, l'écrivain s'y montre plus à nu, plus franc, plus entier. Il laisse courir sa plume parce qu'il est sûr de n'être lu que de son chef, qui est son ami ; il dit ce qu'il pense, sans ambages, sans détours, sur les hommes et les choses. De là l'intérêt puissant de ces lettres ; elles peignent à la fois un homme et une époque.

Les diplomates y trouveront de hautes et fécondes leçons ; ceux qui savent lire entre les lignes

---

(1) *Correspondance diplomatique* de M. de Bismarck, publiée d'après l'édition allemande de M. de Poschinger, sous la direction et avec une préface de M. Fanck-Brentano (Paris, 1883).

y feront des découvertes surprenantes. Mais tous, le lecteur le plus étranger à la politique comme celui qui a ses entrées dans les coulisses diplomatiques, y verront avec une stupéfaction profonde, avec une admiration qui s'impose aux plus hostiles, à quel degré de clairvoyance et de pénétration peut s'élever un homme, quand à une intelligence hors ligne, à une volonté rigide, il joint l'amour fanatique de sa patrie.

M. de Bismarck est un chauvin d'un égoïsme transcendant. Tout pour la Prusse. Quand il s'agit de l'intérêt de sa patrie, il n'a pas de préjugés. Absolutiste, conservateur et féodal au dedans, il approuve le libéralisme au dehors, du moment qu'il peut contribuer au développement de la puissance prussienne. Erreur à Berlin, vérité à Hanovre. Dans cette perpétuelle recherche de bénéfices pour sa patrie, il déploie une activité infatigable. Il ne se remue pas un pion sur le vaste échiquier de l'Europe qu'il ne le sache. Ses informations lui viennent de toutes les sources, même les plus infimes. Il exploite les faiblesses et les travers de ses adversaires ; plus fort que Lavater, il surprend leurs opinions sur leur visage, dans leur attitude, dans leurs gestes. Toujours calme, toujours impassible, il observe « comme un naturaliste » les échantillons du règne animal qui l'entourent.

Ceux-ci paraissent bien petits à côté de lui. Les uns s'inquiètent plus de leurs propres intérêts que de ceux de leur pays; les autres sont nerveux, et leur bile se révolutionne à la moindre contrariété; un troisième a la colique à propos de rien; la plupart sont affolés par la multiplicité des événements, incompréhensibles pour eux, et s'agitent effarés, ne sachant ni que faire, ni que résoudre.

M. de Bismarck n'hésite jamais sur le parti à prendre, parce qu'il prévoit. L'éternelle préoccupation du profit pour son gouvernement, la tension incessante de son esprit vers les quatre points cardinaux de l'horizon, donnent à sa sensibilité politique une acuité si grande qu'il perçoit les moindres symptômes, qu'il pressent les orages, les accalmies, et les sautes de vent. Il est doué d'une sorte de seconde vue.

Pendant ces huit années (1851-1859), où la question d'Orient et la guerre de Crimée ont mis toute l'Europe en mouvement, il a démêlé le jeu des puissances. Il a trouvé le défaut de la cuirasse de chacune. Il ne s'exagère pas les forces de l'Angleterre; il apprécie à sa juste valeur le mal qui ronge la France et qui s'appelle le bonapartisme; il constate la pénurie d'hommes de valeur en Russie. L'Autriche, pour lui, est la grande malade, accablée de peuples et de dettes. Il annonce son agonie et la guerre d'Italie. Il déclare qu'elle gêne la Prusse en Allemagne et sous-entend : Nous l'en ferons sortir. Le roi de Hanovre est trop ami de l'Autriche : nous lui enlèverons son pays et son trône. Le duché de Bade a eu le dessous dans son conflit avec le clergé et le pape, parce que nos conseils n'ont pas été suivis : nous reprendrons la lutte plus tard (Kulturkampf). Le Danemark a donné au Sleswig-Holstein une constitution qui nous déplaît : protestons avec la Confédération, mais opposons-nous à tout arrangement sérieux ; nous profiterons plus tard de cette situation. La Confédération elle-même ne marche pas à notre gré : préparons les voies pour la supprimer et pour y substituer notre hégémonie.

Si M. de Bismarck a pu voir ainsi l'avenir, c'est qu'il savait ce qu'il voulait et que, par son influence sur ses chefs, il se trouvait en mesure de préparer les événements. Ailleurs on se montrait indécis et versatile. Napoléon III faisait de la politique de sentiment et titubait d'une alliance à l'autre ; la Russie se recueillait et s'abstenait ; l'Autriche poursuivait trois lièvres à la fois, en Orient, en Italie et en Allemagne. M. de Bismarck, au contraire, avait l'œil fixé sur un but unique : donner à la Prusse morcelée la cohésion du territoire et la prépondérance en Allemagne. Ce but a été atteint, il a même été dépassé.

Voilà, en substance, ce qu'on lit dans ce recueil ; il est impossible de dire le monde de pensées que cette lecture éveille. Ces lettres révèlent si étrangement l'avenir par le présent, une logique toute puissante s'y appuie sur une masse tellement inépuisable de preuves et de faits, qu'on éprouve une singulière émotion, mélange de terreur et de respect. On a le sentiment de quelque chose de formidable et on courbe instinctivement la tête. On se demande si ce n'est pas un honneur d'avoir un tel antagoniste.

Je suis sûr que les Allemands eux-mêmes, avant la publication de ces lettres, ne croyaient pas leur chancelier aussi grand. Mais quelle n'a pas dû être leur surprise en reconnaissant aussi en lui un écrivain de race! Son style n'est ni lâche, ni flottant; il a su corriger ce défaut inhérent à la langue germanique; il lui a donné de la vigueur et de la solidité, le plus souvent même, de la précision. Sa phrase est généralement haute et abrupte, on perd haleine à vouloir l'escalader; la masse des idées y accumule tant de propositions incidentes et dépendantes, tant de compléments circonstanciels, qu'on la sent éclater comme un vêtement trop étroit. Son style, loin d'être monotone, a des allures diverses; tantôt il trotte menu, les propositions courtes et vives s'avancent par petits bonds, comme autant de tirailleurs; tantôt il se condense, se masse, et les membres de phrase se précipitent en rangs serrés à l'assaut de l'idée, comme un hourra de grenadiers.

Qui eût cru que ce diplomate, qui résume en lui les qualités de Richelieu, de Talleyrand et de Cavour, disputerait encore à Machiavel la palme de l'écrivain?

E. B. L.

LETTRES CONFIDENTIELLES

DE

M. DE BISMARCK

RAPPORTS PARTICULIERS AU MINISTRE BARON
DE MANTEUFFEL.

I

Portraits des membres de la diète fédérale, des officiers plénipotentiaires et du personnel de l'ambassade d'Autriche. — Soupçons sur les agents subalternes de l'ambassade de Prusse. — Portrait du comte de Goltz. — Les commandants des troupes prusiennes à Francfort-sur-le-Mein. — Attitude des garnisons prussienne et autrichienne, impression produite par chacune d'elles. — Portrait du major Deetz. — Rapports sociaux à Francfort-sur-le-Mein. — Attitude des diplomates représentants des puissances étrangères à la Diète.

Francfort-sur-le-Mein, 26 mai 1851.

Votre Excellence me permit, lors de mon départ (1), de lui adresser, à l'occasion, un rapport confidentiel sur ce que je verrais ici. Jusqu'à ce jour les affaires ont été bien calmes à la Diète; conformément aux instructions de Votre Excellence je me suis imposé une grande réserve dans mes fonctions : aussi ne

(1) M. de Bismarck fut nommé conseiller de légation le 4 mai 1851.

parlerai-je que des personnages dont j'ai fait la connaissance.

Le comte Thun (1) affecte des allures d'étudiant et même quelque peu de *roué* viennois. S'il commet, sous cette dernière forme, quelques péchés mignons, il cherche à les racheter à ses propres yeux ou bien à ceux de la comtesse, par la stricte observance des pratiques de l'Église. Au cercle il joue au baccara jusqu'à quatre heures du matin ; danse de dix heures à cinq sans s'arrêter et avec une passion vraie ; il boit en même temps force champagne frappé ; fait la cour aux belles femmes des négociants avec un sans-gêne qui porte à croire qu'il tient autant à frapper les spectateurs qu'à s'amuser lui-même. Sous ces dehors le comte cache, je ne dirai pas un puissant esprit politique et une haute intelligence, mais une force extraordinaire de calcul et de sagacité. Ces qualités il les déploie avec une grande présence d'esprit et sous le masque d'une tranquille bonhomie, dès que la politique entre en jeu. Il est un adversaire dangereux pour quiconque se fie à lui sans arrière-pensée, au lieu de le payer en même monnaie. A ce que j'entends dire, le comte Thun, en pieux observateur de la louable discipline, propre à la diplomatie autrichienne, s'efforce d'être l'organe le plus fidèle des vues du prince Schwarzenberg, et montre, sous ce rapport, une exactitude et un zèle professionnel dignes d'imitation. Si j'en puis juger par mes impressions, de si fraîche date, les hommes d'État autrichiens de l'école de Schwarzenberg ne prennent jamais le droit pour base de leur politique, par la seule raison qu'il est le droit ; leur conception me paraît être celle du joueur qui

---

(1) Comte de Thun-Hohenstein, ambassadeur d'Autriche à Francfort-sur-le-Mein et plus tard à Berlin.

observe les chances favorables, les exploite, et y cherche un aliment à sa vanité en se drapant dans l'impertinente insouciance d'un dandysme aux allures cavalières. On peut dire d'eux avec ce couvreur qui tomba du toit : « *Ça va bien, pourvu que cela dure* (1) ».

La comtesse Thun est une belle et jeune femme d'une réputation sans tache, née comtesse Lamberg ; elle ressemble à ma sœur ; c'est une catholique orthodoxe. Les deux époux ont une teinte de chauvinisme tchèque ; la comtesse ne parle que la langue tchèque avec ses enfants et ses servantes.

Le second personnage à l'ambassade d'Autriche est le baron Nell de Nellenbourg, excellent publiciste, à ce qu'on dit ; il touche à la cinquantaine ; poète à ses heures, sentimental, il a la larme facile au théâtre ; d'abord facile, il est bienveillant d'apparence ; il boit plus qu'à sa mesure. On raconte qu'il a eu des malheurs de famille.

Le vrai faiseur de l'ambassade impériale semble être le baron Brenner, grand, bel homme, âgé de quarante ans environ. Avant de venir à Francfort, il exerça, paraît-il, une certaine influence sur la direction imprimée à la politique autrichienne en Italie. Il fait l'impression d'un homme de grand talent et de grand savoir. On le dit ultramontain, ce qui ne l'empêche pas de rendre hommage au beau sexe et de descendre même, pour des entreprises de ce genre, dans les couches moyennes de la société francfortoise.

En face des hommes, *in specie* à l'égard des nôtres, il observe une retenue hautaine.

Le général de Schmerling est un élégant général qui paraît avoir pour bras droit le baron

---

(1) En français dans le texte.

Itzikowsky, major du génie. Ce dernier est un officier très intelligent, d'une éducation et d'une amabilité parfaites. Je voudrais que nous en eussions le pendant parmi les membres de la commission militaire.

J'ai reçu, surtout de source autrichienne, de nombreux avertissements sur nos agents subalternes, qui tendent à me les rendre suspects. Jusqu'à ce jour je n'ai pas encore d'indices sur le bien ou mal fondé de ces accusations. Le comte de Thun et même le comte de Goltz affirment que l'un de nos agents est en relation avec la *Gazette constitutionnelle* de Berlin et la *Gazette de Cologne*, d'après certains détails donnés par ces feuilles. De Goltz a su conquérir une très bonne place dans la société d'ici ; il est surtout bien vu dans le cercle autrichien. Je me suis convaincu de nouveau qu'il entend fort bien les affaires ; ce qui m'afflige, c'est qu'il ait gâté sa situation vis-à-vis de Votre Excellence par son caractère emporté. S'il donnait sa parole d'observer certaines mesures, je crois qu'il la tiendrait ; ce qui permettrait d'utiliser ses grandes facultés. Il mettrait un frein à ses vivacités et renfermerait en lui-même son acrimonie. Je suis sûr qu'il tiendrait sa promesse dans l'exercice de ses fonctions.

Nos troupes d'ici sont commandées par le colonel de Herwarth, superbe officier de la garde, et par le colonel de Kessel qui commande le 29e régiment d'infanterie. Ce dernier est un officier très capable, au jugement de tous les militaires que j'ai entendus parler de lui. C'est le modèle des colonels. Il paraît vexé de ce qu'il n'y ait pas eu de guerre, mais au demeurant, c'est un homme fort honorable et sur lequel on peut faire fond. Dans toutes les querelles de garnison avec les Autrichiens, il se montre zélé défenseur de sa troupe, sans procédés discourtois.

Nos hommes du 29ᵉ ne font pas précisément bonne figure à côté des Autrichiens ; leurs chasseurs sont un corps d'élite qui flatte l'œil, homme par homme ; les uniformes, même ceux de leur régiment d'infanterie, sont luxueux, neufs et propres ; les hommes sont des vétérans ; les officiers autrichiens et bavarois reçoivent une assez forte indemnité de séjour. Ce serait très heureux si nos officiers pouvaient obtenir le même avantage ; ils ressentent cruellement leur infériorité ; la vie ici est en réalité plus coûteuse que je ne le supposais, plus coûteuse qu'à Berlin. Ce qui choque l'œil également, c'est que les uniformes de nos soldats sont plus usés ; en outre le grand nombre des recrues et le peu de durée du service donnent aux nôtres un aspect moins martial. De là, dans la bouche des habitants et des étrangers, des jugements qui sont souvent blessants pour les Prussiens. D'ailleurs le bon esprit qui anime le 29ᵉ lui vaut tous les éloges.

On m'a de différents côtés mis en garde contre le commandant de place, major Deetz ; de Goltz, entre autres, les colonels de Kessel et de Herwarth se sont plaints ; ils l'accusent de mal faire son service, de rester dans sa chambre et d'être la cause de bien des désagréments que l'on eût pu aisément éviter aux troupes de la Prusse. On m'affirme du même côté qu'il se livre à des intrigues politiques ; à Mayence le général de Schack (1) par contre m'avait dit beaucoup de bien de lui. Je ne me permets pas d'ajouter un jugement personnel, mais je prierai Votre Excellence de prévenir le général de Ger-

---

(1) De Schack, lieutenant-général en Prusse et commandant de la forteresse fédérale de Mayence.

lach (1) qu'il ne reçoive les rapports du major Deetz que sous toutes réserves.

Le baron Doernberg est au service des princes de Turn et Taxis. Il a des relations très étroites avec la famille de madame de Vrints, sœur de madame de Meyendorff. Le salon de cette dame, ouvert tous les jours, forme en quelque sorte le quartier général féminin de l'Autriche. Le gendre de la famille de Vrints est M. de Bethmann, chambellan du roi de Bavière; son frère est notre consul.

En dehors du salon de madame de Vrints, où les dames jouent tous les jours un jeu d'enfer, la société n'a donné signe de vie que vendredi dernier. Il y eut une fête splendide chez lord Cowley, en l'honneur de la reine Victoria. La duchesse douairière de Nassau (née princesse de Wurtemberg) y fut avec la princesse, sa fille, qui n'est pas encore mariée ; celle-ci dansa avec toutes les puissances représentées, la Prusse exceptée.

La diplomatie d'ici est avide de sauteries; non seulement Thun, mais encore Tallenay, qui est âgé de cinquante ans. Le représentant de la Belgique comte Briey, et lord Cowley lui-même ont dansé et pris une part active à un cotillon de deux heures. Les salles étaient décorées des drapeaux multicolores de tous les États de l'Allemagne ; vis-à-vis du transparent aux armes de l'Angleterre était accroché celui de la Confédération germanique : l'aigle à deux têtes sans couronne.

Les représentants de l'Angleterre et de la France sont très prévenants, et l'on espère ici que, grâce à l'entrée de la Prusse à la Diète, ils ne tarderont pas à y être accrédités.

---

(1) De Gerlach, lieutenant-général et aide-de-camp du roi de Prusse.

II

Attitude des sociétés démocratiques à Francfort-sur-le-Mein. — Portraits de M. de Blittersdorf, des bourgmestres de Günderode et Sieber. — Visite à Rumpenheim. — Mission du comte de Széchényi. — Le comte de Thun.

27 mai 1851.

J'ai l'honneur d'envoyer à Votre Excellence, à titre de simple curiosité et pour ne pas avoir à y revenir, des détails sur les associations démocratiques de Francfort. J'ajoute une brochure qu'on vient de distribuer dans ces sociétés. Elle n'est point écrite sans talent, attaque surtout la bourgeoisie, mais elle est trop longue et d'un style trop peu populaire pour faire impression sur le public auquel elle s'adresse. On ne peut pas lui reprocher de demi-tendances ; au contraire, on est parfois tenté de prendre cet écrit pour un produit réactionnaire à la manière du dernier manifeste de Mazzini. En somme, la démocratie francfortoise n'a pas grande importance ; les chefs se plaignent même de l'avarice et de l'indifférence de leur parti ; les réunions sont peu fréquentées ; une victoire éventuelle du parti démocratique en France serait seule capable de ranimer leurs différentes fractions, qui échappent en ce moment à l'observateur. Quelques rares tentatives pour débaucher et faire déserter nos soldats et ceux de l'Autriche restent sans succès. Les hommes remettent même souvent à leurs chefs de mauvaises publications qu'on leur donne dans les auberges.

Parmi les coryphées de Francfort j'ai fait la connaissance de M. de Blittersdorf. Il a une haine profonde pour M. de Radowitz (1) qui l'a blessé en ne le recevant pas et en ne lui rendant pas sa visite. Plus tard il s'est également brouillé avec l'Autriche ; il m'a dit qu'il avait cessé toute collaboration au journal *Les Postes* (2), parce qu'on avait refusé d'entrer dans ses vues sur la question austro-prussienne. Il y perd 1000 à 1200 thalers par an que le journal lui payait pour ses articles ; aussi, comme il aime l'argent, la rupture doit être sérieuse. Il passe ici pour influent, grâce à ses relations avec les hommes et les journaux de toutes les parties de l'Allemagne. En tout cas, c'est une intelligence pratique. Selon lui, l'accord de la Prusse et de l'Autriche ne sera jamais sincère, tant que l'Autriche ne reconnaîtra pas l'égalité de puissance de la Prusse, égalité qui est un fait indéniable, du moins en Allemagne; « tous les efforts pour arriver à une entente échoueront, dit-il, tant que les deux puissances ne règleront pas les limites réciproques de leur influence sur les autres États de l'Allemagne ». « Jusque-là, ajoutait-il, la Prusse jouera, volontairement ou non, vis-à-vis de toute initiative de l'Autriche, le même rôle négatif et obstructeur qui a si bien réussi à l'Allemagne du Sud, avant 1848, contre les tentatives de la Prusse. » Blittersdorf part dans quelques jours pour Marienbad. Il a des relations littéraires très étroites avec le docteur Kutscheit. D'après ce que celui-ci m'a donné à entendre, Blittersdorf serait enchanté de recevoir de Votre Excellence l'invitation de venir à Berlin, pour vous causer politique. Je ne saurais vous dire si

---

(1) De Radowitz, né en 1797, fut en 1836 attaché militaire prussien à Francfort ; du 26 septembre au 2 novembre 1850, ministre des affaires étrangères à Berlin.

(2) Feuille de Francfort, aux gages de l'Autriche.

Blittersdorf est un personnage assez important pour que Votre Excellence souhaite des relations plus étroites avec lui. C'est une personnalité intéressante, mais il ne m'inspire pas grande confiance.

Parmi les dignitaires de la ville, le premier bourguemestre, de Günderode, passe pour un ami de la Prusse ; le second, Sieber, pour le contraire. Les administrateurs de la ville sont faibles et timorés ; le sénateur, Hessenberg, chargé de la police, refuse par ces mots tout avertissement et conseil : « Laissez-moi la paix, je suis moi-même démocrate. »

Hier je suis allé avec M. de Schele à Rumpenheim. J'y rencontrai la duchesse de Cambridge et sa fille, la princesse Marie, dame fort jeune, belle et pleine d'une charmante vivacité. Il y avait encore là trois landgraves de la Hesse ; l'un d'eux, ancien brigadier à Kœnigsberg, m'exprima son profond attachement à la Prusse.

Le comte Széchényi, secrétaire de la légation autrichienne, a quitté la ville mercredi dernier, pour aller voir son père à Prague ; on suppose qu'il est allé à Varsovie, pour mander au comte de Thun ce qui s'y passe. Thun se tient généralement au courant de tous les événements diplomatiques ; le gouvernement autrichien a pris ses mesures à Cologne, pour qu'on lui envoie de cette ville des communications sur tous les messages importants qui passent par là pour Londres ou Paris. En effet, pour les représentants des petits États, c'est un des moyens les plus actifs et les moins coûteux de se les attacher et de les influencer ; ils sont reconnaissants de la moindre nouvelle qu'ils pourront les premiers annoncer à leur maître Sérénissime. De Thun utilise de cette façon les renseignements qui lui parviennent, et se donne l'air d'en savoir plus que ce n'est le cas. Je me réjouis d'avance de

1.

la curiosité qui accueillera de Rochow à son retour, en sa qualité d'initié aux mystères de Varsovie.

III

Fête démocratique à Francfort-sur-le-Mein.

7 juin 1851.

J'ai l'honneur d'informer Votre Excellence que la grande fête démocratique d'hier, s'est tranquillement passée à chanter et à discourir. On avait multiplié les avis et les invitations, des placards énormes couvraient les murs ; toute la démonstration portait le caractère de ce que les Anglais, dans leurs meetings monstres, appellent *show of physical strength*. Je me réserve d'envoyer demain à Votre Excellence le rapport détaillé de notre agent. Avant la fête, le major Deetz avait eu des pourparlers avec le sénateur semi-démocrate, préfet de police, il avait obtenu qu'on ne tirerait pas de coups de feu et qu'on ne processionnerait pas dans l'enceinte de la ville. Pour notre sécurité, le major Deetz avait fait venir le chef de la manifestation en personne, Hadermann, et l'avait menacé de l'intervention de la troupe, si l'on se permettait de violer ces défenses. La foule présente à la fête a été estimée à environ 25000 personnes, dont la plupart étaient de Francfort, qui fut à peu près déserte ; le reste venait de Hanau, d'Offenbach, et des localités environnantes. Une exposition, censée spirituelle, se trouvait installée dans le bois ; les Prussiens y étaient représentés par du sable, les Bavarois par de la bière, la Russie par un knout, le duché de Bade par des baguettes et ainsi de suite. Malheureusement notre agent a prêté plus d'attention à ces fadaises qu'aux discours qui ont été prononcés ; mais le major Deetz doit être en mesure de donner des détails à ce sujet. Les toasts que l'on porta furent dans le genre de celui-ci : « Puisse la Diète crever, et la liberté nous éveiller ». On a chanté une foule de chansons révolutionnaires : « *La chanson du bourreau* », « *la vieille chanson de Hambach* » (Princes, passez la frontière, voici venir le banquet des peuples, etc.); enfin on s'est amusé à danser, et on a cherché à combiner l'air de *la Marseillaise* avec la mesure de la polka. L'opinion des bourgeois est marquée par la circonstance suivante : la classe riche d'ici ne témoigne son indignation contre la fête que parce qu'un bourgeois, qui se promenait seul avec une dame, et que la curiosité avait amené là, vit des ivrognes jeter sa compagne dans un fossé, tandis qu'on lui volait sa montre. Ces messieurs ne se doutent point que toute cette fête a été une démonstration du vol de grand chemin organisé politiquement et en gros ; l'article ci-joint de la *Gazette de Francfort* montrera à Votre Excellence quelle idée adoucie la démocratie rose se forme des agissements de ses rouges coreligionnaires.

IV

Visite à Baden-Baden. — Rappel de M. de Savigny de Carlsruhe. — Politique fédérale de l'Autriche. — M. de Rochow.

11 juin 1851.

J'ai l'honneur de raconter à Votre Excellence en quelques mots une excursion à Baden-Baden que j'ai faite pendant la fête. Je trouvai Savigny d'assez bonne humeur. Il paraît avoir l'heureux don d'oublier ce qu'il n'y a pas moyen de changer et parle de M. de Radowitz en rendant plus justice à son cœur qu'à son intelligence.

J'apprends par M. de Rochow que le ministre de Rüdt (1) s'intéresse vivement au rappel de Savigny. Ce dernier m'a dit que précisément ce M. de Rüdt qui, aux yeux de tous, passe pour un adversaire de la Prusse, a personnellement et principalement contribué à faire entrer Bade à la Diète avant la Prusse et qu'il a travaillé sans succès contre les instructions du délégué à la Diète qui nous étaient favorables. D'après le principe qui veut qu'on ne suive pas le conseil d'un adversaire, le rappel de M. de Savigny serait une mauvaise mesure. Pour moi, je vois en lui plutôt un appui qu'un obstacle à l'action de la légation fédérale. Je le connais depuis longtemps, et il s'est montré si franc à mon égard, que je serais obligé de le considérer comme un homme méprisable s'il avait voulu me tromper. Il abandonnerait Carlsruhe à regret et il m'a déclaré être prêt à suivre la politique du cabinet, qu'il croyait la seule possible dans les circonstances présentes, aussi suis-je con-

(1) Baron Rüdt de Collenberg, ministre de la maison grand-ducale de Bade et des affaires étrangères.

vaincu qu'il y aurait plus de profit que de danger à le maintenir à son poste. Comme il se montre raisonnable, il me paraît plus avantageux pour le gouvernement d'utiliser un homme qui a de tels talents et de telles relations que de le jeter dans l'opposition. Dans tous les cas, en le remplaçant, nous perdrions pour le moment du terrain sur l'Autriche.

Cela m'a fait plaisir de voir Votre Excellence désapprouver la manière dont les choses marchent ici. L'Autriche paraît attendre et ne pas vouloir donner pour le moment du relief à la Diète; car le comte de Thun ne pourrait pas si souvent invoquer le manque d'instructions sur les questions les plus importantes.

Malgré les éminentes qualités de mon vénéré chef, je ne crois pas qu'il soit par nature disposé à prendre une vigoureuse initiative dans les questions épineuses. C'est qu'il faudrait, en même temps, vaincre la résistance passive de l'Autriche. Il le ferait pourtant, s'il recevait de Votre Excellence des ordres précis et détaillés sur chaque point.

Quant à développer mes idées sur la politique de M. de Rochow, soit pour le louer, soit pour le blâmer, je ne crois pas pouvoir me le permettre, à moins que Votre Excellence ne m'en donne l'ordre formel.

P.-S. — Dans l'espoir que madame la baronne, à laquelle je présente mes respects, me le pardonnera, j'envoie cette lettre à son adresse, de peur qu'on ne l'ouvre dans les bureaux.

V

Rapports avec M. de Rochow. — Jugement sur la politique intérieure de la Prusse. — Attitude et influence de la *Gazette de la Croix*. — Situation pécuniaire des officiers prussiens à Francfort-sur-le-Mein. — M. de Manteuffel aux eaux.

12 juin 1851.

M. de Rochow s'est rendu aujourd'hui à Wiesbaden pour y voir la reine des Pays-Bas. Je suis bien aise de pouvoir dire que, depuis quelques jours, il est plus communicatif à mon égard. Autrefois ce n'était pas sa manière. Il avait l'habitude de traiter les affaires verbalement avec le comte de Thun, procédé qui enlevait tout aliment à son *nourrisson diplomatique*. C'est le nom que m'a donné la *Gazette de Cologne*.

En ce qui concerne le développement que notre politique intérieure a pris, grâce aux mesures nouvelles du gouvernement, toutes les nuances du parti conservateur sont prodigues en éloges, mais doutent que l'on réussisse, avec l'aide de la bureaucratie, à mener l'entreprise à bonne fin et à vaincre l'opposition. Moi je n'en doute pas le moins du monde, si le gouvernement du roi persévère dans cette voie, s'il emploie résolument tous les moyens que l'arsenal des lois met à sa disposition pour briser la résistance ; il est non moins certain à mes yeux que le gouvernement déploiera cette énergie ; la retraite est fermée, les vaisseaux brûlés ; les conséquences d'un échec seraient pires, mais en tout cas moins mauvaises que celles d'un recul. Le recul aurait tous **les désavantages d'une défaite, sans les chances d'une victoire.**

J'ai écrit dernièrement à Wagener (1), je l'ai prié de modérer son ton et de s'exprimer d'une façon moins dictatoriale en discutant les mesures qu'il faut recommander au gouvernement. Il apprécie mal la portée des mots et je suis convaincu que si Votre Excellence a fait la même remarque et si Elle fait appeler Wagener ou le Dr Beutner (2) pour leur faire de bienveillantes observations, on ne tardera pas à s'amender. L'influence et l'importance de la *Gazette de la Croix* sont grandes ici, notamment dans les cercles diplomatiques ; on pourrait même dire que les articles venant de la Prusse ne font impression et n'excitent l'attention que quand ils paraissent dans cette feuille.

Une chose que j'ai fort à cœur, c'est la triste situation pécuniaire de nos officiers subalternes d'ici. J'ai étudié la question, les frais inévitables dépassent, par mois, de 5 à 6 thalers la solde et tous les autres émoluments d'un sous-lieutenant. La plupart d'entre eux s'endettent forcément. Les prix sont ici de 30 à 50 0/0 plus élevés qu'à Berlin.

Pour conclure, Votre Excellence me permettra de la prier de suivre le conseil de Baretz (3), et de se reposer quelque temps aux eaux du travail acharné des derniers mois. J'ai pu constater jadis avec quelle rapidité votre santé se rétablit dans les loisirs de la campagne. Qui sait quelles affaires la fin de l'année amènera avec elle, et une indisposition sérieuse de Votre Excellence serait alors très grave, et pourrait entraîner de bien plus fâcheuses conséquences que votre absence temporaire de Berlin.

---

(1) Wagener, assesseur, alors rédacteur de la Nouvelle gazette prussienne (*Gazette de la Croix*).
(2) Après Wagener, rédacteur en chef de la même feuille.
(3) Dr Baretz, médecin du prince Auguste de Prusse.

VI

Changement de personnel dans le ministère des finances de la Prusse. — Indication sur la politique fédérale dans la question de l'exclusion des provinces de l'Est de la Confédération. — Attitude prise à ce sujet par l'Autriche et les autres États. — Représentation diplomatique de la Prusse à Darmstadt. — Procédés du gouvernement prussien vis-à-vis des États provinciaux. — Escarmouches entre *la Gazette de la Croix* et *la Gazette de Prusse*. — Remplacement de M. de Rochow par M. de Bismarck. — Propositions relatives aux changements à introduire dans le personnel de l'ambassade fédérale de Prusse. — Action de la démocratie sociale à Francfort-sur-le-Mein.

29 juin 1851.

Dans les premiers jours de cette semaine j'ai écrit une assez longue lettre au général de Gerlach ; M. de Rochow m'avait dit, de sa part, qu'il était mécontent de mon silence.

J'ai songé, pendant tout ce temps, à trouver un ministre des finances : j'ai pensé à M. de Lamprecht, au ministre Von der Heydt, au président de Wedell à Mersebourg, et à d'autres, sans avoir pu me décider à faire une proposition. Je ne connais pas du tout les employés supérieurs. Si j'étais en situation de choisir un collègue, je ne tiendrais aucun compte de sa réputation financière, mais de l'honnêteté de ses vues politiques et de son courage moral. Selon moi, le côté technique est du ressort des employés du ministère. La qualité de membre du ministère d'État dépasse, de bien loin, les qualités d'une bonne intelligence financière, laquelle trouverait sa place à la tête de l'état-major général du ministère des finances. *Le mieux est l'ennemi du bien* (1), et si l'un des candidats dont il est question vaut mieux que le directeur actuel des finances, son entrée en fonctions serait à désirer, quand même il ne serait qu'un médiocre financier.

Je n'attendais pas grand chose des délibérations de la Diète, au moment où j'arrivai ici, mais leurs résultats sont encore au-dessous de ce que je pensais. Il faut sans doute que nous nous soumettions à cette épreuve, comme Votre Excellence l'indique dans sa lettre. Je ferai de mon mieux. Mais je ne crois pas me tromper en admettant qu'en dehors des événements imprévus et impossibles à prévoir, nous ne tarderons pas à considérer la Diète comme un organe particulièrement destiné à régler certaines mesures générales de police et de service militaire; nous renoncerons à trouver en elle le développement organique de la politique allemande, et nous chercherons à satisfaire nos besoins sous ce rapport par des conventions séparées sur les douanes, la législation et l'armée, dans l'enceinte des territoires que la nature nous a assignée.

On y fait peu de cas des intérêts communs des gouvernements allemands, on y apprécie mal la nécessité de la cohésion et de la subordination réciproques; de sorte que la Diète, aux yeux d'un observateur attentif, présente plutôt l'image d'un *bellum omnium contra omnes* que celle d'une union en vue d'un but commun. Chacune des petites cours semble attendre beaucoup de la Diète, en échange de services médiocres. Lorsqu'il s'est agi de l'exclusion de nos provinces, nos meilleurs amis même hésitaient visiblement à se rallier à nous, jusqu'à ce que, par quelques allusions, je fis entrevoir que la Prusse,

---

(1) En français dans le texte.

si elle rencontrait une opposition inutile, même dans des questions qui la concernent seule, pourrait bien se désintéresser de la Diète et être forcée, malgré elle, à prendre une attitude passive en se concentrant dans sa propre puissance.

La prévision de décrets de la Diète dont l'exécution est difficile ou impossible aux petits États, par exemple : l'accroissement du contingent militaire de 2 pour cent ; ou bien encore montrer à l'Autriche ce qu'elle peut attendre de nous à l'occasion sont des moyens de négociation qui remplaceront pour nous le manque d'entente de nos intérêts communs du côté de nos alliés. De ces derniers nous ne devons rien attendre pour rien, c'est-à-dire en invoquant la raison et leur bonne volonté. La limite jusqu'à laquelle ils viendront à notre rencontre est bien plutôt marquée par les avantages que nous serons en mesure de leur promettre ou par les désavantages dont nous pourrons les menacer. Cette disposition, évidente à mon avis, des autres États, y compris l'Autriche, nous mène à la nécessité de ne pouvoir répondre à leurs vœux par complaisance, mais de le faire toujours en réclamant des concessions équivalentes, même quand une complaisance ne nous coûterait rien.

Que Votre Excellence excuse cette expectoration de théories, que je n'ai pu m'empêcher de faire en me rappelant les agissements des autres dans la question de l'exclusion de nos provinces. Le comte Thun a reçu ostensiblement pour instruction de nous soutenir activement dans cette affaire. Il m'a même promis hier la rapide exécution de son mandat ; mais il ajouta que la majorité ne dépendait pas de lui, que nous ferions bien de négocier avec chaque délégué, à part, pour nous convaincre que beaucoup d'entre eux se défiaient quelque peu des tendances de la Prusse.

Il eut même l'*ingénuité* (1) d'affirmer que les autres ambassadeurs, en se conformant à nos vœux, craindraient de rendre plus difficile l'entrée de toute l'Autriche dans la Confédération. C'est, en effet, ce que craint l'Autriche, et malgré sa complaisance apparente, elle ne cherchera pas précisément à nous aplanir les voies. Les autres États n'ont aucun intérêt à ce que la Prusse de l'Est appartienne ou non à la Confédération. Aussi, leurs hésitations ne peuvent s'expliquer que par une diversion dans le sens de l'Autriche.

M. de Nostitz (2) se retranche derrière l'inquiétude que la retraite de la Prusse répandrait dans l'opinion publique, et dit qu'il ne saurait s'expliquer avant d'avoir reçu des instructions à ce sujet. Schele est prêt à voter pour notre proposition, pourvu qu'elle soit fortifiée par des motifs de convenance basés sur la politique intérieure de la Prusse et qu'elle n'invoque pas la nullité formelle des décrets antérieurs. Les autres n'ont fait jusqu'ici que m'affirmer leur bonne volonté à l'égard des propositions prussiennes, en me faisant remarquer toutefois les difficultés de forme que présente la proposition actuelle.

Aussi, je continuerai demain mes négociations. Schele et Oertzen (3) sont les plus francs de ces messieurs. Mais, malheureusement, tous deux sont les doctrinaires d'un droit politique de leur propre fabrique, dont la nuance principale montre, je m'en flatte, depuis notre arrivée, une couleur jaune et noire plus effacée. Les deux paraissent être favorables à l'entrée de toutes les provinces de la Prusse

(1) En français dans le texte.
(2) Délégué de la Saxe.
(3) D'Oertzen, délégué du Mecklembourg.

et de l'Autriche, et on cherche à convertir tous les adversaires du projet.

Les ministres de Bavière et du Wurtemberg se tiennent sur une extrême réserve; il est difficile de distinguer si leur froideur manifestée récemment à l'égard de l'Autriche est feinte ou réelle.

M. d'Otterstedt (1) partira en congé mardi, il me remettra demain à Darmstadt les affaires courantes. Je considère ces fonctions comme un apprentissage de la routine administrative, et je demande à l'avance l'indulgence de Votre Excellence, si je me montre un peu novice sous ce rapport.

La marche tranquille et sûre du gouvernement en ce qui concerne les États provinciaux, me fait espérer un revirement favorable à notre situation intérieure; il faut que MM. les gentilshommes aient une notion exacte de leur tâche et procèdent avec décision, sans brusquer le gouvernement, avec lequel ils devraient s'entendre d'avance, afin de marcher de front avec lui sans compromettre le ministère.

J'aimerais assister à l'une des assemblées provinciales en Saxe ou en Poméranie, et pouvoir travailler à ma réélection, dans le cas où elle serait nécessaire; mais je ne pense guère avoir assez de loisirs pour m'éloigner de Francfort le temps nécessaire. Witzleben (2) restera toujours *pater dubiorum*, comme Votre Excellence l'a si bien qualifié.

Les escarmouches entre la *Gazette de la Croix* et la *Gazette de Prusse* sont déplorables; le public attribue toujours à des symptômes de ce genre un sens plus profond qu'ils n'en ont au point de vue pratique pour celui qui se trouve dans les coulisses.

M. de Rochow me dit qu'il ferait le 1er juillet un

(1) Baron d'Otterstedt, ministre résident de Prusse à Darmstadt.
(2) De Witzleben, premier président de la province de Saxe

rapport ainsi que ses propositions au sujet des changements de personnel à Francfort et qu'il comptait partir dans quelques semaines.

Si Sa Majesté a toujours l'intention de me nommer à la place de M. de Rochow, et jusqu'ici je n'ai pas de raison pour supposer le contraire, le choix des autres membres de l'ambassade reviendrait à Votre Excellence ; car M. de Grüner (1) ne sera pas disposé à rester ici, pour affaires personnelles. J'aurai de la peine, moi qui suis jeune et tout nouveau dans ces fonctions, à trouver un collaborateur convenable et complaisant.

Pour les affaires proprement, dites en dehors des lectures et des rédactions pour la presse, je pourrai en venir à bout avec Rudloff (2), si la besogne ne s'aggrave pas. Mais Rudloff ne pourrait suffire à toutes les relations personnelles et sociales, et donner les informations qu'il n'y a moyen de se procurer que de cette manière. Il faudrait à cet effet une personne d'une famille aristocratique, ayant l'usage du monde et sachant le français. Peut-être y a-t-il une personne de ce genre disponible.

La démocratie de Francfort continue à travailler ouvertement le terrain par des réunions, des distributions d'imprimés et des créations de sociétés. Ses agents les plus actifs et les plus capables semblent être Hadermann et Théodore Schuster. Toute cette agitation ne produit rien de remarquable et met seulement au grand jour la faiblesse absolue ou plutôt l'absence totale de la police urbaine. Son chef, le sénateur Herrenberg, est de connivence avec la dé-

---

(1) De Grüner, rapporteur dans la première section du ministère des affaires étrangères à Berlin.
(2) Rudloff, attaché à M. de Bismarck, surtout pour les affaires de presse.

mocratie et, par conséquent, peu sévère. Je joindrais à ma lettre quelques rapports de l'agent, si je pouvais croire que Votre Excellence y trouverait quelque chose qui diffère de ce qui se passe ordinairement.

VII

Revenus insuffisants des officiers à Francfort-sur-le-Mein. — Le duc d'Augustenbourg.

5 juillet 1851.

Je me permets de rappeler à Votre Excellence les besoins pécuniaires de nos officiers en garnison ici, parce qu'un grand nombre des plus pauvres s'endettent forcément. Je joins à ma lettre une note très exacte des dépenses qu'un sous-lieutenant est forcé de faire. Je prie Votre Excellence de montrer cette note au général de Gerlach, ou au ministre de la guerre. Ils confirmeront mon dire, à savoir que la vie est ici de 30 à 50 0/0 plus chère qu'à Berlin. Les Autrichiens et les Bavarois paient de très considérables indemnités de séjour, en se réservant de les faire rembourser par la Confédération, avec l'assurance qu'en aucun cas on ne réclamerait des officiers un remboursement. Il faut donc s'attendre à ce que ces États ne tiennent pas compte de la décision contraire de la commission centrale du 8 février 1850, décision d'après laquelle, à partir du 21 du même mois, tous les bons de paiement au compte de la Confédération devaient être supprimés, et qu'ils chercheront à faire valoir plus tard leurs avances.

Le duc d'Augustenbourg (1) se trouvait hier avec sa famille à une soirée chez madame de Vrints, j'y ai fait sa connaissance. Il est très irrité des procédés du Danemark à son égard ; c'est tout naturel, et il ne put cacher ce sentiment, malgré la réserve qu'il observa vis-à-vis de moi.

Rapports de M. de Rochow, ambassadeur prussien à la Diète, touchant son rappel de Francfort-sur-le-Mein et son remplacement par M. de Bismarck.

5 juillet 1851.

EXTRAITS

Dans les premiers jours du mois de mai de l'année courante, Votre Excellence avait eu la bonté de m'annoncer verbalement, au nom de Sa Majesté, ma mission temporaire à Francfort-sur-le-Mein. Vous avez ajouté la remarque que la durée de cette mission

---

(1) Sur les négociations de M. de Bismarck avec le duc d'Augustenbourg pour le décider à accepter une indemnité pécuniaire en échange de sa renonciation à ses droits de succession au trône du Danemark, comp. vol. I, de la correspondance diplomatique de Bismarck (Plon, Paris).

de confiance s'étendrait à environ six semaines. Ce laps de temps est écoulé aujourd'hui, et je prends la liberté de prier Votre Excellence de choisir mon successeur auprès de la Diète et de lui donner des pleins pouvoirs, afin que je puisse me rendre à mon poste en Russie, comme cela paraît être l'auguste volonté du Roi.

Ce qui, dans la situation actuelle en Allemagne, est utile et possible, les résultats que l'on peut obtenir ici, la façon dont il faut traiter chaque membre de la Diète, les moyens à employer pour distinguer les droits et les intérêts de la Prusse, l'esprit sagace de Votre Excellence a depuis longtemps tout embrassé d'un coup d'œil. Il faut la décision et la fermeté du caractère, la dignité dans la vie, la bienveillance dans les relations, la mûre connaissance des hommes, la prudence dans ses paroles, le don d'éveiller la confiance et d'inspirer le respect en même temps que l'expérience des affaires.

L'homme distingué que sa Majesté, en son auguste sagesse, a daigné choisir, pour remplir ces fonctions épineuses, possède des qualités d'intelligence et de caractère si éminentes, qu'il supplée à ce qui lui manque peut-être pour le moment en expérience par d'autres qualités excellentes et par des talents supérieurs, tels qu'il s'en rencontre rarement. M. de Bismarck est sans conteste l'ornement de la noblesse prussienne, l'orgueil des hommes bien pensants qui travaillent sans relâche, avec courage et abnégation, à l'éclat de la couronne, comme à l'honneur et à la sécurité de la patrie. Je n'hésiterai même pas à affirmer qu'une personnalité de ce genre, est sous beaucoup de rapports, trop éminente pour le poste de Francfort. M. de Bismarck est si bien doué qu'il semble plutôt appelé à une action énergique dans une des plus hautes positions à l'intérieur de notre patrie. Ici en effet des facultés moins brillantes suffisent, à condition que l'ambassadeur de Prusse à la Diète ait des opinions conservatrices et toutes les qualités indispensables à un homme d'affaires sérieux, à un honorable et actif serviteur du roi, en un mot, à un vrai Prussien. Si j'ai pris la liberté d'apprécier si haut les capacités particulières de mon successeur, et d'appeler l'attention sur les services essentiels que M. de Bismarck pourrait rendre dans les affaires intérieures de l'Etat, je n'ai pas voulu dire qu'il ne répondra pas complètement ici et dans n'importe quel pays étranger à l'attente de Sa Majesté le Roi et de Votre Excellence.

M. de Rochow écrivit dans un second rapport au ministre président sur la visite de Son Altesse Royale le prince de Prusse à Francfort : « Son Altesse Royale a été très aimable pour M. de Bismarck. En rentrant à l'hôtel le prince me demanda : « C'est ce lieutenant de landwehr qui doit être ambassadeur à la Diète? » — « Certainement, répondis-je, et je crois le choix bon. M. de Bismarck est jeune, vigoureux, il satisfera certainement à toutes les exigences de Votre Altesse Royale. »

Le prince ne répondit rien ; il avait d'ailleurs, en général, bonne opinion de cet éminent défenseur du droit et du véritable esprit prussiens. Je crois que Son Altesse Royale voudrait voir à M. de Bismarck quelques années de plus et des cheveux gris. — Je ne me permets pas de juger si c'est précisément avec ces attributs qu'on pourrait satisfaire le prince.

VIII

Critique de la politique de Schwarzenberg. — Blâme adressé à l'attitude de la *Gazette de la Croix*. — Critique des *Nouveaux entretiens* de M. de Radowitz.

12 juillet 1851.

Le docteur Frantz (1) arrive aujourd'hui de Vienne. J'ai eu un assez long entretien avec lui. Il s'en est laissé imposer par le prince Schwarzenberg dans une mesure qui m'a étonné. Il défend pour l'Autriche le même principe de centralisation de la bureaucratie qu'il attaque si violemment dans ses brochures sur la situation de son pays. Dans la discussion que j'eus avec lui à ce sujet, il se montra le partisan d'un principe purement utilitaire, qui laisse le droit hors de ses combinaisons.

C'est avec ces mots : « Il m'est impossible de donner à mes six imbéciles de cousins toutes les places de gouverneur » que le prince de Schwarzenberg renvoie l'aristocratie autrichienne, qu'il devrait, non pas placer dans les services de l'État, mais utiliser dans l'organisation locale. Au lieu de ranimer et d'utiliser, dans l'intérêt des communes et des provinces les riches matériaux que l'Autriche possède dans sa noblesse et dans les corporations de ses villes, il met, à la place, des scribes subalternes et des gendarmes. S'il applique jusqu'au bout son système, je crains que les faits ne lui démontrent encore à lui-même combien il mérite peu le nom de conservateur. Le cercle de fer qui doit maintenir

(1) En 1851, homme de lettres, plus tard employé au ministère des affaires étrangères en Prusse, et chancelier au consulat général de Prusse en Espagne.

l'État après la dislocation de tous les liens légaux et organiques, le prince ne le voit que dans l'armée dont il veut faire un corps isolé.

On peut faire bien des objections à ce système. Moi, j'y trouve surtout le danger de tomber de la souveraineté du peuple à celle d'une armée de prétoriens. Les événements qui se sont passés précisément en Autriche pendant ces trois dernières années prouvent que ce danger est imminent, surtout quand on considère la composition de cette armée, la surexcitation amère des nationalités, et cette circontance que plus de la moitié des officiers instruits sont des étrangers. Nous pourrions bien dans un avenir prochain voir une époque qui donnerait à un Wallenstein, plus heureux que le premier, beau jeu pour son ambition. Que Votre Excellence me pardonne ces fantaisies politiques que je n'oserais pas lui soumettre, si je n'avais pas supposé qu'elle ne lirait ces lignes que dans ses loisirs d'Eilsen (1). J'ai beaucoup regretté d'entendre Frantz défendre cette politique, car j'ai cru ouïr dans ses paroles un écho des vues de Meyendorff (2), que je crois, d'ailleurs, plus Allemand que Russe dans sa façon de concevoir le droit politique.

J'ai fait avertir Wagener par des amis communs, au sujet de la polémique de la *Gazette de la Croix* contre les organes du gouvernement. Il rabaisse aux yeux du public l'importance du journal en lui enlevant l'auréole du parti qu'il représente. Personne en effet ne croira qu'un grand et intelligent parti puisse modifier sa position vis-à-vis du gouvernement,

---

(1) Village au pied du Harrlberg, sources sulfureuses et ferrugineuses.

(2) Meyendorff, conseiller intime, ambassadeur de la Russie à la cour de Vienne, accrédité 20 octobre 1850.

parce qu'un seul personnage, généralement inconnu de la foule, occupe une position dont on le croit indigne. Le lecteur de province ne s'expliquera pas autrement l'attitude hostile du journal. Ces questions personnelles d'un ordre inférieur peuvent aujourd'hui moins que jamais déterminer l'attitude du parti représenté par ce journal.

J'ai désapprouvé le ton plutôt que le contenu de plusieurs articles, et les nombreuses affaires des derniers jours m'ont seules empêché de faire directement mes observations à Wagener. On ne saurait malheureusement empêcher que précisément les hommes doués d'une rigide fermeté de caractère, qualité si rare de nos jours, n'aient aussi leur côté incommode, qu'il faut accepter par-dessus le marché.

Les « Nouveaux Entretiens » de M. de Radowitz (1) ont été jugés ici devant moi par des gens de différents partis. Tous ces critiques s'accordent à dire qu'ils attendaient mieux de sa part. Cet ouvrage semble avoir été écrit avec une certaine précipitation. L'auteur oublie à son grand détriment le précepte *nonum prematur in annum*. Par la comparaison avec les premiers *Entretiens* s'impose au lecteur la conviction que ce dernier ouvrage a été écrit avec la force et la prédilection d'un homme qui croit vraiment à ce qu'il dit, tandis que les *Entretiens nouveaux* ont la tâche ingrate de prouver que tous les actes de l'auteur ont été conformes aux principes qu'il tient à faire passer pour siens aux yeux du monde.

Ce livre a été inspiré par l'impossibilité de dire *je me suis trompé*, unie au désir de blesser ses adversaires et de faire connaître au public la multiplicité

---

(1) Voir plus haut, page 8. C'est en l'année 1846 que parurent les *Entretiens du temps présent*. Les *Nouveaux Entretiens du temps présent sur l'Etat et l'Eglise* parurent en 1851 à Erfurt, 2 tomes.

des sujets dont s'occupe un profond penseur. Je ne saurais penser que le roi, après avoir lu attentivement ce livre, garde la conviction qu'il est en communauté d'idées avec M. de Radowitz.

Le dernier numéro de la *Gazette de la Croix* me tombe sous la main. Son contenu me confirme dans l'intention d'écrire aujourd'hui encore à Wagener et d'invoquer l'influence de Gerlach sur lui. Je dois à la sincérité dont je me suis fait un devoir vis-à-vis de Votre Excellence, de déclarer que je partage la manière de voir de Wagener; à mes yeux également le personnage dont il s'agit n'est pas à la hauteur de ses fonctions. Mais si je ne me permets même pas, dans une correspondance intime, d'imposer à cet égard à Votre Excellence un conseil qu'on ne m'a pas demandé, cela se convient encore bien moins pour le Journal, notamment sur un ton qui ne permettrait guère à Votre Excellence de faire le changement réclamé, même dans le cas où vous trouveriez la réclamation juste (1).

IX

Entrée de M. de Bismarck à la Diète fédérale. — Tenue du comte de Thun dans l'assemblée. — Nomination d'un ministre sarde à la Confédération. — L'état de siège à Francfort-sur-le-Mein.

27 août 1851.

J'annonce à Votre Excellence que j'ai été introduit aujourd'hui à l'Assemblée fédérale. Je l'ai d'ail-

(1) C'est ici que se termine la correspondance du conseiller de légation *de Bismarck*. Il fut nommé le 15 juillet 1851 délégué à la Diète, au lieu et place de M. de Rochow.

leurs déjà télégraphié à Berlin. On décida dans cette séance que je serais, sans préjudice de l'avenir, membre de toutes les commissions encore existantes dont M. de Rochow faisait partie.

Le comte de Thun garde à l'assemblée le même manque de formes qui le caractérise en général. Il présidait vêtu d'une courte jaquette d'étoffe claire, qu'il avait boutonnée pour cacher l'absence de gilet. Il portait une méchante cravate de nankin et parlait sur le ton de la conversation. Dans ses relations avec moi, il est très ouvert et très prévenant depuis ma nomination. C'est une idée fausse de sa part d'exagérer la valeur de sa présidence.

Lord Cowley était chargé par la Sardaigne de s'informer auprès de la Diète si la personne de M. de Pralorme à Paris serait agréable à la Confédération pour le poste de ministre de la Sardaigne. Le comte de Thun a trouvé déplacé, et je l'approuve entièrement, que la Sardaigne ait fait faire cette démarche par l'entremise de lord Palmerston, au lieu de recourir aux bons offices de la Prusse et de l'Autriche. Aussi a-t-il déclaré immédiatement qu'il refusait pour ce motif une réponse officielle à la demande de lord Cowley. Je ne crois guère qu'une déclaration de ce genre au nom de la Diète, sans autre forme de procès, soit dans les attributions de l'ambassadeur président. En nous faisant cette communication à la fin de la séance, le comte de Thun lui a donné le titre de confidentielle. Comme je n'en ai pas entendu parler ailleurs, j'ai jugé à propos de garder mes réflexions pour moi.

La même disposition à exagérer l'importance de son poste de président s'est montrée au jour dans un entretien particulier sur la nécessité éventuelle de l'état de siège à Francfort. Le prince Schwarzenberg, en communiquant au comte de Thun la teneur du rapport que M. de Rochow vous a adressé à ce sujet, lui avait exprimé l'intention de faire proclamer l'état de siège par la Diète, si les événements l'exigeaient. Je suis convaincu avec le comte de Thun que la majorité ne se décidera jamais à le faire. Ils voudront tous demander des instructions et beaucoup d'entre eux préféreront se faire porter malades que d'assumer la responsablilité d'une telle décision, même après les instructions reçues. D'ailleurs, une bonne partie du but de cette mesure ne serait pas atteinte, par suite de la publicité inséparable de la discussion à l'assemblée. Le comte de Thun me proposa de décréter l'état de siège en sa qualité de président, après en avoir, au préalable, délibéré avec moi, et de déclarer ensuite cette mesure nécessaire : il était prêt à en prendre la responsabilité. Je lui ai représenté que les autres États n'étaient que trop jaloux de leur souveraineté; cette manière de procéder leur ferait craindre un précédent qui donnerait à la présidence la toute-puissance au nom de la Confédération. Je lui proposai de laisser plutôt le commandant supérieur agir en son propre nom, pour assurer la sécurité des troupes et l'ordre du service, en lui réservant de justifier la mesure devant la Diète souveraine. Celle-ci ferait une enquête sur la justesse des motifs invoqués par le commandant, et instituerait une commission. L'enquête faite, elle déciderait s'il faut maintenir l'état de siège ou le lever pour insuffisance de motifs. Il faudrait prendre cette mesure avant la pointe du jour, occuper militairement les maisons suspectes et y faire des perquisitions, de façon à agir par surprise. Le comte de Thun finit par se ranger à ma manière de voir.

S'il ne s'agit que de déclarer ou non l'état de siège, je me prononce *salvo meliore* pour l'affirmative. Je crois impossible d'assister longtemps encore impassible à la conspiration ouverte et secrète de milliers d'hommes dans l'Allemagne occidentale; car la démocratie s'organise et se fortifie numériquement tous les jours sous les yeux des gouvernements, pour attendre sous les armes le jour favorable à l'explosion. On se repentirait trop tard de n'avoir pas pris ces précautions en temps de paix.

Il me paraît également impossible d'agir efficacement contre cette conspiration, tant qu'elle possédera à Francfort une tanière inaccessible au chasseur, tant qu'elle trouvera ici, au point central de la vie politique, un asile contre toute intervention et tout contrôle. Je n'attache pas grande valeur aux symptômes suivants : la presse rouge adopte depuis quelques semaines un langage plus insolent, et d'après un avis de Deetz, que je reçois aujourd'hui même, des gens armés de couteaux de chasse et de carabines, arrivent depuis quelques jours par les vapeurs du Mein, et se perdent dans la ville. Si les révolutionnaires tentaient quelque entreprise, pour ne pas laisser s'endormir l'intérêt public, ce serait un événement très favorable, que je ne voudrais pas voir prévenu. Mais, même sans y être poussées directement par un événement de ce genre, la Prusse et l'Autriche, selon moi, devraient s'emparer de la police de la ville ; le devoir de légitime défense contre la révolution l'exige.

Il ne faut, en aucun cas, attendre de soutien de la part du gouvernement francfortois. Il n'a pas le personnel nécessaire pour agir vigoureusement, dans le cas où il en recevrait l'ordre de la Diète. Les plus zélés conservateurs d'ici m'affirment que personne à Francfort n'oserait succéder au chef actuel de la police qui, pour excuser sa non-intervention, se dit lui-même démocrate. Les gouvernements voisins de Nassau et de Hesse masquent leur pusillanimité sous le prétexte que leurs mesures seraient inutiles, tant que la situation actuelle à Francfort durerait. Si on faisait le coup, ces gouvernements reprendraient courage, et Mayence serait bientôt obligée d'entrer dans la même voie. Là, ainsi qu'à Worms, la démagogie est à peu près aussi forte qu'ici. Il est probable que, si le secret des préparatifs était bien gardé, et si l'état de siège était subitement établi, on s'emparerait de documents intéressants ; mais, même si les meneurs avaient assez de prudence pour prévoir ce cas et ne rien garder de suspect entre leurs mains, je considérerais cependant cette mesure contre Francfort comme une nécessité politique ; elle empêcherait le succès des démocrates qui travaillent toutes les populations des bords du Rhin au moyen de brochures introduites en fraude, et en multipliant les sociétés. Ils font déjà des tentatives sur les soldats ; quelques-uns, la plupart des Bavarois, peu de Prussiens, vont dans les clubs et fréquentent des gens suspects à Bornheim et autres lieux.

Voici le sens de ce long développement : Je prie Votre Excellence de vouloir bien s'entendre avec le gouvernement autrichien pour faire prononcer sans tarder l'état de siège, sans même y être provoqué par des événements plus significatifs encore. Les procédés à employer seraient arrêtés entre les deux cabinets, ou bien le comte de Thun et moi nous serions autorisés à appliquer cette mesure, de concert avec le commandant supérieur, suivant le temps et les circonstances. Pour bien faire comprendre mon idée, je répète encore que je ne crois guère pour le moment à des soulèvements ou à d'autres dangers, et que je ne les considérerais pas comme un malheur. Je tiens la prise de possession et la remise de la police entre les mains des troupes pour un anneau indispensable à la chaîne des opérations nécessaires dans la lutte contre la Révolution. Mais si l'exécution traîne en longueur, le plan s'ébruitera et perdra beaucoup de son effet moral et de son utilité matérielle. Si l'on devait en venir là, il serait bon d'envoyer ici, quelques jours avant, un ou deux de nos policiers les plus expérimentés. Le chef de la police, Schultz, qui vous a apporté quelques petits journaux, vous fera sans doute un rapport particulier sur ce qu'il a pu voir. Il a déplu à M. de Rochow, par quelques expressions maladroites qui lui ont échappé, je crois, sans qu'il pensât à mal.

Aujourd'hui M. Goldheim a été chez moi, il a l'air intelligent; je l'ai prié de rester un jour pour se familiariser un peu avec les hommes et les choses. Il emportera cette lettre à Berlin. J'espère que de là on l'expédiera à Votre Excellence à Ischl. Je joins à cette lettre quelques rapports de police qu'on vient de m'apporter.

M. de Rochow est parti hier de bon matin. Il était encore assez souffrant. Quand Votre Excellence recevra ma missive, il sera probablement déjà à Ischl et il vous y aura vu.

J'ai été élu à la Diète provinciale du duché de Magdebourg. Dans la situation actuelle, et comme la Diète de Saxe fait mine de vouloir se réunir dès les premiers jours de septembre, je ne vois guère comment j'y pourrais prendre part. Je m'occupe déjà de ma réélection à la seconde Chambre (1); j'espère qu'à cette époque la période des difficultés sera close, et que je pourrai assister aux délibérations les plus importantes.

(1) M. de Bismarck fut élu à la Chambre des représentants, pour la seconde période législative, dans la 3ᵉ circonscription électorale du district de Potsdam.

X

Les affaires dans les commissions de la Diète. — Manière d'agir du comte de Thun en affaires et en société. — Exclusion des provinces de l'Est de la Prusse de la Confédération. — Procédés administratifs de M. de Rochow vis-à-vis de M. de Bismarck. — Mésaventure d'un agent de la presse francfortoise. — Activité de la commission politique.

6 septembre 1851.

Votre Excellence doit être, comme je le souhaite et le désire, rentrée à Berlin en bonne santé, au moment où cette lettre arrivera. Depuis que j'eus l'honneur de vous voir ici, j'ai pris la direction des affaires, mais la Diète n'a pas tenu de séance. Les délibérations des commissions sont par elles-mêmes moins importantes, et la façon dont on y travaille met ma patience à l'épreuve. Le comte de Thun les préside pour la plupart; mais, comme il ne lit pas auparavant les pièces qui arrivent, il en prend connaissance en en faisant la lecture à la commission d'un bout à l'autre, mot pour mot, opération qui dure souvent plusieurs heures pour une seule pièce, comme pour les trente à quarante feuilles du rapport sur la comptabilité de la flotte. Le comte lit toujours, ses poumons sont infatigables, je les lui envie. Pendant ce temps M. de Schele s'endort, M. de Nostitz lit un livre sous la table, le général bavarois Xylander, à côté de moi, dessine sur son papier buvard des affûts nouveaux et fantastiques. Cette lecture est purement et simplement le moyen d'apprendre ce dont il s'agit dans le document et, si le comte en prenait connaissance avant la séance, il nous épargnerait bien des pertes de temps; nous pourrions juger la chose plus tard par le discours du rapporteur. D'ailleurs les choses importantes circulent partout et deviennent l'objet d'un double et triple examen à la commission et à la Diète. Les commissions n'ont point de procès-verbal ; nulle part on ne note les décisions à prendre ; on ne peut les prévoir que par l'effet même des documents, et par ce que le rapporteur en dit dans son rapport. Aussi n'est-on jamais sûr que les vues de la majorité de la commission soient fidèlement reproduites. On ne peut pas non plus connaître la teneur des décisions des commissions par un résumé authentique, approuvé de tous les membres. Dans l'état actuel des choses, le résumé des décisions des commissions et les rapports écrits sont exclusivement entre les mains de la présidence.

J'ai fait au comte de Thun des observations sur les impossibilités de cette manière de procéder. Il me répondit en bon dialecte autrichien comme s'il ne comprenait pas ce dont il était question et comme s'il n'en pouvait être autrement; et pourtant ces agissements ont déjà été à plusieurs reprises l'objet des réclamations d'autres ministres, notamment de M. de Schele. Il se piqua, parla de méfiance, et brisa là.

Il faut d'ailleurs que je renouvelle mes plaintes au sujet du comte de Thun ; en s'appuyant sur la possession et sur les empiètements d'usage, il s'efforce d'élargir d'une façon excessive les privilèges de la présidence. Il reçoit avec insolence les remontrances qu'on lui fait à cet égard. Il est plus habile en affaires que je ne le croyais ; mais ses façons sont moins polies que ne le ferait espérer son origine. Il s'emporta si fort hier, à la commission, contre M. de Schele, que celui-ci me chargea de le provoquer en duel. Je préférai m'interposer et arranger l'affaire, quoiqu'un autre dénoûment eût été sans doute plus piquant.

Après ma première visite, au mois de mai, il

il m'a envoyé sa carte, depuis il n'a plus reparu chez moi et ne m'a jamais rendu mes nombreuses visites, même les visites officielles. Quand mes affaires m'appellent chez lui, il me fait attendre dans son antichambre, pour me dire ensuite qu'il venait d'avoir la visite très intéressante du correspondant d'un journal anglais. Il n'a pas agi autrement avec M. de Rochow; Wentzel (1) me dit qu'il a fait antichambre chez lui avec de Rochow pendant vingt minutes. Jamais il ne se lève pour recevoir, jamais il n'offre un siège, tandis que lui-même reste assis et fume à grosses bouffées. Je ne donne ces détails à Votre Excellence que pour l'amuser; j'observe ce type exceptionnel de diplomate avec le calme d'un naturaliste, et je me flatte d'avoir déjà contribué quelque peu à le rendre plus poli, du moins vis-à-vis de moi, sans que nos rapports mutuels aient rien perdu de leur caractère amical et intime. Les relations d'affaires sont plus incommodes, surtout à cause de la nécessité où je suis de garder la dignité de ma position officielle, devant un homme qui se conduit de la sorte.

Je ne compte produire la proposition relative à nos provinces de l'Est qu'à la prochaine séance. Je n'ai pas pu me faire jusqu'ici une idée d'ensemble de la question, ni du nombre des voix favorables, parce que M. de Rochow, dans les affaires courantes, n'a jamais été aussi communicatif que je l'aurais voulu et que mon instruction le demandait, quoique je me sois présenté tous les jours chez lui à cet effet. Je n'ai pas eu connaissance d'un certain nombre de documents importants; lorsque M. de Ro-

---

(1) De Wentzel, conseiller de légation à l'ambassade de Prusse près de la Diète et ministre résident près de la ville libre de Francfort.

chow est parti, il ne m'a rien communiqué sur la situation des affaires en suspens, il ne m'a même pas rendu de compte. Il m'avait dit la veille qu'il remettrait son départ de vingt-quatre heures, et le lendemain il m'envoya une lettre d'adieu pour me dire que le beau temps l'avait décidé à avancer d'un jour son voyage. J'eus à peine le temps de le voir quelques minutes à la gare, je pris ensuite *ex officio* la conduite des affaires, sans que mon prédécesseur m'eût rien dit de leur état. Votre Excellence jugera combien la réserve de mon prédécesseur allait loin par cette circonstance : je n'eus vent de l'existence du considérable et important rescrit du 3 juillet, que parce que le docteur Quehl (1) me demanda ce qui en était résulté. Les rapports que le rescrit du 3 juillet réfute en partie, ne viennent pas de moi et ne sont pas, en majeure partie, venus à ma connaissance. J'en dirai autant de tous ceux qui concernent les agissements des ultramontains. Leur auteur est Mentzel ; d'après le peu que Rüdlow m'en a dit, ils contiennent dans leur généralité beaucoup de vrai. M. de Rochow ne m'a jamais invité à faire des coupures ou des changements dans mes travaux par politesse, à ce qu'il me semblait, si bien qu'il m'a presque complètement tenu à l'écart de l'entrée comme de la sortie des affaires. J'ai d'ailleurs toujours gardé avec lui des relations extérieures amicales, bien que je ne sois point resté insensible à ce qu'une telle situation avait de blessant pour moi ; aussi je prie Votre Excellence de tenir secrets mes épanchements.

Le petit Zirndorfer(2), que Votre Excellence a vu à Mayence et à Bade est depuis quelques jours dans

---

(1) Rapporteur du bureau central de la presse, à Berlin.
(2) Agent du bureau de la presse.

une grande surexcitation. Deux lettres qu'il adressa à M. de Rochow, dont le contenu est insignifiant, mais qui font allusion à des rapports qu'il adressa à M. de Rochow et à moi, ont été imprimées dans les journaux démocratiques de Francfort avec sa signature sous le titre « Documents relatifs à la police secrète à Francfort »; entre les deux lettres est inséré un compte rendu des progrès de la propagande en France et de ses relations avec quelques démocrates d'ici. Ce compte rendu avait été également remis à M. de Rochow par Zirndorfer, mais n'était pas de sa main. Je n'ai pas pu arriver à savoir comment ces pièces se trouvent entre les mains des démocrates. Il est très vraisemblable qu'un domestique, entré au service de M. de Rochow dans les dernières semaines, les vola et les remit aux intéressés. Depuis ce temps, Zirndorfer a toujours sur lui un poignard énorme. Il me pria d'envoyer une note fulminante au Sénat pour faire saisir la justice criminelle de l'affaire; mais j'ai été d'avis que plus on accorderait d'importance à la chose, plus elle deviendrait désagréable. Aussi ne suis-je point intervenu officiellement.

XI

Crise révolutionnaire en l'année 1852. — Impossibilité d'une opposition des conservateurs en Prusse.

29 septembre 1851.

J'ai reçu la lettre de Votre Excellence du 25 courant; je l'ai lue hier soir et brûlée conformément à ses ordres. Je crois avec Elle qu'on a des craintes exagérées pour l'année 1852; tant que la majeure partie de l'armée française ne fera pas cause commune avec le socialisme, nous n'aurons à redouter qu'une guerre de la France contre une coalition européenne; je n'y crois pas non plus. Je suis convaincu que tout ce tapage restera sans effet. Des émeutes en France ou en Allemagne, sans la participation de l'armée française ne peuvent que favoriser la réaction et me paraîtraient plus souhaitables que redoutables. Je dis cela, bien entendu, en présupposant que Sa Majesté restera fidèle au système de mettre en œuvre, sans hésiter, tous les moyens permis dans la lutte contre les révolutionnaires de toutes nuances. Il est vrai, surtout en politique, que la foi renverse des montagnes, que le courage et la victoire sont inséparables l'un de l'autre; pour un roi de Prusse, du moins, c'est encore, Dieu merci, une vérité.

L'opposition de Bethmann (1) et de Golz, ainsi que leur journal, aura de tout autres résultats que ceux que ces messieurs espèrent. La possibilité d'une opposition conservatrice repose sur une illusion; une opposition de ce genre ne peut être faite qu'avec et par le roi, non par des feuilles publiques, mais par des influences personnelles à la cour. Toute autre politique perd pied chez nous, à moins de devenir ridicule; c'est ce que constateront bientôt ces messieurs avec leur opposition conservatrice; ou bien ils descendront jusqu'au ton de *la Gazette de Cologne*, au ton du plat libéralisme, ou bien l'ennui qu'ils

---

(1) De Bethmann-Hollweg, un des fondateurs de la *Gazette de la Croix*, la quitta parce qu'il désirait un gouvernement constitutionnel sérieux. Il fonda le « Wochenblatt » de Prusse, pour la discussion des questions politiques du jour, et engagea bientôt une vive polémique avec la *Gazette de la Croix*.

inspireront à autrui les fera disparaître. Même la noblesse provinciale qui, par ses ramifications parmi les propriétaires terriens, dans l'armée et dans la bureaucratie, est beaucoup plus puissante que les opposants conservateurs des bords du Rhin, ne peut tenir tête à un ministère résolu, que si elle a pour elle la personne du roi; sinon, ces gentilshommes ne peuvent pas réussir, quand même des injustices criantes et des intérêts gravement lésés auraient cimenté leur union et stimulé leur énergie.

La puissance du gouvernement est plus forte et plus solide en Prusse qu'en tout autre pays du monde, du moment que la couronne et le ministère s'entendent; aussi longtemps que Sa Majesté saura donner des ordres, on obéira, en 1852 aussi bien qu'aujourd'hui. Au risque d'être regardé par Votre Excellence comme un renégat de la Constitution, je me permets d'ajouter cette remarque : un coup d'État pour écarter complètement la Constitution me paraît non seulement souhaitable, mais même nécessaire dans la situation actuelle. La Constitution a reçu dans les deux dernières années une interprétation telle, qu'elle a cessé d'être un obstacle au pouvoir exécutif et devient de plus en plus le cadre auquel les personnes qui exercent ce pouvoir donnent un fond et une valeur. Je crois donc hors de doute que le prétendu système constitutionnel n'impose pas d'obligations au gouvernement, si celui-ci ne reconnaît que les modifications exprimées *expressis verbis* dans les paragraphes de la Constitution.

XII

Opportunité de l'élection de M. de Bismarck à la Chambre. — Fête à Francfort à l'occasion de l'anniversaire du roi. — Explications entre M. de Bismarck et le comte de Thun.

5 octobre 1851.

Je me permets d'écrire ces lignes à Votre Excellence pour lui demander, si elle croit qu'il me soit possible d'accepter la candidature à la Chambre. Si les affaires continuent à marcher comme jusqu'à ce jour, j'ai peu d'espoir de rendre des services au gouvernement dans la Chambre. Cependant le comte de Thun avec qui j'en ai causé, m'a fait pressentir une époque plus calme, peut-être même des vacances dans le courant de l'hiver. Je pourrais, en ce cas, venir de temps en temps à Berlin. Les élections ont lieu le 13 courant ; comme le temps presse, j'ai déclaré, en attendant, que j'étais prêt à accepter le mandat. Si Votre Excellence juge que c'est impossible, j'aurai toujours le temps de me retirer. Mes partisans voudraient bien me voir là-bas le 12 pour une réunion préparatoire. Mais les affaires fédérales et les préparatifs de la fête du roi, le 15, me retiendront ici. D'ailleurs les résultats des élections sont toujours si incertains, que j'aurais hésité à abandonner mon poste, à faire un voyage de plus de cent milles (1), pour essuyer peut-être un échec (2); j'ai donc pris la résolution de ne pas y aller ; au demeurant, la plupart votent par esprit de parti, et la

(1) Le mille allemand vaut 7 $\frac{1}{2}$ kilomètres.
(2) M. de Bismarck fut élu.

personne du candidat n'exerce aucune influence.

Au sujet des fêtes qui auront lieu le 15, je me suis permis d'adresser à Votre Excellence un rapport afin de lui demander un supplément de solde pour les officiers subalternes. D'après les traditions des dernières années et l'exemple des Autrichiens, on ne saurait empêcher ces fêtes de prendre une tournure qui dépassera les maigres ressources des caisses d'officiers, bien que les frais soient répartis entre eux proportionnellement à leur solde. La répartition enlève à un sous-lieutenant de 25 à 30 thalers; cette somme suffit à le faire penser longtemps à cette fête, si l'on ne lui donne point de supplément, car tous sont forcés d'y contribuer. La garnison d'ici est, sous ce rapport, dans une situation exceptionnelle. Elle célèbre cette fête à l'étranger, sur un point où toute manifestation prussienne devient l'objet d'une sévère critique. L'usage veut en outre que l'on traite les camarades de l'Autriche, de la Bavière et de Francfort. Le ministère de la guerre a accordé l'année dernière cent thalers. Cette somme minime a fait une impression, plutôt mauvaise que bonne, sur ceux qu'elle visait. Je serais porté à affirmer que le corps des officiers joue ici jusqu'à un certain point un rôle de représentation diplomatique à l'étranger, ce qui justifierait un emprunt aux fonds du ministère des affaires étrangères. Je crois que 1,000 thalers, si Votre Excellence est disposée à les dépenser, seraient fort bien employés.

Voici la part que je compte prendre aux fêtes. J'irai le matin à l'église avec les membres de l'ambassade pour faire acte de présence à notre messe militaire. Après avoir assisté à la revue, je rentrerai chez moi pour y recevoir les souhaits d'usage et donner un dîner de gala, auquel j'inviterai la Diète, les diplomates accrédités auprès de la Diète et de la ville, les deux bourgmestres et les membres de notre ambassade.

J'ai eu, il y a quinze jours environ, avec le comte de Thun une explication personnelle très franche et très nette sur la difficulté de mes rapports avec lui, sur son manque d'égards et de politesse qui enlève aux rouages de nos relations l'huile des convenances sociales. Contre mon attente, il reçut fort bien ma franchise et me promit de renoncer à ses manières blessantes. Depuis ce temps, tout va mieux entre nous et il se montre plus gracieux, surtout à mon égard. Je me permets de joindre à ma lettre un échantillon de son écriture et de son style, un billet de lui qui m'arrive à l'instant et qui est insignifiant.

XIII

Politique commerciale de l'Autriche. — Crise ministérielle du Hanovre. — Affaires constitutionnelles dans l'électorat de Hesse. — Les gouvernements allemands soumis aux influences autrichiennes. — Création d'une police centrale. — Remise indéfinie de la réunion de la commission de marine. — Tendance politique du baron de Münch. — Affaires concernant la flotte. — Détails domestiques.

9 octobre 1851.

J'ai l'honneur d'envoyer ces lignes à Votre Excellence par l'entremise du conseiller intime Dellbruck, qui compte partir ce soir pour Berlin. Le rapport d'hier de ce conseiller aura appris à Votre Excellence comment, à la dernière séance de la commission spéciale, l'Autriche a manifesté presque sans détours l'intention d'élargir le mandat des commissaires et de les pousser dans un tout autre domaine que celui pour lequel ils ont été envoyés ici, de leur donner, en un mot, moins le caractère consultatif que celui de négociateurs pourvus de pleins pouvoirs. Les efforts de l'Autriche pour transporter la législation commerciale de l'Allemagne du Zollverein (union douanière) à la Diète, sont tout aussi naturels que les efforts contraires de la Prusse pour ne pas partager avec l'Autriche la situation acquise; car le seul profit qu'on pourrait en attendre, après la convention du 7 septembre, ce serait de voir l'Autriche nous disputer l'hégémonie dans le Zollverein. Je crois Dellbruck assez adroit pour mettre un terme aux tentations sans cesse renouvelées de la partie adverse, sans donner à ses réponses évasives une tournure qui pourrait servir à rendre la Prusse suspecte. Mais je suis à peu près convaincu que l'Autriche ne tardera pas à concentrer son énergie et toute son opiniâtreté sur cette politique commerciale, et que nous ne pourrons plus éviter en fin de compte la nécessité d'un refus sec.

Je remercie Votre Excellence de la lettre que ma femme a reçue. Je suis entièrement de l'avis de Votre Excellence; dans les relations diplomatiques, les paroles mordantes qui n'ont d'autre but que d'impressionner désagréablement l'adversaire ne sont nuisibles qu'aux intérêts de celui qui les emploie, quand bien même il s'y croirait autorisé par les règles des relations privées. Nous n'avons pas besoin, heureusement, de recourir à un déploiement de force qui briserait les limites du droit formel. Aussi n'est-il pas nécessaire que nous renoncions aux avantages politiques que peut nous donner dans l'opinion publique la comparaison de notre situation avec celle de l'Autriche. Je n'ai pas encore pu découvrir, chez les grands États, si on a écrit dans le même sens à tous. Chez les petits, la Hesse en tête, cela ne paraît pas avoir été le cas.

Le conseiller intime Klenze pousse des cris d'alarme au sujet de la crise ministérielle du Hanovre. Il va même jusqu'à donner à entendre que le comte Adolphe Platen, ambassadeur du Hanovre à Vienne, pourrait bien être nommé ministre. Platen est un adversaire passionné de la Prusse; mais autant qu'une longue connaissance personnelle me permet de le juger, il se gardera bien d'échanger la commode position de frondeur et de critique, auprès d'une cour amie, contre la place épineuse d'un ministre, objet de toutes les critiques, et responsable de tous ses actes. Quelque peu disposé que je sois à laisser empiéter des étrangers sur la politique intérieure de ma patrie, j'ai cependant assez d'égoïsme prussien pour n'être pas aussi consciencieux en ce qui concerne la politique du Hanovre; et si Votre Excellence me demandait mon avis, je conseillerais humblement de n'y appuyer qu'un ministère qui serait prêt à se rallier à notre politique, quelle que fût d'ailleurs sa couleur politique. Notre propre maison est assez solide pour que nous puissions tolérer et soutenir en Hanovre un ministère libéral plutôt qu'un ministère autrichien.

A propos de l'affaire de l'électorat de Hesse, que Votre Excellence daigne se rappeler que je lui ai écrit précédemment sur une demande présentée par M. de Trott (1), au sujet de la prise en considération d'une garantie d'emprunt. D'après ce qu'il m'a dit à cette époque, il faut croire que le trésor de l'électorat se trouve dès à présent hors d'état de remplir ses engagements.

(1) Délégué de l'Electorat de Hesse.

Le ministre Uhden (1) aura expliqué à Votre Excellence où en est la question et de quelle façon le gouvernement hessois compte se créer des ressources en promettant une constitution et la création de deux Chambres. Je ne parle de cela que pour m'assurer l'assentiment de Votre Excellence, dans le cas où je voudrais mettre à profit cette situation pour rappeler au gouvernement de Cassel, qu'il a besoin de la bienveillance de la Prusse autant que de celle de l'Autriche. Le besoin de notre concours pour hâter l'établissement de cette Constitution nous y autoriserait.

L'un des motifs principaux pour lesquels la plupart de nos confédérés sont plus sensibles aux influences autrichiennes, c'est que l'on craint l'Autriche, on redoute sa rancune et sa soif de vengeance, tandis que nous, on nous considère comme plus bonasses et de meilleure composition. Il y a bien encore d'autres motifs ; on se méfie de plans unitaires, de la médiatisation; de plus, les cours espèrent obtenir, par l'Autriche, un pouvoir plus absolu que par nous.

Le comte de Thun a remis à la prochaine séance, sur le désir que j'en ai exprimé, la proposition concernant la police centrale. On tâchera auparavant de gagner encore quelques délégués au projet. Il faut s'attendre à une forte opposition de la Bavière ; je crois pourtant que la proposition passera. Quand cette institution fonctionnera, elle offrira peut-être le moyen de s'emparer de la police de Francfort pour parer aux inconvénients qui résultent de l'absence de toute police locale. En effet, aussi longtemps que le soin de la sécurité et de la surveillance restera confié à un bourgmestre annuel, à un

---

(1) De Uhden, ministre de Prusse à Cassel.

sénateur préfet de police, nommé pour trois ans seulement et dont la lâcheté égale l'inexpérience, il ne faut pas compter sur une amélioration quelconque; ajoutez à cela que le cercle d'action des agents de police d'une si grande ville et d'un si grand centre international cesse immédiatement aux portes et ne peut s'étendre plus loin que par un système de réquisition fort imparfait et fort lent. De plus, la gendarmerie d'ici est un corps dont les membres appartiennent plutôt à la catégorie des agents et des veilleurs de nuit de petite ville qu'aux employés du pouvoir exécutif; ils sont en partie affiliés à la démocratie.

Des indices assez sûrs me font croire que le comte de Thun a consenti à remettre jusqu'au retour de M. de Schele la réunion des trois commissaires de la marine, en invoquant le prétexte d'affaires de service. J'ai demandé instamment que l'on rappelât Brommy (1) et j'ai réussi; Thun prit aussi un ton indigné à propos de l'absence de Brommy ; mais la veille il m'avait exprimé le désir de faire, d'accord avec la Prusse, la nouvelle proposition de l'Autriche sur l'organisation de la marine encore assez à temps, pour qu'elle pût servir de base aux délibérations des trois commissaires. Il ajouta qu'il serait très fâcheux que Schele ne revînt pas avant cette époque. Je lui dis que je ne pouvais pas encore m'expliquer sur cette nouvelle proposition et que j'attendais des instructions. Cette proposition est, de l'avis même de Votre Excellence, prématurée et injuste.

M. de Munch (2) était, il y a peu de temps, en

---

(1) Brommy, contre-amiral de la flotte allemande de la mer du Nord.

(2) Baron de Munch-Bellinghausen, conseiller intime et

Belgique, où il a placé ses fils dans une institution. J'ai appris dernièrement qu'il est catholique, et cela m'a donné une lumière nouvelle sur sa tendance politique.

Ce qui peut indiquer à quel point de vue il se place comme homme d'État, c'est qu'il déclara, dans un entretien privé, qu'il verrait avec le plus grand déplaisir enlever de la façade du palais fédéral, où il flotte toujours, le drapeau noir rouge et or. Il prétendait, qu'en le faisant, on abandonnerait à la démocratie le domaine des sympathies nationales, tandis qu'on les éloignerait de cet élément dont ces trois couleurs sont l'expression en les conservant à la Confédération. Toutes les notes fédérales sont encore revêtues d'une bande noire, rouge et or, et les canons, ainsi que tout le reste dans les forteresses de la Confédération, sont revêtus des mêmes teintes. Lorsque je fis part hier au comte de Thun, que la Prusse paierait la contribution (1) de Dresde, il m'embrassa de joie. Il venait de recevoir une dépêche l'invitant à payer la quote-part de l'Autriche.

Si nous avons réellement fait cette promesse à Dresde, il est de notre honneur de payer. Quant à l'engagement de payer le second terme, je puis bien encore l'exploiter dans une certaine mesure, comme l'instruction le prescrit d'ailleurs.

Depuis que j'ai ma femme et mes enfants près de moi, je vois Francfort d'un bien meilleur œil, malgré le dérangement que me causent les nombreux ouvriers que j'ai dans la maison.

La saison d'hiver s'est ouverte cette semaine par

premier chambellan, ministre du grand-duché de Hesse à la Diète.

(1) Pour l'entretien de la flotte allemande.

deux petits bals chez A. Rothschild (1) et chez le comte de Thun.

On rencontre la comtesse Rossi dans tous les salons ; elle s'est embellie depuis son départ de Berlin, son teint cuivré a presque disparu. Elle a joué notamment dans la *Somnambule* et dans la *Fille du régiment* avec une chaleur et un déploiement de mimique passionnée, qui prouve que sur la scène et au milieu des applaudissements frénétiques qui l'accueillent, elle se sent mieux chez soi, que dans sa dignité de comtesse. J'ai ressenti vivement tout ce qu'il y a de pénible dans le contraste entre sa position sociale à Berlin et son apparition sur la scène d'ici, en contact forcé avec de misérables acteurs. Le comte Rossi est le même qu'à Berlin ; il joue le grand seigneur et un jeu d'enfer, fume des cigares hors de prix et semble aussi peu gêné par la position de sa femme que par la sienne. A son arrivée, il alla voir Zirndorfer et l'invita à dîner. Ce digne critique et mouchard me raconte qu'il a ses entrées libres chez la comtesse, que celle-ci fait faire antichambre au comte quand lui est auprès d'elle et qu'il a des billets de théâtre tant qu'il en veut. Madame Sontag, comme on appelle ici la comtesse, reçoit après trois heures *la haute volée* de Francfort et excite le mécontentement des garçons à l'hôtel de Russie, parce qu'elle ne soupe qu'à une heure et demie au champagne frappé.

Le petit bal d'hier chez le comte de Thun a réuni les sommités du grand monde francfortois. Les toilettes écraseraient tout à Berlin par leur éclat, rehaussé encore par de riches parures de diamants.

---

(1) Baron de Rothschild, banquier de la cour de Prusse et de l'Assemblée fédérale. Chef de la Banque M. A. de Rothschild et fils à Francfort-sur-le-Mein.

Les manières des dames sont extrêmement élégantes. Elles parlent en partie bien le français, non sans ostentation. Elles ont été à Paris ; elles laissent leurs maris à la maison ; les conversations, à les juger d'après nos habitudes, frisent la légèreté.

Samedi j'ai mené ma femme à Coblentz et j'ai trouvé Kleist (1) dispos et de bonne humeur. Il fera la semaine prochaine un voyage circulaire de quinze jours dans la province. Je n'ai fait qu'y passer la nuit. Madame la princesse de Prusse demanda pourtant à me voir et me reçut entre huit et neuf heures du matin.

Le général Schack me vint voir hier, et je compris à ses paroles, qu'il avait la mission d'informer M. de Rochow si je quitterais Francfort pendant la durée de la session de la Chambre. Je n'aimerais pas à être suppléé ici, si toutefois mon opinion là-dessus peut entrer en ligne de compte ; cette suppléance faite par M. de Rochow dépasserait peut-être la portée d'une simple suppléance dans l'effet qu'elle produirait sur les affaires.

XIV

Changement de personnel dans le corps diplomatique de la Prusse.

10 novembre 1851.

A propos des mutations projetées à Francfort et à Darmstadt, et auxquelles les deux circulaires arrivées

---

(1) De Kleist-Retzow, (premier président de la Prusse rhénane.

aujourd'hui font allusion, je me permets de faire remarquer à Votre Excellence que M. d'Otterstedt(1) sera très affligé de son transfert à Lisbonne. Il en avait appris quelque chose, probablement par une correspondance d'employé subalterne, au moment où il fut chez moi, il y a quelques jours.

Dans les dernières années il a eu deux déplacements coûteux, comme il s'en est plaint à moi. Il vient de s'installer confortablement à Darmstadt. Sa position de fortune n'est pas, à ce qu'on me dit, tellement brillante, qu'on pourrait le croire d'après la rente annuelle de 6,000 thalers que lui apporte sa femme. Cette rente, me dit-on, n'est payée que pendant la vie de son beau-père et ne sera pas remplacée ensuite par un capital. Je suis bien aise que Canitz (2) vienne ici. Il rendra bien plus de services à la couronne qu'Otterstedt, mais celui-ci me fait peine. C'est dans la mesure de ses moyens un fidèle serviteur du gouvernement, d'une obéissance passive ; il ne s'est jamais laissé aller à ces intrigues frondeuses qui sont malheureusement la plaie de la diplomatie. Je ne dis pas cela pour amener une modification dans les nominations projetées ; je voudrais seulement prier Votre Excellence d'adoucir la mesure pour Otterstedt par une marque de satisfaction, car il sera très malheureux de son transfert. J'ai écouté ses plaintes, sans rien dire ; tel que je le connais, un titre, un ordre seront pour lui les bienvenus. Mais je ne crois guère que les circonstances permettent de le nommer ambassadeur à Lisbonne honneur qu'il souhaitera certainement lui-même,

(1) V. p. 20 n. 1.
(2) Baron Canitz et Dallwitz, ministre résident de Prusse, près le grand-duché de Hesse et de Nassau, et la ville libre de Francfort.

vu qu'il a déjà exprimé autrefois un vœu de ce genre à propos de son poste actuel.

XV

Position de l'Autriche. — Question de la flotte allemande. — Relations amicales entre la Prusse et l'Autriche. — Conférences avec M. de Nostitz sur la politique fédérale de la Prusse. — Idées de M. de Blittersdorf sur les devoirs et le but de la politique prussienne en Allemagne.

19 novembre 1851.

J'ai l'honneur d'envoyer à Votre Excellence par la poste d'aujourd'hui un rapport sur la proposition de M. de Schele au sujet de la commission de marine; je me permets d'y ajouter les observations suivantes :

— Ainsi que je me suis permis de l'indiquer auparavant, les idées personnelles du comte de Thun semblent se rapprocher des vues du Hanovre plus que de celles qui ont donné lieu à la proposition commune de l'Autriche et de la Prusse. A mon avis, le comte de Thun cherche à donner au développement de cette question une tournure telle que la flotte de la mer du Nord reste soumise à l'influence directe de l'Autriche, ou, si cela est impossible, à l'influence indirecte exercée par le président de la Diète, sans qu'il en coûtât, ni pour le passé ni pour le présent, des sacrifices pécuniaires à l'Empire. Ce qui empêche les vues du comte de Thun de s'accorder complètement avec celles de M. de Schele, c'est que l'Autriche n'est pas décidée à fournir la contribution dont le paiement se trouve être une des conséquences du plan de M. de Schele. Son rapport est ingénieusement conçu pour ne pas dire un mot de cette différence et rester sur le terrain commun de l'auteur et du comte de Thun. C'est ainsi qu'on fait valoir les deux opinions au sujet de la propriété de la flotte. Toutes deux sont désavantageuses pour la Prusse. M. de Schele conclut que la flotte est la propriété de la Confédération, sans en déduire que l'Autriche a le devoir de payer sa part pour cette institution fédérale, tandis que le comte de Thun conteste à la flotte la qualité d'institution fédérale, et n'en revendique pas moins pour la Confédération le droit d'en disposer d'une manière nuisible à l'intérêt de la Prusse.

Je crois pouvoir être sûr de l'approbation de Votre Excellence en ne me laissant pas duper par les grands mots d'intérêt national dont on masque ces plans, en employant tous les moyens que me fournit la position de la Prusse à la Diète pour mettre un terme à une telle situation et contrecarrer des plans dont les exigences iniques croissent avec toutes les concessions que nous faisons. En cherchant à maintenir son influence sur une flotte créée sans son aide, l'Autriche me semble empiéter sur le domaine naturel de l'influence prussienne, et cette ingérence me paraît incompatible avec le respect de l'*uti possidetis* actuel, qui seul peut donner une base durable à une alliance aussi étroite que celle qui nous unit actuellement à l'Autriche. Je ne puis pas juger jusqu'à quel point l'attitude du comte de Thun dans cette question et celle de Hock (1) et d'autres agents autrichiens, dans la politique commerciale, a l'approbation du prince de Schwarzenberg. Si c'était

(1) Chevalier de Hock, conseiller ministériel.

le cas, je me permettrais de soumettre à Votre Excellence la question suivante : Dans l'intérêt de la consolidation et du maintien de la bonne entente entre les deux puissances, ne serait-il pas à propos que Votre Excellence eût la bonté de faire comprendre au prince de Schwarzenberg, dès que l'occasion s'en présenterait, que si on ne prend pas en considération nos intérêts, l'attitude de la Prusse pourrait bien à la longue cesser d'être aussi amicale que par le passé. La personnalité même du comte de Thun et la nécessité de fortifier à la Diète, vis-à-vis des autres membres, l'idée d'une entente parfaite entre la Prusse et l'Autriche ne m'engage pas à manifester au comte de Thun notre mécontentement de l'attitude de l'Autriche et à lui en faire voir les conséquences avec assez de force nécessaire pour produire une impression. D'ailleurs, la position d'un ambassadeur, et surtout celle du comte de Thun vis-à-vis de son chef, n'est pas assez haute pour qu'en s'adressant à lui, on puisse exercer une influence sérieuse sur l'attitude du cabinet dont il reçoit les ordres. J'évite pour ma part, à dessein, toute explication avec le comte de Thun sur des questions dont la solution ne dépend pas de nous deux, sans compter que ces discussions inutiles pourraient avoir un effet réflexe sur nos relations personnelles, fort bonnes jusqu'à ce jour.

J'ai été surpris d'un entretien que j'eus il y a quelques jours avec M. de Nostitz. Il me dit dans une conversation particulière : « Il me semble que le gouvernement prussien n'est pas disposé à développer outre mesure les institutions fédérales et à favoriser la centralisation unitaire de l'Allemagne par la voie de la confédération existante ». Je lui répondis sur le même ton confidentiel : « La constitution actuelle de la confédération ne me semble nullement assurer la situation de la Prusse et répondre à ses droits en proportion de sa puissance; aussi la Prusse a-t-elle raison d'examiner avec soin toute démarche qui pourrait entraîner un accroissement de force pour la Confédération, aux dépens de l'indépendance territoriale des États; d'ailleurs l'attitude de la majorité à la Diète, et je n'en puis malheureusement pas exempter la Saxe, est telle à l'égard de la politique prussienne, que la Prusse ne saurait y voir une invitation à remettre aux mains de cette majorité une influence plus grande qu'auparavant sur les décisions de son gouvernement. » M. de Nostitz répondit : « La Prusse n'a pas en effet actuellement la part d'influence qui lui revient de droit en Allemagne; il faut attribuer cela en partie à la méfiance persistante des gouvernements et surtout des cours, méfiance qu'a fait naître la politique unitaire de la Prusse; d'un autre côté l'attitude que la Prusse prend aujourd'hui volontairement n'est pas faite pour rallier les sympathies qui pencheraient plutôt pour la Prusse que pour l'Autriche. Il me semble surtout que le système en vigueur depuis le rétablissement de la Diète et qui consiste à préparer chez vous et à présenter toutes les propositions importantes de concert avec l'Autriche, n'est pas le bon, si la Prusse veut reconquérir à la Diète la position qu'elle y occupait sans conteste avant 1848. La constitution fédérale, telle qu'elle est, comporte parfaitement l'influence prépondérante de la Prusse et les événements antérieurs en sont la preuve irrécusable. J'ajouterai même, qu'étant donné la situation de l'Allemagne, l'hégémonie prussienne est indispensable, parce que la plupart des États confédérés sont invités à se rattacher à la Prusse par leur situation géographique, par leur histoire et par les intérêts économiques des populations. J'attribue encore une importance toute particulière aux rapports confessionnels ; chacun se garde bien d'y toucher en ce moment ; mais ils ne tarderont pas à paraître au premier plan, et alors la Prusse reprendra sa place naturelle à la tête des protestants allemands. » Je n'examinerai pas l'importance de ces paroles prononcées par le ministre de Saxe dans un entretien privé dû au hasard ; j'ai cru pourtant devoir les faire connaître à Votre Excellence.

Pour finir je citerai encore quelques idées de M. de Blittersdorf, parce qu'elles se rattachent à ce qui précède. Avant le voyage qu'il fit cet été en Autriche, il me recherchait manifestement ; depuis son retour il me fuit. Avant ce voyage il me dit à plusieurs reprises qu'il était prêt à consacrer ses conseils et ses services à la Prusse, et j'en fis part à Votre Excellence (1). Il me montra que tous les efforts de la politique prussienne devaient faire obstacle au développement de la Confédération et à l'accroissement de sa puissance. « Le terrain de la Diète, me disait-il, est absolument défavorable à la Prusse depuis l'entrée en scène de la politique unitaire ; vous avez les moyens, et c'est votre intérêt d'empêcher qu'on ne tende plus encore les rênes de la puissance centrale de l'Allemagne. » Je ne saurais nier que je partage cette opinion. Je ne crois pas que la Diète, sous sa forme actuelle, puisse être le dernier mot de notre politique. Je ne vois en elle qu'une écorce dans laquelle se développeront les éléments sains et pratiques inhérents à la politique unitaire, écorce qui tombera d'elle-même quand l'amande sera mûre. Mais l'incertitude de la situation politique actuelle en face de la révolution com-

---

(1) V. p. 7.

mande un concert étroit avec l'Autriche, et même, si la politique de cette puissance n'est pas agressive, l'ajournement des questions litigieuses qui existent inévitablement entre les deux États. Aussi est-ce une nécessité de ne pas faire paraître au grand jour des plans de cette nature, qui compromettraient la solidité de notre alliance. Ce dernier système ne peut prévaloir que si l'Autriche nous rend la pareille par une attitude pleine d'égards sur tous les points. Dans le cas contraire, et si je pouvais convaincre Votre Excellence de la justesse de mes vues, je me laisserais diriger par une vérité indéniable, c'est que le cabinet impérial aura, dans un avenir prochain, plus besoin de l'alliance prussienne que nous de l'alliance autrichienne.

XVI

Entretien avec le comte de Thun sur l'attitude de l'Autriche dans la crise du Zollverein, le transfert de la législation douanière et commerciale à la Confédération, et la position de l'Autriche et de la Prusse dans la Confédération.

Fin novembre 1851.

Je causai ce matin avec le comte de Thun et profitai de l'occasion pour lui exposer sous une forme privée, les suites déplorables qu'allait entraîner la politique agressive de l'Autriche dans la question du Zollverein. Il me répondit sur un ton d'amicale franchise, en résumé, à peu près ce qui suit : « Les sacrifices considérables consentis par la Prusse dans la convention du 7 septembre prouvent bien qu'il s'agissait moins d'intérêts commerciaux que d'intérêts politiques. Si vous admettez que je suis aussi bon Autrichien que vous bon Prussien, vous admettrez que j'approuve mon gouvernement, lorsqu'il cherche, par tous les moyens possibles, à empêcher que l'Autriche ne soit exclue, et plus brutalement encore que jadis, du Zollverein, d'une association nouvelle qui comprendrait tout le reste de l'Allemagne. A Vienne, on ne pense pas à détruire l'union douanière ; on veut seulement que celle-ci se reforme sur des bases qui rendraient possible, sinon immédiatement, du moins tôt ou tard, l'accession de l'Autriche. Je conviens que nous cherchons à ce moment à donner à la Diète le droit de législation douanière et commerciale ; je trouve cela tout naturel pour l'Autriche. J'ai envoyé Hock auprès des cours de l'Allemagne occidentale avec des instructions dans ce sens. Je regrette que la Prusse n'admette la Confédération que sous forme d'institution policière et militaire. L'influence prépondérante de l'Autriche en Allemagne est dans la nature des choses, aussi longtemps que l'Autriche se dévouera à l'Allemagne sans visées égoïstes ; si elle s'écarte de cette conduite, la Prusse prendra la place de l'Autriche ; si elle ne s'en écarte pas, le devoir de la Prusse est de travailler avec la même abnégation que l'Autriche aux intérêts de l'Allemagne tout entière. Aussi longtemps que nos rapports mutuels ne seront pas affranchis de jalousie particulariste, la bonne entente ne sera pas une paix, mais une trêve. » Il se mit à parler comme Posa (1), et fit de grandes tirades sur la patrie allemande. J'achevai sa pensée en lui faisant observer qu'en ce cas

(1) Philanthrope exalté, dans le *Don Carlos* de Schiller.

l'existence de la Prusse et la Réforme étaient des faits déplorables; mais, comme nous n'y pouvions rien changer, il nous fallait faire entrer en ligne de compte, non l'idéal, mais les faits. Je le priai de considérer si les résultats que l'Autriche pouvait obtenir par la mission de Hock vaudraient les avantages de l'alliance avec la Prusse. J'ajoutai qu'il n'y avait pas en Europe une Prusse qui, d'après ses propres expressions, « renoncerait à l'héritage de Frédéric le Grand, » pour pouvoir se consacrer à sa mission providentielle « d'archi-chambellan de l'Empire »; j'affirmai que plutôt que de conseiller une politique pareille, je demanderais que la question fût tranchée par l'épée. Il compara la Prusse à un homme qui a gagné une fois le gros lot de 100,000 thalers et qui met sa maison sur le pied d'un retour annuel de la même chance. Je lui répliquai que si ces vues étaient aussi nettes à Vienne que chez lui, je prévoyais que la Prusse serait encore une fois obligée de prendre des billets à la même loterie; quant au gain, il serait entre les mains de Dieu. Tout cet entretien eut généralement le ton plaisant et garda d'un bout à l'autre le caractère amical. Mais il m'a confirmé dans l'opinion qu'il faut faire sentir à l'Autriche l'importance de notre alliance ou de notre hostilité, pour qu'elle en comprenne la valeur et adopte une conduite conforme. Thun est toujours le daguerréotype de son chef de file et je suis persuadé que ce dernier a fait à Thun un exposé de sa politique absolument identique. Je recommande à Votre Excellence de ne faire de ce qui précède aucun usage qui puisse être désagréable au comte de Thun ou arriver à ses oreilles. Cela lui ferait regretter l'expansion juvénile avec laquelle il parle, quand je lui réponds sur le même ton frivole, et qu'il se trouve d'humeur communicative. Ce qui ne l'empêche pas, en d'autres occasions, d'être insidieux et retors comme un paysan.

L'heure de la poste me force à fermer ma lettre; les séances des commissions prennent chaque fois la meilleure partie de la journée.

XVII

Relations d'affaires avec le comte de Thun.

24 janvier 1852.

J'ai l'honneur d'envoyer à Votre Excellence un court rapport sur le résultat de la séance qui vient de finir. Ci-joint deux lettres que je la prie de me renvoyer, l'une de Schele, dont le contenu l'intéressera peut-être, l'autre de Thun, qui lui fera comprendre *de visu* combien il m'est difficile de séparer le domaine privé du domaine politique dans mes relations avec le comte.

Je l'ai trouvé de fort méchante humeur; il s'exprima avec une telle violence sur les agissements et la personne de Crüger (1), conseiller du gouvernement, que je fus obligé de lui faire sérieusement observer qu'il n'était pas possible de s'emporter ainsi à propos d'une divergence d'opinion. Les autres délégués ne laissèrent point voir de dépit à propos des derniers incidents (2).

(1) Attaché à la trésorerie fédérale.
(2) Les divergences sur le sort de la flotte allemande.

XVIII

Projets de réformes pour la première chambre de Prusse. — Observations sur la proposition Beseler. — Entretien avec M. d'Eisendecher touchant l'éventualité de la « Prusse hors de la Diète. »

2 février 1852.

J'ai l'intention, si Votre Excellence n'en dispose pas autrement, d'attendre ici le 10 février et le vote sur la flotte fixée pour ce jour-là, et de retourner immédiatement après à Berlin, pour donner à mon départ, si le résultat du vote paraît l'exiger, le caractère d'une démonstration.

Des lettres que je reçois de Berlin me peignent sous de noires couleurs la situation dans les régions supérieures, à propos des projets de réforme pour la première Chambre. Il paraît que Sa Majesté prend Mætzke, Bethmann (1) et la gauche pour des partisans de ses plans, qu'elle croit reconnaître dans la proposition Heffter. En ce cas, la plus naturelle et la plus puissante contre-mine serait de provoquer sans délai un amendement de la droite encore plus rapproché des idées du roi. Il se passera bien encore quinze jours avant qu'il n'y ait accord complet avec la proposition Heffter. Le plan qui donne au roi ses coudées franches me paraît plus utile et plus pratique que le classement minutieux de Heffter qui lie les mains au gouvernement ; en outre, cette me-

---

(1) Docteur Moritz, Auguste de Bethmann-Hollweg, ministre des cultes en Prusse, depuis le 6 novembre 1860, jusqu'au mois de mai 1862; fondateur de la fraction Bethmann. V. n. 1, p. 40.

sure empêcherait Sa Majesté de concevoir des illusions dangereuses, que pourrait faire naître l'empressement plus grand en apparence de la gauche à venir au-devant de ses vœux.

J'ai lu les discussions sur la proposition Beseler avec grand intérêt. Cette lecture m'a de plus en plus convaincu que, si j'avais été là, j'aurais été forcé, ou d'approuver des idées fausses par mon silence, ou de dire des choses qui rendraient ici ma position plus difficile. Ce que Vincke dit de la supériorité de l'Autriche en matière de cabale et de rouerie peut être vrai; mais ces gros mots ne mènent pas loin de nos jours, et ne font tout au plus qu'indisposer la partie adverse.

M. d'Eisendecher m'a fait une longue visite, plus pour m'interroger que pour me donner des nouvelles; c'est ce qui m'a empêché d'achever cette lettre, et l'heure du courrier approche. Le délégué d'Oldenbourg m'exprima sa vive inquiétude de voir la Prusse se retirer de fait des délibérations de la Diète. Je n'ai pas cru devoir calmer ces craintes, mais plutôt laisser entrevoir que nous pouvions fort bien nous passer d'avoir un délégué à la Diète, du moment que celle-ci n'accordait pas plus d'importance à la voix de la Prusse.

XIX

Mort du prince de Schwartzenberg.

6 avril 1852.

Le comte de Thun a été accablé par la nouvelle de la mort du prince de Schwartzenberg. Il était si ému, qu'il a levé la séance de la commission d'aujourd'hui. Il parla avec amertume et souci du parti des vieux conservateurs et de son cousin, le comte Wurmbrand. Il n'est guère vraisemblable que la direction des affaires passe aux mains de ces messieurs; cette fraction est trop peu nombreuse et manque de cohésion. Lord Cowley fut très frappé de la nouvelle et me dit : « *Au fond c'est un bonheur* (1) ». Je vous remercie pour cette information; j'ai été le premier à la recevoir, la dépêche m'étant arrivée quatre heures après la mort du prince.

XX

Solution de la question de la succession au trône danois. — Licenciement de la flotte. — Politique de l'Autriche après la mort du prince de Schwartzenberg.

7 avril 1852.

J'ai l'honneur d'envoyer à Votre Excellence un rapport détaillé sur les chances d'une tentative qui a pour but de faire participer la confédération à la solution des difficultés de la succession au trône du Danemark. Je l'ai rédigé de façon à ce qu'il puisse être communiqué à Sa Majesté sans avoir l'air d'être écrit dans ce but. Je considère, en effet, ce plan comme absolument contraire aux intérêts de la Prusse et, en cela, je partage complètement les vues de Votre Excellence; mais j'ai aussi la ferme convic-

(1) En français dans le texte.

tion que cette tentative échouera, qu'elle ne pourrait réussir qu'après beaucoup d'efforts et une grande perte de temps, et mettrait sous les yeux de l'Europe le linge sale de l'Allemagne. J'ai causé longuement aujourd'hui des affaires fédérales du Holstein avec M. de Nostitz, délégué de la Saxe, qui connaît par expérience l'état barométrique de la Diète. Il est d'avis que les questions territoriales seront résolues, quoique avec peine, mais qu'il ne faut pas produire l'affaire de succession dans l'assemblée fédérale, avant que les puissances européennes n'aient pris une décision; après, on s'arrangerait peu à peu, tout comme dans la question luxembourgeoise après la révolution de Juillet; mais avant on n'obtiendrait que déboires et confusion. Sans connaître mes vues, il développa en substance les idées mêmes que contient mon rapport ci-joint.

La séance d'aujourd'hui a été sans importance; le licenciement de la flotte fut renvoyé à la commission militaire, et personne, Thun en tête, ne consent à signer le décret de la vente de la flotte. On veut laisser ce soin au commissaire qu'on se propose de nommer, mais on n'a trouvé personne pour cette fonction, sinon Hubbe de Hambourg, que le délégué de la ville libre a proposé pour le discréditer dans l'opinion publique dans le cas où il accepterait (1).

Le comte Thun est visiblement tranquillisé depuis l'arrivée de la dépêche de Werner (2), lui annonçant que la mort du prince de Schwartzenberg ne changerait rien à la politique de l'Autriche.

(1) On en chargea le conseiller d'État du grand-duché d'Oldenbourg, Fischer,
(2) Baron de Werner, sous-secrétaire d'État au ministère de la maison impériale et des affaires étrangères en Autriche.

XXI

Attitude hostile à la Prusse des seigneurs médiatisés, établis dans l'Allemagne occidentale. — Attaque de la *Gazette des Postes* contre la Prusse. — Doutes sur la nomination du comte de Buol comme ministre-président de l'Autriche. — Prétendus services du prince de Gortschakoff dans la réconciliation de la Prusse et de l'Autriche. — Nomination du comte de Buol. — Ses rapports avec le comte de Thun.

11 avril 1852.

J'ai l'honneur d'envoyer à Votre Excellence un rapport de M. de Kanitz. Vous y verrez que c'est un Prussien qui a fait des propositions si hostiles contre nous. Malheureusement, j'en ai la conviction, la conduite du prince Auguste de Wittgenstein (1) est un symptôme caractéristique non seulement de ses opinions, mais encore de celles d'un grand nombre de gens appartenant aux familles médiatisées établies dans l'Allemagne occidentale. Votre Excellence sera mieux que moi en état d'apprécier que ce phénomène n'est ni passager, ni l'effet du hasard, mais le résultat naturel de diverses causes historiques, familiales et religieuses. Les agents les plus actifs de l'agitation anti-prussienne dans les environs de Francfort sont les membres des maisons de Leiningen et de Hohenlohe. Leurs tendances sont soutenues à l'aide de nouvelles et de renseignements envoyés de Berlin même par le comte Goertz (2), beau-frère du prince A. de Wittgenstein et ami intime du prince Émile de Hesse. Si ces messieurs n'avaient d'autres obligations à la Prusse que celles

(1) Ministre d'État du duché de Nassau.
(2) Comte de Goertz de Schlitz, ministre du grand-duché de Hesse à Berlin depuis le mois d'octobre 1850.

de la gratitude pour le vif intérêt témoigné par le roi aux droits et à la situation de toute cette noblesse, on devrait croire que la maison des princes de Wittgenstein est inféodée à la Prusse, non seulement parce qu'elle est sa sujette, mais aussi par les marques toutes spéciales de faveur que la maison royale de Prusse lui accorda de tout temps. Or, non seulement le ministre d'État actuel de Nassau, mais encore le prince A. de Wittgenstein-Hohenstein qui habite ici, se distinguent par leur hostilité, et cependant ce dernier fait valoir sa qualité de Prussien en toute occasion. Je suis loin de faire à ces messieurs un reproche de leur tendance politique, je m'explique fort bien que les traditions de leurs familles les attachent à l'empereur et à l'empire, et à certains plans de restauration, que caresse leur imagination et qu'ils espèrent réaliser en demeurant dans le camp autrichien; mais par contre, il y a un reproche qu'on pourrait faire aux chefs de l'État prussien, c'est de croire que les sympathies politiques des maisons d'Ahremberg, de Turn et Taxis et de Walmoden soient les colonnes inébranlables du trône et de l'État, et de prendre des résolutions sous l'influence de cette opinion.

Je ne puis m'empêcher, à cette occasion, d'attirer encore une fois l'attention sur l'hostilité de plus en plus accusée de la *Gazette des Postes* (1). Ne serait-il pas opportun d'agir vigoureusement et officiellement contre un organe dont l'attitude est un scandale public, si l'on considère que le propriétaire de cette feuille est le prince de Turn et Taxis, proche parent de la maison royale et chef d'une principauté prussienne? Ajoutez que cette feuille a, dans l'opinion publique, le caractère d'un organe de la

---

(1) *Gazette des Postes,* en allemand *Ober-Postamts-Zeitung.*

Diète. Je tâcherai d'y mettre bon ordre. Le comte Thun, dont il ne faut d'ailleurs pas attendre un effort assez continu pour consolider nos relations à Vienne, m'a dit hier qu'il avait l'intention d'en causer sérieusement avec la rédaction de cette feuille. Faire de mon côté une démarche de ce genre m'a paru indigne du gouvernement; de plus, je suis depuis longtemps persuadé qu'on n'obtiendrait à l'amiable qu'une très légère modification dans l'attitude de la *Gazette des Postes*. J'ai remarqué que, dans nos entretiens sur ce thème, le comte Thun et M. de Nostitz m'ont montré la nécessité pour la Prusse de se prêter à des mesures énergiques contre la presse.

Le comte Thun croit encore que la nouvelle de la nomination du comte Buol (1) ne sera pas confirmée. Il a trouvé que sa qualité de beau-frère de Meyendorff (2) donnait à réfléchir. Il n'a pas l'air non plus d'avoir une haute idée des capacités du comte Buol; il ne doit pas l'aimer. Madame de Vrints qui, grâce aux charmes de sa conversation et au jeu d'enfer qu'on joue chez elle, possède une grande notoriété dans la société francfortoise, est une autre sœur du comte Buol. Son mari est à la Poste de Taxis sous les ordres de Doernberg, beau-frère et directeur général du prince de Taxis. Dans le cas où la nomination du comte Buol se confirmerait, le comte Thun espère lui succéder à Londres. Il se plaint vivement du travail excessif et des autres désagréments que lui vaut son poste à Francfort. Parmi ces désagréments, il compte aussi ses rapports avec madame de Vrints. Quant à celle-ci, elle passe pour être mieux avec son frère que madame de Meyendorff, et pré-

---

(1) Comte de Buol-Schauenstein, successeur du prince de Schwartzenberg à la présidence du ministère en Autriche, à cette époque ambassadeur de l'Autriche à Londres.

(2) V. p. 27, n. 2.

tend avoir déjà des renseignements qui confirment sa nomination. J'ajouterai à titre de simple curiosité que le prince Gortschakoff (1), lors de son séjour il y a deux mois, croyait avoir obtenu par son influence personnelle, la réconciliation de la Prusse et de l'Autriche, en attribuant ce mérite, non pas à lui-même, mais à cette circonstance qu'il est *le faible écho de la voix de l'Empereur* (2). Ce qui est vrai, c'est qu'à l'arrivée du prince, l'entente était déjà faite avec l'Autriche dans les questions litigieuses pendantes à la Diète. Ce qui m'a surpris encore, c'est que le prince voyait tout par les lunettes de l'Autriche et se prononçait chez des tiers et chez le comte Thun même pour les vues autrichiennes. De plus, avant de partir, il a soumis au comte de Thun et complété, d'après les indications de celui-ci, le rapport qu'il avait fait sur les résultats de sa mission.

XXII

Les petits et moyens États dans la crise de l'union douanière. — Comte de Nesselrode. — Participation aux délibérations de la Chambre de Prusse.

18 avril 1852.

Je suis bien aise que les vues de Sa Majesté sur la question douanière soient si arrêtées, mais je partage l'opinion de Votre Excellence, qu'il ne faut

---

(1) Prince de Gortschakoff, alors ministre plénipotentiaire à la cour de Stuttgart, accrédité en même temps à la Confédération.
(2) En français dans le texte.

poser d'alternatives catégoriques que sous la pression de la nécessité. On peut faire beaucoup par des paroles conciliantes et des formes polies. En ce sens, il serait utile que nos gazettes exprimassent plus de confiance à l'égard des petits et moyens gouvernements, au lieu de les blesser par un ton dédaigneux et hautain. Peut-être votre frère (1) pourrait-il, en son nom et au mien, exprimer un vœu de ce genre, notamment à la *Gazette de la Croix*. Les délégués de la Bavière et de la Saxe viennent se plaindre à moi de cette attitude de notre presse, qui les empêche de se rapprocher de nous.

La connaissance du comte de Nesselrode (2) sera très intéressante pour moi. Je me rendrai avec plaisir à Berlin à l'époque voulue.

S'il vous manque des voix à la Chambre, disposez de moi; mais quand on délibérera sur la transformation de la première chambre (3), j'aimerais mieux être retenu ici par les affaires.

XX III

Le nouvel ambassadeur président. — Inutilité d'une attaque de M. de Bismarck contre la petite noblesse dans la Chambre de Prusse.

23 avril 1852.

Votre Excellence aura probablement déjà appris par M. de Gerlach et la missive que je lui ai adressée

---

(1) Baron de Manteuffel, sous-secrétaire d'Etat au ministère de l'intérieur.
(2) *Comte de Nesselrode, chancelier de l'Empire russe.*
(3) V. p. 62.

aujourd'hui mes vives inquiétudes au sujet d'un changement possible dans la personne du délégué autrichien, changement qui pourrait amener ici M. de Prokesch. Il est certain que, vu la position particulière du délégué-président, il serait encore plus difficile de vivre avec lui ici qu'à Berlin. Je sais par le comte Thun même et par madame de Vrints, sœur du comte Buol, que les relations entre ces messieurs, à la suite de froissements personnels, ne sont pas amicales. En outre, le comte Thun a écrit au prince Schwartzenberg des notes sévères sur M. de Werner, notes qui, à la mort subite du prince, doivent être tombées entre les mains de l'intéressé, ou tout au moins entre celles du comte Buol. Cette circonstance rendra toute confiance impossible entre le comte Thun et M. de Werner. Celui-ci dirige les affaires qui ont trait à l'Allemagne. Le poste de Francfort entraîne plus que tout autre, pour celui qui l'occupe, la nécessité de garder la confiance de son chef; aussi le comte Thun lui-même avoue qu'il est bien possible que sa position à Francfort lui paraisse bientôt intenable. Après avoir perdu l'espoir d'être envoyé à Londres, il me dit qu'il quitterait le service, si des raisons de famille ne lui rendaient pas insupportable un séjour dans sa maison. Si Votre Excellence apprenait l'intention du cabinet de faire des changements à Francfort, je la prierais de vouloir bien, si c'est possible, me préserver de M. de Prokesch. Par tout ce que j'entends dire, le comte Rechberg lui serait bien préférable; c'est un homme passionné, mais droit et aimant l'honneur. J'aimerais mieux conserver Thun, malgré certaines étrangetés de son caractère.

J'ai reçu hier soir le télégramme au sujet de l'ordre du jour de demain dans la seconde Chambre. Ainsi, en partant tout de suite pour répondre au désir de

Sa Majesté, je ne serais arrivé que demain soir. Mais même si j'y étais, et si j'augmentais d'une ou de plusieurs voix le nombre de votes favorables aux vues de notre gracieux souverain, cet avantage ne compenserait pas le désavantage, qui résulterait pour le gouvernement, et pour la couronne spécialement, de la décomposition de notre parti. Si je me détachais publiquement de la petite noblesse, soit par un vote, soit par un discours contre elle, il se produirait une scission irrémédiable entre les membres les plus résolus de notre parti, je perdrais la confiance de mes soutiens politiques à la Chambre, et il me serait bien difficile de la regagner. La position, où notre petite noblesse s'est placée en cette affaire, est scabreuse et a été amenée plutôt par des mouvements de partis que par la force des choses; je l'ai souvent expliqué à Sa Majesté; mais si l'on veut garder de l'influence sur le parti auquel on appartient, ou simplement rester membre de ce parti, il ne faut pas que les folies qui s'y commettent nous poussent à en devenir l'ennemi, quand on ne peut pas en devenir le maître. Il est insensé, selon moi, de former en Prusse une opposition conservatrice de la noblesse contrecarrant la couronne. L'absolutisme est trop dans notre sang et notre moëlle, et une brouille entre la couronne et la noblesse ne peut avoir qu'un résultat, donner en fin de compte le gouvernement *nomine regis* aux bureaucrates et aux gendarmes. Supposons que, dans le cas actuel, je veuille, comme Sa Majesté l'entend, m'élever contre la fausse direction prise par mes pairs, quel succès aurais-je? Mon ancien parti ne verrait plus en moi qu'un transfuge acheté et entraîné dans le camp d'une servile bureaucratie au moyen de fonctions et de dignités; de plus, le service rendu par moi à Sa Majesté sur le moment, ne serait-il pas payé trop cher, par l'impossibilité où je me trouverais dans la suite, de rendre d'autres services au roi? Cette première affaire à propos de la Chambre finira pourtant, j'en suis convaincu, par entrer dans l'ornière où Sa Majesté la veut voir, quand même les tentatives actuelles ne réussiraient pas.

Demain matin, je vais à la chasse aux bécasses avec le comte de Thun et j'espère qu'il m'ouvrira son cœur.

XXIV

Mission extraordinaire de M. de Bismarck à Vienne.

Vienne, 7 et 11 juin 1852.

J'annonce à Votre Excellence que je suis arrivé ici avant-hier soir. Je me rendis immédiatement après mon arrivée chez le comte d'Arnim (1) pour lui remettre les dépêches. Il était déjà au lit et crut que je venais comme simple voyageur ; il fut surpris en apprenant que je venais le remplacer et il trouva l'arrangement d'autant plus singulier qu'il n'y avait rien à faire à Vienne.

J'avais aussi l'intention de me faire annoncer et d'apporter à l'archiduchesse Sophie (2) à Schœn-

---

(1) Comte d'Arnim-Heinrichsdorff, ambassadeur extraordinaire de Prusse à la cour de Vienne depuis le 6 mai 1851. Il avait demandé un congé de six semaines. M. de Bismarck avait été désigné pour le remplacer.

(2) Frédérique-Sophie-Dorothée, née le 27 janvier 1805, fille du feu roi Maximilien-Joseph de Bavière, sœur de la reine

brunn la lettre de la reine. Je voulais m'informer auprès d'elle comment il fallait s'y prendre, si c'était possible, pour suivre le roi en Hongrie et me faire présenter à lui là-bas, afin de lui remettre, sinon mes lettres de créance, du moins la lettre autographe de Sa Majesté le roi. L'étiquette de la cour de Vienne s'oppose à cette manière d'agir ; le comte d'Arnim me l'a dit et répété ; le comte Buol me l'a également affirmé hier matin. Des deux côtés on ajouta que, pour avoir une audience auprès de madame l'archiduchesse, il faudrait attendre deux à trois jours, vu l'absence des plus hauts dignitaires de la cour. Il m'a donc fallu prendre la voie prescrite par les règlements, faire remettre par le comte d'Arnim dans les bureaux du maréchal de la cour, la lettre de Sa Majesté la reine et attendre les ordres de madame l'archiduchesse.

Le comte de Buol ne reçoit les ambassadeurs étrangers que trois jours de la semaine de 2 à 4 heures. C'était heureusement un de ses jours hier. Le comte d'Arnim me conduisit chez lui. On m'avait raconté que c'était un homme raide et boutonné jusqu'au menton ; je ne le trouve point. Il a un air calme et réfléchi ; il est aimable avec une apparence de franchise. Il parut un peu piqué de n'avoir pas été prévenu de ma mission. Il lut la lettre autographe de Votre Excellence. Je lui donnai une idée approximative de nos dernières conférences sur les douanes et lui remis également les documents relatifs à la question. Il me parla alors à peu près en ces termes : « la cessation de l'isolement économique de l'Autriche est tout autant de l'intérêt de l'Allemagne que de notre intérêt ; l'Autriche a fait

---

Elisabeth de Prusse, mariée le 4 novembre 1824 avec l'archiduc François-Charles-Joseph, père de l'empereur François-Joseph I.

son possible pour améliorer sa situation. Le plus considérable de ses alliés refuse la main qui lui est offerte. L'Autriche se contentera désormais d'attendre tranquillement que la Prusse déclare le moment venu pour consentir aux propositions autrichiennes ; jusque-là, l'attitude du cabinet de Vienne sera passive et expectante. Mais on ne peut pas exiger de l'Autriche qu'elle conseille aux États allemands de ne plus désirer de négociations sur cette question, quand ces États sont venus au-devant des désirs de l'Autriche et tiennent l'union douanière avec l'Autriche pour avantageuse et nécessaire. Les négociations entre la Prusse et les autres membres du Zollverein ne regardent pas l'Autriche, et la Prusse doit voir à s'entendre avec eux. »

Voici ce que je répondis : « Ce que j'entends me confirme dans l'opinion que les divergences entre Berlin et Vienne, considérées de plus près de part et d'autre, ne sont pas aussi grandes qu'on le croit généralement. L'attitude du cabinet de Vienne indiquée par le comte répond absolument à nos vœux et à nos intérêts, et il est à souhaiter que les États de la coalition de Darmstadt ne se bercent pas d'illusions sur la position de l'Autriche ; car, s'ils étaient sûrs de la neutralité de la position de l'Autriche, ils ne consulteraient sans doute que leurs intérêts, hâteraient le rétablissement du « Zollverein » et nous mettraient en état de prouver par des faits au cabinet de Vienne la sincérité de nos efforts pour amener un rapprochement économique. La Prusse peut dans cette question consulter son avantage économique et financier. Cet avantage ne demande nullement une union douanière avec le Sud-Ouest et nous ne sommes pas disposés à faire des sacrifices pour la conserver. Nous attendons une décision libre, mais autant que possible rapide, de la part de nos anciens alliés pour pouvoir régulariser, aussitôt après, nos rapports avec l'Autriche et notre propre situation. »

C'est sur ce thème que nous fîmes des variantes tous les deux. Il m'en est resté l'impression générale qu'on ne s'attendait pas à nous voir décliner si catégoriquement les propositions de la conférence douanière. Aussitôt après, le comte Buol a tenu conseil avec les autres ministres, et le comte de Platen (1) me dit quelques heures plus tard qu'ayant dîné chez lui, il l'avait trouvé extraordinairement maussade, et l'avait entendu se plaindre des mauvaises nouvelles apportées par moi.

Après cette visite au comte Buol et la remise d'une copie de mes lettres de créance, j'aurais voulu aller à Pest par le train de nuit pour remettre à l'Empereur la lettre autographe de Sa Majesté le roi. Le comte Buol me dit qu'il allait prendre sans tarder les ordres de Sa Majeté l'Empereur à cet égard, et me conseilla de les attendre à Vienne parce que je n'arriverais que le lendemain à Pest, que je n'y trouverais point d'appartement à cause du concours des Hongrois à leur procession de la Fête-Dieu, à laquelle l'Empereur prendra part. Il me fit observer que je trouverais difficilement l'occasion d'aborder l'Empereur, si toutefois Sa Majesté consentait à me recevoir en l'absence du ministre. Vendredi, Sa Majesté partit de très bonne heure pour passer plusieurs jours à l'intérieur du pays, dans les cantonnements des troupes, et l'itinéraire est complètement inconnu au ministère.

Tout cela prouve que le comte Buol ne veut pas que je voie l'Empereur sans lui et sans préparation. Des amis confirment mon opinion et ajoutent que le

(1) V. p. 46.

nouveau ministre, se sentant encore très peu familiarisé avec les affaires, et voyant l'initiative personnelle de l'Empereur augmenter tous les jours, se montre anxieux aussi bien dans les décisions à prendre sans approbation préalable de Sa Majesté que dans la surveillance des relations d'autrui avec l'Empereur. J'avais espéré que la lettre de Sa Majesté la reine me mettrait en état de lever ces difficultés grâce à l'intermédiaire de madame l'archiduchesse Sophie, mais je n'ai pas pu arriver jusqu'à elle.

Ma mission est, sous tous les rapports, une avance de notre part. Les journaux la considèrent comme telle; aussi j'ai cru devoir éviter toute démarche qui pourrait être interprétée comme une tentative manquée pour me rapprocher de Sa Majesté ou de madame l'archiduchesse. Cette considération m'a également empêché d'employer le moyen le plus simple et le plus court et, sans m'inquiéter de Buol, d'aller tout droit en Hongrie comme porteur d'une lettre de notre roi à Sa Majesté l'Empereur. On m'avait offert de faire transmettre cette lettre par le ministère; je déclinai l'offre en disant que j'avais l'ordre de la remettre moi-même. Elle se trouve donc encore entre mes mains et je prie Votre Excellence de vouloir bien me justifier auprès de Sa Majesté le roi en invoquant toutes les raisons que je viens de dire. Au moment où nous nous séparâmes, le comte Buol m'invita à dîner pour demain, me serra la main amicalement et m'exprima l'espoir d'une prochaine et complète entente.

Je vis ensuite madame de Meyendorff, qui relève de maladie; elle a eu la fièvre. Elle m'accabla de questions; elle m'étonna en s'exprimant d'une façon peu aimable sur le comte d'Arnim. Elle me déclara qu'elle ne pouvait pas comprendre pourquoi nous n'envoyions pas Rochow ici et quels étaient nos griefs contre Prokesch, qui s'était montré très accommodant en 1850 malgré sa violence naturelle. Elle voulut me faire avoir une audience chez madame l'archiduchesse, mais se reprit en disant qu'elle ne devait pas *marcher sur les brisées de son frère*. Elle paye pour un étage et demi, pour un appartement grand à peu près comme celui de Votre Excellence, 11,000 florins de location. D'ailleurs la question monétaire est devenue ici le prétexte d'un renchérissement excessif de toutes choses.

La moisson dans la basse Autriche et dans les parties de la Moravie et de la Bohême, que j'ai vues, sera mauvaise. Beaucoup de champs sont déjà jaunâtres, à cause du manque de pluie et desséchés avant maturité ; l'herbe également ; on ne veut presque pas me croire, quand je dis que chez nous la terre est pour ainsi dire trop humectée.

Avant-hier soir je fus chez le prince de Metternich (1); son intelligence, sa vue et son ouïe ont beaucoup baissé depuis l'été dernier, s'il n'est pas autre le matin que le soir. En dehors de ses récits du passé, ce qu'il dit n'a pas toujours de la cohésion et une fin compréhensible. J'ai fait chez lui la connaissance du comte Rechberg (2), je me l'étais représenté autrement. Comme porteur de lunettes il tient à peu près le milieu entre Robert Golz (3) et l'imprimeur de la cour Decker, et il a plutôt l'air d'un conseiller à la cour de justice que d'un diplomate et du comte de Rechberg. Il fut très gracieux et

(1) Prince de Metternich, du mois de mai 1821 jusqu'en mars 1848, grand chancelier d'Autriche.
(2) V. p. 71.
(3) Robert comte de Golz, né le 9 juin 1817, à cette époque (1852) conseiller de légation prussien, plus tard ambassadeur à la cour de France.

très communicatif; il me plaît bien; mais lui aussi croit que la confédération allemande se fortifierait en adoptant officiellement les couleurs noir, rouge et or, et les enlèverait ainsi à la démocratie. Il ne va pas à Constantinople parce qu'on a refusé de lui sacrifier les agents subalternes corrompus de là-bas, Testa (1) et les autres.

Au dîner chez lord Westmoreland (2) je vis hier le comte Buol. Il n'avait évidemment pas encore de réponse suffisante de Pest, quoiqu'on puisse en avoir une en trois heures par le télégraphe; il était en effet dans un embarras visible. Il ne savait, s'il devait m'éviter ou m'aborder. Enfin, au moment de prendre congé, il vint à moi résolûment et me demanda si j'avais déjà été une fois à Vienne. Certainement c'est à sa perplexité et à son irrésolution qu'il doit sa réputation de froideur et de raideur anglaise. Je trouve singulier qu'il ne me dise pas un mot des démarches qu'il a faites pour demander les ordres de l'Empereur; il est étrange que deux jours se soient écoulés sans qu'il m'ait rendu ma première visite officielle. Le prince Schwartzenberg n'a jamais, dit-on, rendu leurs visites aux ambassadeurs.

Hier soir j'ai fait la connaissance des princesses Schœnbourg et Bretzenheim, deux sœurs de feu le prince Schwartzenberg. C'est dans la maison de la première que je les ai vues. Elles m'ont émerveillé par leur amabilité. J'ai vu aussi le feld-maréchal prince de Windischgraetz. Dès son entrée il m'accapara pour toute la soirée. Il s'est plaint avec amertume du bouleversement administratif du pays par la législation nouvelle, et a déclaré impossible un

---

(1) Baron de Testa, agent et consul général de l'Autriche pour la Moldavie.

(2) Comte de Westmoreland, ambassadeur de la Grande-Bretagne à Vienne.

système qui ne s'appuie que sur des soldats et des employés dont la plupart ont peu d'éducation et de moralité. Il a parlé avec le plus grand éloge de tout ce qui se fait en Prusse. Il paraît que c'est aussi l'impression des officiers supérieurs de l'entourage de l'empereur.

XXV

Entrevue de M. de Bismarck avec l'Empereur d'Autriche.

Vienne 12 juin 1852.

Celui qui doit vous apporter ma lettre, ayant retardé son départ, j'ajoute un supplément à ce que j'ai écrit hier. Le comte Buol, chez qui je dînais hier, m'a communiqué un télégramme du comte de Grunne (1), daté d'Ofen, de deux heures de l'après-midi. Ce télégramme annonçait que Sa Majesté l'empereur, sur le point de quitter Ofen, ne pouvait plus m'y recevoir et recommandait au comte Buol de prendre et d'expédier la lettre de Sa Majesté le roi. Comme un télégramme ne met qu'une heure de Budapest ici, et que j'avais dès neuf heures du matin demandé au comte Buol l'autorisation de porter à Sa Majesté l'empereur la lettre du roi, je n'ai pas trouvé dans ce procédé le degré d'empressement à recevoir une lettre de notre roi, auquel nous pouvions nous attendre dans les circonstances présentes, c'est-à-dire après avoir fait les premiers pas pour

(1) Comte de Grunne, feld-maréchal, premier aide-de-camp de l'empereur.

mettre un terme à la tension du moment. Trois trains par jour vont en Hongrie et on est à Pest en moins de dix heures ; on pouvait donc fort bien ménager une entrevue ou sinon trouver une excuse. Voilà pourquoi je dis au comte que Sa Majesté m'avait donné l'ordre de remettre moi-même la lettre et, en cas d'empêchement, de demander les ordres du roi. Je le priai en même temps de m'excuser, si mon inexpérience en pareilles affaires me faisait un peu trop prendre à la lettre mes ordres. Ce qui m'a inspiré ce refus, c'est le désir de ne point montrer une trop grande hâte. C'est qu'on semble expliquer ma mission et la remise de ces lettres particulières, non par un but politique très élevé et par des intentions amicales, mais par la crainte des résultats de nos négociations douanières. On exagère beaucoup ici l'urgence de ma mission ; c'est ce que m'a prouvé hier un long entretien avec M. de Linden (1), qui affiche cette opinion, que nous aurions à craindre des agitations révolutionnaires, si nous ne renouvelions pas le Zollverein. D'ailleurs, j'aurais trouvé peu compromettant de remettre la lettre au comte Buol ; mon intention était simplement d'attendre, pour le faire, assez de temps pour qu'il fût possible de croire que j'avais écrit à Berlin et que l'absence de tout télégramme m'en avait empêché.

Je ne crois pas que ma mission ait un résultat positif dans la question douanière. Mais j'espère que nos autres alliés en concluront, que nous nous sommes efforcés de toute manière de faire ce que nous devions et que l'esprit de conciliation n'a manqué que du côté de l'Autriche. Sous ce rapport je trouve utile également ce canard qui a paru dans les jour-

---

(1) Baron de Linden, ambassadeur de Wurtemberg à Vienne.

naux au sujet d'une conférence avec Prokesch, avant mon départ.

Sa Majesté l'empereur a, dit-on, froidement reçu à Pest les vieux conservateurs, il a parlé allemand et peu avec eux, tandis qu'avec le peuple il parlait le hongrois. Son discours et sa bonne tenue à cheval ont provoqué une tempête de vivats enthousiastes et la rupture de la haie qui contenait les spectateurs. L'Empereur est attendu le 23 à Buda, et je ne le verrai probablement pas avant cette date. Le *Lloyd* m'a fait l'honneur immérité de comparer ma mission avec celle de Votre Excellence à Olmutz.

Madame de Meyendorff m'a invité aujourd'hui à un dîner *tête-à-tête*, où je ferai mieux connaissance avec ses talents diplomatiques. La diplomatie des dames paraît être restée ici plus en vigueur que chez nous. Madame de Linden m'en a donné des preuves aussi et désire continuer les négociations ce soir.

J'apprends par les journaux que Votre Excellence sera aujourd'hui et demain à Breslau, et comme le départ de M. N... n'est pas encore tout à fait sûr aujourd'hui, je préfère envoyer cette lettre à Oderberg par les soins de mon domestique ; de cette façon elle vous arrivera peut-être encore demain.

M. de Linden vient de nous quitter; lui aussi a fort à cœur la réussite des négociations.

XXVI

Remise de la lettre du roi. — Présentation à l'Empereur François-Joseph. — Plaisirs et excès de la société viennoise. — Détails sur l'empereur François-Joseph.

Vienne, 18 et 19 juin 1852.

J'ai reçu effectivement avant-hier par les soins de

celui qui vous apportera ce rapport, la lettre de Votre Excellence, datée du 14. Il va de soi que je n'aurais pas hésité à satisfaire le désir de M. de Buol, touchant la remise de la lettre de Sa Majesté le roi, si un certain manque de complaisance ne m'avait obligé, moi aussi, à éviter toute apparence d'empressement. Je suis sûr d'avoir agi selon les vues de Votre Excellence, en remettant la lettre après un délai de quelques jours, même sans attendre l'arrivée de nouvelles instructions.

J'ai retenu le courrier un jour de plus pour pouvoir rapporter un entretien avec le baron Kubeck (1), entretien qui n'a eu lieu qu'aujourd'hui. J'ai trouvé en lui l'homme d'État de beaucoup le plus bienveillant et le plus conciliant que j'aie rencontré jusqu'à ce jour parmi les Autrichiens. Je lui ai rendu compte de mon entrevue avec le comte Buol ; il parut quelque peu surpris que ce ministre ne m'eût fait aucune espèce d'avances. Il me demanda, si nous déclarerions au cours des négociations que nous n'étions pas, en principe, *contre* l'union douanière. Je lui répondis qu'une telle déclaration me paraissait être contenue implicitement dans la conclusion d'un traité qui scellerait le rapprochement, sans contenir un article sur cette question, et que celle-ci serait alors résolue par les effets mêmes du rapprochement. Il est possible qu'on me fasse encore des propositions dans ce sens; car on croit jusqu'ici, comme M. de Fonton (1) me le dit, *que je n'ai pas vidé tout mon sac.* Je ne suis irrésolu que sur un seul point, à savoir ce que je dois faire dans le cas où le comte Buol me proposerait de per-

---

(1) Baron de Kubeck, depuis décembre 1850 président du conseil d'État de l'Autriche.

(2) De Fonton, premier conseiller de légation à l'ambassade de Russie à Vienne.

mettre aux représentants des États de Darmstadt de prendre part à des conférences entre lui et moi. Je n'y aurais rien à objecter pour ma part et je répèterais même dans ces conditions les déclarations que j'ai faites récemment au comte Buol. D'autant plus qu'on s'efforce de faire croire que ma mission est d'amener une entente avec l'Autriche à l'insu et aux dépens des autres, tandis que le cabinet impérial, fidèle à la Confédération, repousse cette tentative. Naturellement dans une conférence de ce genre, je répèterais tout uniment ce que j'ai déjà dit au comte Buol. Aller plus loin dans nos concessions me paraît grave par égard à la position du gouvernment à l'intérieur plutôt qu'à l'affaire douanière elle-même. L'affermissement de la confiance de l'opinion publique chez nous, en la fermeté du gouvernement à l'extérieur, est un profit que nous pouvons en tout cas tirer de la situation actuelle; mais ce profit se réduira à bien peu de chose, si sur des points peu importants en réalité ou en apparence, nous abandonnions la position première et donnions par là sujet à de fausses versions sur notre condescendance. Cela m'affligerait de voir que ma mission pût donner lieu à des griefs de ce genre contre le gouvernement; en me chargeant de cette mission, je m'attendais à un échec et je m'y attends encore aujourd'hui sans chagrin, en dépit des dispositions plus favorables en apparence du baron Kubeck, qui paraît exercer une influence considérable sur le ministre des finances. Les journaux d'ici ne manqueront pas d'insinuer que j'en suis personnellement responsable, et qu'il n'y a pas eu moyen d'arriver à une entente; hier déjà *le Voyageur* (der Wanderer), disait que la Prusse ne manquait pas de diplomates expérimentés et plus âgés que moi, à qui la réconciliation avec l'Autriche serait plus aisée qu'à ma *rai-*

deur moderne et spécifique. Par l'intervention d'un tiers, on a voulu attirer mon attention sur le danger que courait ma jeune réputation de diplomate, sur la gloire que pouvait me donner l'heureuse issue d'une importante négociation et sur la perspective de grands-croix autrichiennes et autres. Je me fais naturellement l'effet de ce romain, Fabricius si je ne me trompe, en butte aux intimidations et aux séductions de Pyrrhus.

Le départ du courrier a été remis au lendemain pour qu'il puisse emporter un manuscrit précieux, à ce que m'a dit le conseiller aulique Weymann (1).

J'ai reçu avant-hier la lettre de Votre Excellence qui a trait aux velléités de formation d'une confédération du Rhin. La lettre ne paraît pas avoir été ouverte. J'ai déjà constaté dans des conversations antérieures qu'ici l'on ne croit pas que ces négociations soient déjà en train, parce qu'on ne suppose pas les intéressés assez imprévoyants pour s'y risquer prématurément. J'ai été hier chez le comte Buol; nous n'avons causé que des affaires fédérales ; mais j'ai acquis la conviction que son ignorance des affaires en général, et des choses de l'Allemagne en particulier est réellement incroyable. Le besoin de ne pas trahir cette ignorance le rend évasif et réservé, et sa façon de concevoir les choses pèche par la promptitude et la faculté d'orientation ; il aura de la peine, et il lui faudra du temps pour se corriger de ce défaut. Il se plaignit de ce que le comte Thun n'était pas ici ou de ce que moi je n'étais pas à Francfort. Il appelle à son secours M. de Biegeleben avec qui je voulais essayer de m'entendre sur la question de la presse. J'ai demandé par dépêche une

(1) Weymann, secrétaire intime de l'ambassade prussienne à Vienne.

copie de notre projet, qui ne se trouve point dans les archives de l'ambassade. Peut-être le comte d'Arnim l'a-t-il sous clef chez lui.

On ne m'a encore rien dit au sujet de ma présentation à l'empereur et de la remise de mes lettres de créance. Le 23 courant Sa Majesté sera probablement de nouveau à Pest,

M. de Werthern (1) désirait instamment aller un ou deux jours en Thuringe pour affaires, le 21 courant, si c'était possible. Comme d'après la lettre de Votre Excellence il n'y avait pas à espérer que ce congé arrivât à temps, j'ai compté sur l'indulgence de Votre Excellence et pris sur moi de lui permettre de partir, à la condition qu'il serait de retour le 24 courant au plus tard.

Comme je compte avoir été présenté à l'empereur avant cette date, je me permets de demander, moi aussi, et d'avance un congé à Votre Excellence. Je voudrais aller à Francfort après le retour de M. de Werthern. Le moment de la délivrance de ma femme approche et les nouvelles qu'elle me donne de son état ne laissent pas que de m'inquiéter sérieusement.

Il m'est pour le moment fort difficile d'étendre le cercle de mes relations. La saison est finie, presque tout le monde est à la campagne, ou avec l'empereur; c'est seulement au casino dans la Herrengasse qu'on trouve le soir quelques restes de la haute société, qui y passent le temps à jouer et à fumer. Celle-ci appartient en général au parti des vieux conservateurs, fronde, parle du ministère avec aigreur, mais rarement avec justesse. Comme on craint les blâmes de la cour, comme on aime les plaisirs et qu'on redoute tout ce qui fait de la peine, tout ce

---

(1) Baron de Werthern, secrétaire d'ambassade à l'ambassade de Prusse à Vienne.

qui rappelle des troubles ou des risques de fortune, on s'abstient de causer politique; mais on profite de toutes les occasions pour appliquer les épithètes les plus malsonnantes au ministère, et surtout au docteur Bach. Les plaisirs, la vie militaire et la personne de l'empereur forment le fond presque exclusif de la conversation. Chacun se sent mal à l'aise et l'on dit, en confidence, que cela ne peut pas durer comme cela; la majorité s'accorde à accuser le prince Schwartzenberg; il ne connaissait pas le pays, disent-ils, circonstance dont Bach a mésusé; ce Bach avec son audace irréfléchie n'était bon, selon eux, qu'au moment du danger. Quelques-uns, qui s'inquiètent de la politique, quoique d'une façon superficielle, se plaignent notamment de l'organisation communale actuelle; de hauts fonctionnaires sont de ce nombre. On a peu de confiance dans les résultats du nouvel emprunt, pour le relèvement des cours ; on est persuadé que l'argent qui entre dans la circulation va promptement prendre le chemin de l'autre, c'est-à-dire se cacher, et que l'agio sur l'argent sera plus fort qu'auparavant.

J'ai fait la connaissance de Bach et du ministre de la justice Krauss à un dîner chez Buol. Krauss passe pour un esprit procédurier et moyen; il s'exprime en politique à peu près comme chez nous l'ex-libéralisme bien intentionné d'un roturier conseiller à un tribunal de province, avec des vues humanitaires et sans force de résistance contre le principe de la révolution. Bach fut pour Schwartzenberg ce que fut le nègre pour Fiesque, il joue maintenant l'homme du monde, affecte du laisser-aller, et fait attendre les convives qu'il se soit bruyamment rincé la bouche et gargarisé pendant cinq minutes. A en juger par ses discours, il n'hésitera pas à chercher finalement la guérison des finances autrichiennes dans une banqueroute lucrative à la mode américaine. Son attitude envers Buol semble trahir la conviction qu'il lui est aussi indispensable qu'il le fut à Schwartzenberg; et je le crois aussi. La haine de l'aristocratie civile et militaire contre Bach est grande et éclate partout. Le nom de l'empereur et ses fonctions le garantissent seuls d'un traitement semblable à celui qu'a subi Pillersdorff (1). Vous savez que le général comte Hardegg a dit à ce dernier, devant témoins, en plein salon : « Comment un coquin de votre espèce peut-il se permettre d'être avec moi dans le même salon? Ce n'est que par respect pour les dames que je ne vous crache pas au visage; mais sortez. » C'est ce que fit Pillersdorff. Dans les sociétés de *haute volée* on n'invite ni ne tolère Bach. Je ne sais si c'est la haine qu'on lui porte ou la vérité, on me l'a dépeint comme le brandon de la discorde entre la Prusse et l'Autriche.

Les plus jeunes de ces messieurs me disent que l'empereur s'applique à tout avec une ardeur rare pour son âge, depuis ses devoirs de souverain jusqu'à la chasse. Il se fatigue trop à danser, monter à cheval, et ne dort pas assez. Il se lève à quatre heures, travaille sans relâche, ne parle à tous les fonctionnaires que de ce qui est du ressort de chacun, coupe court à toute demande, à tout conseil qui dépasse leurs attributions et fait mettre partout au premier plan, formellement et matériellement, de la manière la plus ostensible, les décisions qu'il prend de sa propre initiative, toujours laconiques et fermes. La peine qu'il se donne pour remplir ses devoirs lui fait supposer chez les autres, comme une chose toute naturelle, la même intensité d'efforts, et toute défaillance l'étonne. Il ne se montre jamais brusque

(1) Baron de Pillersdorff, ex-ministre en Autriche.

dans la forme. On loue son grand amour de la vérité. Les renseignements qui précèdent me viennent par les femmes, mais de bonne source.

XXVII

La crise douanière. — La guerre de presse entre la Prusse et l'Autriche. — L'empereur François-Joseph.

Ofen, 25 juin 1852.

Comme je l'avais prévu dans une de mes dernières lettres, on s'est persuadé ici que la dissolution du Zollverein serait, dans les circonstances présentes, le meilleur moyen de faire exécuter le programme de l'Autriche. Dans la dépêche ci-jointe, Votre Excellence verra comment Sa Majesté l'Empereur a provoqué une nouvelle conférence entre M. de Buol et moi. Celui-ci mit au premier plan les devoirs de l'Autriche envers les confédérés du sud, devoirs qui ne permettent pas de négociations particulières avec nous, et il exprima le désir de les généraliser comme étant de l'intérêt de toute l'Allemagne. Si nous n'y consentions pas, il croyait qu'une rupture passagère amènerait au plus tôt une entente et déterminerait les petits Etats à chercher sérieusement une union plus étroite avec l'Autriche et la Prusse. Je lui fis remarquer combien ce calcul était illusoire, que, d'après toute vraisemblance, la rupture aurait des effets opposés, et que, à partir de ce moment, la politique commerciale des deux puissances s'écarterait de plus en plus l'une de l'autre. « Si l'Autriche compte arriver à l'unification des tarifs, lui dis-je, elle ferait mieux de ne point laisser dissoudre le Zollverein, et de le conserver même, en intervenant de tout le poids de sa médiation ». Il me répondit, non sans quelque indignation : « L'Autriche se rabaisserait en désavouant son attitude antérieure et en employant sa médiation pour un Verein qui l'excluait elle seule, en tant que puissance allemande. C'est le côté politique et non le côté matériel qui importe à l'Autriche; l'unité de l'Allemagne a été fort supportable avant l'existence du Zollverein actuel, et c'est tout à fait contraire aux intérêts de l'Allemagne que l'Autriche seule soit de la Confédération sans être membre de l'union douanière. »

Du reste il répéta à plusieurs reprises que cette divergence d'opinion sur un point ne pousserait pas l'Autriche à se montrer susceptible sur d'autres, et qu'elle pouvait remettre à plus tard l'inauguration d'une politique économique commune, si nous voulions marcher la main dans la main dans notre politique à Francfort.

Sa Majesté l'empereur m'a dit aujourd'hui à table que le ministère avait reçu ses instructions pour faire cesser les attaques *inconvenantes* de la presse autrichienne contre nous. Il m'a exprimé le désir que, de notre côté aussi, on employât *vice versa* tous les moyens légaux pour contenir les journaux prussiens dans les limites d'une discussion courtoise. Je promis que l'on appliquerait strictement les lois à cet égard.

La personne de l'empereur me fait une excellente impression; il a la compréhension vive, un jugement sûr et réfléchi; la simplicité et la franchise de ses manières inspire la confiance. Il part demain après-midi pour Stuhlweissenbourg; le 2 juillet l'archevêque-primat lui donnera l'hospitalité à Gran, de là il reviendra ici. Le 12 il fera un voyage d'un mois, le long des confins militaires par les Sept-Tours, les Marmaros, le long du pied sud des Karpathes, et par les villes de la montagne ; il sera de retour à Schœnbrunn vers le milieu d'août. C'est ce que m'a dit le comte Grünne qui personnellement est très aimable à mon égard, mais se montre très réservé dans les entretiens politiques. Bien des gens à Vienne prétendent qu'il n'a aucune influence sur les affaires de l'État, mais je ne le crois pas. Rien qu'à la manière dont il parle aux ministres on pourrait affirmer qu'il occupe une position prépondérante.

J'ai reçu un excellent accueil de tout l'entourage de Sa Majesté. Le comte Buol est moins boutonné que dans nos premières entrevues. Le ministre Bach seul me montre une aversion visible.

Je pense être de retour à Vienne après-demain et vous envoyer d'autres détails mardi par le courrier anglais.

XXVIII

La crise douanière. — Entretien avec M. de Buol sur l'attitude à prendre vis-à-vis de la France. — Retour de M. de Bismarck à Francfort.

Vienne, premiers jours de juillet 1852.

Depuis mon dernier envoi, je n'ai pas eu d'entretien avec le comte Buol sur la question commerciale. Mais la Russie et le Hanovre me pressent de m'expliquer sur les termes conciliants qu'on mettrait dans la rédaction d'une convention ayant trait à l'union douanière. M, de Fonton me lut une lettre de Budberg (1) qui rapporte que le roi de Hanovre lui a dit : « Si les États du sud ne restent pas dans le Zollverein, le Hanovre ne se considérera plus lié par la convention de septembre, et la Prusse ne pourra plus compter sur rien ». C'était clair et net. On ajoutait que M. de Schele s'était exprimé dans le même sens, mais en termes moins catégoriques, et qu'il avait insisté sur la nécessité où cette éventualité mettrait son gouvernement d'ouvrir de nouveaux débats dans les Chambres pour la résiliation du traité de septembre. Je lui répondis : nous n'avons aucune raison de croire à ces mesures extrêmes de la part du gouvernement et du roi de Hanovre ou d'une personne aussi honorable que M. de Schele. D'ailleurs, même si cela arrivait, la crainte de rester isolés ne nous troublerait pas ; ce mal serait pour nous moindre que de nous laisser imposer une politique dont nous ne voulions pas par la menace d'une défection des États moyens et de la dissolution du Zollverein.

Après-midi. — J'ai eu un entretien aujourd'hui avec le comte Buol. Il a été fort gracieux, cordial même. Il me montra la minute de sa réponse du 21 à Votre Excellence et ajouta que Prokesch lui faisait espérer la continuation de la correspondance avec vous. Je lui exposai, d'après votre lettre du 6, les conséquences vraisemblables qu'aurait sa façon de considérer le Zollverein à un point de vue presque exclusivement politique. Il dit que l'Autriche n'avait point d'autre ressource, qu'elle était forcée d'en faire une question politique, si on la laissait seule en dehors de l'union, et qu'il lui fallait la laisser

(1) Baron de Budberg, ministre de Russie à Hanovre.

se dissoudre, plutôt que de permettre qu'elle se consolidât sans elle. La suite de notre discussion sur ce sujet n'a pas fourni d'éléments nouveaux, pas plus d'un côté que de l'autre.

Nous avons reçu aujourd'hui la communication sur l'attitude commune à prendre vis-à-vis de la France (1); M. de Buol en a été très satisfait.

Il me dit encore que le comte de Thun se plaignait amèrement de mon absence de Francfort, qu'il avait envoyé une longue liste de mes voyages depuis mon installation, et exprimé le désir que la Prusse nommât un substitut temporaire pour me remplacer, le cas échéant. Le comte Buol m'avoua, d'ailleurs, que, quoique ma présence ici fût agréable à tous, il me verrait avec reconnaissance faire une excursion à Francfort pour régler définitivement les lois sur la presse et la question danoise. Je répondis que je désirais moi-même faire ce voyage à cause d'un événement prochain dans ma famille, mais qu'on me refuserait peut-être un congé à Berlin. « Pour mon compte personnel, ajoutai-je, je suis enchanté de pouvoir invoquer auprès de M. de Manteuffel, comme excuse valable, la demande du comte de Thun et les besoins du service à Francfort, si par hasard je partais pour cette ville dans le courant de la semaine prochaine, sans en demander l'autorisation préalable à Berlin et m'exposer à un refus. Je n'attends plus que les nouvelles de ma famille, pour prendre une résolution. »

Je crois que, dans ces conditions, je puis partir, sans que cela fasse mauvaise impression. Au contraire, c'est une complaisance de ma part d'aider

(1) Vers cette époque, tout en France annonçait la restauration prochaine de l'Empire (10 mai 1852, distribution des aigles à l'armée). Les gouvernements allemand et autrichien s'entendirent aussitôt pour cette éventualité.

à donner une impulsion au rouage de la Diète. Mon intention serait donc de quitter Vienne le 6 courant au soir, et de me rendre par Prague et Dresde à Francfort, quand Votre Excellence l'aura permis. Ce départ sera opportun ; la question douanière est dans une passe telle, qu'en demeurant plus longtemps, je serais forcé de m'expliquer sur les propositions médiatrices du Hanovre, ce qui me conduirait à une demande d'instructions, ou à un refus immédiat. En effet, je ne puis plus guère, comme je l'ai fait jusqu'à ce jour, me tenir entre le oui et le non, sans exciter le mécontentement.

XXIX

Retour de M. de Bismarck à Francfort.

11 juillet 1852.

J'ai l'honneur d'annoncer à Votre Excellence que je suis revenu ici avant hier soir et que j'ai trouvé les miens en bonne santé. J'ai envoyé aujourd'hui à Wiesbaden un officier porteur de la lettre de Sa Majesté le roi à Sa Majesté le roi des Belges. J'ai demandé en même temps par écrit la permission de me présenter au roi Léopold, pour recevoir ses ordres, s'il avait à m'en donner, après avoir lu la lettre autographe du roi.

XXX

Justification de Wagener. — Accusations contre M. de Bismarck, au sujet de sa mission à Vienne. — Volte-face de Nassau dans la question douanière. — Le voyage du prince de Prusse.

21 juillet 1852.

J'ai l'honneur d'informer Votre Excellence que j'ai reçu aujourd'hui une lettre de Wagener. Il m'écrit qu'il ne met nullement en doute les communications (1) que je lui ai faites pour le tranquilliser, mais il appris de source sûre qu'on hésite maintenant sur la question de savoir s'il faut accepter la médiation de la Russie ou ce qu'on appelle la proposition de la Saxe ; je n'en sais pas le premier mot.

Il ajoute qu'on répand à Berlin le bruit que je n'ai pas bien compris ma mission à Vienne, ou même que j'ai dépassé mes instructions. Je laisse à Votre Excellence le soin de juger s'il faut obvier à ce bruit, s'il existe ; car, s'il prenait de la consistance, on ne saurait qu'en penser à Vienne. J'ai compris ma mission à peu près en ce sens qu'il fallait donner aux relations des deux cabinets une tournure aussi amicale que possible, sans rien céder sur la question douanière ; qu'il fallait supprimer toute tension inutile, et ne pas trop laisser grandir l'importance de la question et de nos divergences à cet égard, afin qu'elle n'influât pas sur d'autres affaires et sur les relations générales des deux puissances. Je crois en cela avoir été en parfaite communauté d'idées avec Votre Excellence, et sans rien compromettre,

(1) Sur l'état de la question douanière.

en discutant la question douanière avec le comte Buol, avoir contribué à rendre plus nette l'attitude de l'Autriche envers Darmstadt et nous.

Une nouvelle, digne de créance, m'arrive de Nassau. Vollpracht (1) aurait reçu des instructions *en sens contraire*, et le duc serait venu à résipiscence. Les commerçants des pays avoisinant les trois États limitrophes, parlent avec désespoir de la dissolution du Zollverein.

S. A. R. arrivera ici ce soir, à moins qu'Elle ne change son itinéraire à la suite d'un télégramme de S. A. R. la princesse, annonçant que Louis-Napoléon est arrivé à Bade pour y rester jusqu'à demain soir.

XXXI

Fables sur les plans d'avenir de M. de Bismarck. — Klenze et ses manœuvres dans les journaux.

23 juillet 1852.

Je reçois la lettre de Votre Excellence du 20 courant quelques minutes avant de clore mon courrier. J'avais deviné que les articles de la *Gazette de Spener* venaient du camp Prokesch. L'insinuation de Klenze (2) met le comble à ses mensonges. Je me me rappelle que Platen me demanda un jour si je croyais que Votre Excellence garderait ses fonctions. Je répondis : « Sans doute, tant que Son Excellence le voudra, à moins d'événements imprévus;

(1) Ministre des finances du duché de Nassau.
(2) Klenze, directeur général des contributions à Hanovre.

mais M. de Manteuffel est parfois bien las. » Autre demande. « Qui pourra bien lui succéder? » Réponse. « Peut-être Rochow, peut-être Bunsen (1); M. de Manteuffel, s'il quitte et si je vis encore, me proposera probablement, autant que j'en puis conclure, d'après certains indices; Sa Majesté n'y consentira peut-être pas. Voici, lui dis-je, mes châteaux en Espagne, mes rêves d'avenir : encore trois ou cinq ans à Francfort, puis tout aussi longtemps à Vienne ou à Paris, puis dix années, avec succès, ministre, puis mourir dans mes terres. Ce plaisant rêve est sans doute, avec des articles supplémentaires, la base d'une relation de Platen ou des exagérations de Klenze. Que Votre Excellence me pardonne cette franchise, je serais fou d'aller échanger volontairement ma position actuelle contre celle de ministre : sans compter que, si j'étais pris soudain d'une passion irrésistible pour la couronne d'épines, c'est peut-être à vous que je parlerais en premier lieu et sans détours de cette démangeaison. Je remercie sincèrement Votre Excellence pour l'agréable et honorable champ d'activité que j'ai ici, et ne nourris d'autre désir que celui de rester où et ce que je suis.

XXXII

Le parti conservateur en Prusse. — Accusations contre M. de Bismarck. — Le comte de Platen à Paris. — Le général de Gerlach et le ministre baron de Manteuffel. — Politique du grand-duché de Hesse vis-à-vis de la Prusse.

7 août 1852.

Je remercie cordialement Votre Excellence de ses

(1) De Bunsen, ambassadeur de Prusse à Londres.

bons souhaits et d'avoir accepté le parrainage; ma femme et l'enfant (1) se portent à merveille. Le baptême n'aura lieu que dans la première moitié du mois prochain, parce que l'ecclésiastique que nous avons choisi est absent.

Savigny (2) m'a raconté qu'il sait par le prince et son entourage, que, dans ces derniers temps, on a intrigué pour mettre la discorde dans les rangs des conservateurs et brouiller Votre Excellence avec eux. D'après lui, Prokesch a trempé dans cette intrigue habilement ourdie, Rochow n'est pas étranger à la chose, et Rudloff a été leur instrument.

Il prétend savoir de source certaine que les mêmes m'ont dépeint en tout lieu comme un ambitieux qui, avec l'aide de la petite noblesse, veut prendre la place de Votre Excellence; qu'ils ont insinué aux hommes de la *Gazette de la Croix* que *j'ai jeté mon bonnet par-dessus les moulins*, fraternisé avec Quehl, fait cause commune avec Votre Excellence contre mes anciens confrères politiques, sans m'inquiéter des obstacles, pour arriver par ce moyen à détrôner Westphalen, et devenir ministre de l'intérieur. Il a ajouté qu'on avait aussi essayé de me rendre suspect au prince mais sans succès. Ces gens-là vont trop bien, voilà pourquoi ils cultivent les commérages et les intrigues. Klenze, qui a vu le prince à Berlin, vous a noirci ainsi que moi auprès de S. A. R., mais il a complètement échoué en ce qui vous concerne. Klenze est catholique.

M. de Bolhmer (3) me dit que Platen est envoyé à

(1) Guillaume-Othon-Albert, comte de Bismarck, né à Francfort-sur-le-Mein le 1er août 1852, le plus jeune fils du prince, aujourd'hui conseiller intime au ministère d'État.

(2) Baron de Savigny, secrétaire de légation, ministre de Prusse à Carlsruhe.

(3) De Bothmer, conseiller d'État, délégué du Hanovre à la Diète.

Paris avec 3000 thalers de traitement de moins, parce que jusqu'ici il a moins représenté le Hanovre à Vienne que Vienne au Hanovre. Savigny a refusé de me nommer les coupables, qui sont Rochow et Rudloff, si j'en crois ses vagues indications; des renseignements que me communique le major Berg confirment mes suppositions. Le comte de Thun me dit qu'un Prussien lui avait écrit de Berlin que j'avais intrigué pour devenir ministre, sans y réussir; ce correspondant doit être de Rochow. La dernière fois que je vis cet homme, mon ami, mon compatriote et mon voisin de campagne, nous allions à Dresde par le même train; il se montra, sans que j'y fusse pour rien, comme Votre Excellence le sait, de si mauvaise humeur à mon égard, qu'il avait de la peine à ne pas sortir des limites de la plus stricte politesse. Il me dit qu'il était content de ne pas avoir ma mission, que l'empereur (de Russie) la lui avait offerte, mais qu'il avait décliné cet honneur.

J'ai reçu aujourd'hui du général de Gerlach une lettre avec des documents sur les agissements des amis de la commission des Neuf à Hambourg. Il se plaint incidemment que Votre Excellence n'ait pas confiance en lui, et qu'il essaie en vain de modifier vos sentiments; à la fin de sa lettre il me prie de faire tout mon possible pour détruire cette méfiance, de ne pas la laisser naître chez moi, et de contribuer par tous les moyens à fortifier le ministère, dans lequel Votre Excellence est le seul *premier* possible. Je suis sûr qu'il est parfaitement sincère, car la fausseté n'est pas dans son caractère, et vis-à-vis de moi il s'est toujours montré franc, sans réserve aucune. Il a reçu de M. votre frère une lettre fort gracieuse qui lui a fait un plaisir particulier, vu *l'aversion de votre frère pour les piétistes.*

P. S. — Dalwigk (1) a dit à M. d'OErtzen que Darmstadt ne cèderait en aucun cas, et se défendrait contre la Prusse jusqu'au dernier homme; mais que si tous les autres reculaient, le pays ne pourrait rien faire seul. Dans les négociations fédérales, Darmstad est particulièrement acerbe contre nous.

XXXIII

Les États de la coalition hostiles à la Prusse. — Accusation contre l'esprit des soldats de la Prusse.

14 août 1852.

J'ai l'honneur d'annoncer à Votre Excellence, en la remerciant encore une fois d'avoir bien voulu accepter le parrainage, que le baptême de mon second fils aura lieu le 19, dimanche prochain, si c'est possible. S. A. R. le prince de Prusse veut mè faire la grâce d'être également caution de l'éducation chrétienne du petit; le comte Pückler (2) en passant par Francfort pour se rendre aux eaux de Pyrmont, m'a fait espérer que S. A. R. assisterait en personne à cette cérémonie religieuse, si elle avait lieu le 19 courant. Je crois, il est vrai, qu'il y a là une méprise sur la marche des trains d'ici à Mayence-Coblentz, et j'attends demain les ordres plus précis du prince; si, en conséquence de ces ordres, le baptême devait avoir lieu dimanche, je prierais Votre Excellence de

(1) Baron de Dalwigk, premier ministre du grand-duché de Hesse.
(2) Comte de Pückler, maréchal de la cour du prince de Prusse.

permettre à mon oncle de Kleist-Retzow (1) de la représenter, ou, s'il en était empêché par son service, au colonel de Kessel du 29ᵉ régiment. Je ne suis pas assez indiscret pour vous inviter à un voyage de 80 milles, bien que je m'estimerais heureux de vous faire les honneurs de Francfort et de pouvoir vous montrer la belle vue que l'on a de ma chambre d'ami, dans le cas où vous voudriez passer ici quelques jours exempts d'affaires et tenir mon petit païen sur les fonts baptismaux.

Quant à la politique en dehors de la Diète, l'attitude des cabinets voisins, surtout dans la presse officieuse, devient d'autant plus audacieuse que les résultats de leur politique de casse-cou commencent à leur donner matière à réflexion. Aussi deux idées se présentent-elles à mon esprit, toutes deux fondées sur cette conviction, qu'à ces arrogants et pusillanimes ministres il vaut toujours mieux montrer les dents que des égards et de la bienveillance. Premièrement, ne serait-il pas temps de faire une démonstration vis-à-vis de Darmstadt, en retransportant le siège de notre résident à Francfort? d'ailleurs, les trois quarts des affaires courantes, concernant le commerce, les passeports, vérifications, etc... sont faites ici à l'ambassade au nom du résident. Deuxièmement, si toutefois il est possible d'exprimer un avis sur la tournure que prendra la question douanière, je crois que ceux de Darmstadt tergiverseront et feront des propositions conciliantes, jusqu'à ce que nous proclamions formellement la rupture, et qu'ensuite ils essayeront de rentrer dans la bonne voie; en ce cas, de Pfordten ne donnera pas sa démission *eo ipso*, mais tombera, tandis que de Beust (2) deviendra

---

(1) De Kleist-Retzow, premier président de la Prusse-Rhénane.
(2) Baron de Beust, ministre des affaires étrangères en Saxe.

indispensable ; nous devrions alors faire un exemple sur les petits, Dalwigk et Wittgenstein, pour montrer qu'on ne nous donne pas de nasarde impunément. D'ailleurs, c'est assommant de vivre dans le même Zollverein avec des ministres dont tout le programme consiste à toujours dire non à la Prusse, d'après la méthode du prince Emile (1). En un mot, je proposerais de ne pas renouveler le Zollverein avec Darmstadt et Nassau, si ces deux messieurs ne se retirent pas. Alors se produirait dans l'attitude de ces États une réaction en faveur de la Prusse.

Hinkeldey (2), se fondant sur des rapports de police faits à la légère, je ne sais par qui, sur l'esprit des troupes de la Prusse à Francfort, a provoqué de la part de Sa Majesté et du ministère de la guerre une enquête qui a blessé à bon droit le corps des officiers. Malheureusement on en attribue la faute, à l'ambassade, « aux civils. » Les agents de police ne sachant que dire, mentent et exagèrent d'une façon impardonnable.

XXXIV

Crise du Zollverein.

19 août 1852.

M. de Tallenay me fait la communication suivante : « Les États coalisés ont fait au cabinet de Vienne d'énergiques reproches sur sa *note d'abandon*,

---

(1) Emile, prince de Hesse, commandant d'un corps d'armée en Autriche.
(2) De Hinkeldey, préfet de police à Berlin.

comme l'appelle M. de Scherff (1); l'Autriche, satisfaite d'avoir secoué la torpeur des États coalisés et de leur avoir montré que, sans l'Autriche, ils tombaient sous le *bon plaisir de la Prusse*, a renouvelé l'offre de la garantie des revenus et s'en est formellement chargée. Conséquemment la coalition se montrera inébranlable à Berlin et ira jusqu'à rappeler ses commissaires. Cela peut être exact, Tallenay est un diplomate intelligent et scrutateur; mais quelque bonnes que soient mes relations personnelles avec lui, il est quand même plutôt autrichien en matière politique, par devoir et par sympathie; car il trouve le régime autrichien à l'intérieur plus conforme à la formule française que ne l'est le nôtre. Il me présenta la chose sous une forme alarmante; il redoutait à la suite de la rupture peut-être imminente *de graves conséquences pour la politique et même pour l'existence de la Confédération allemande* (2).

Si ses renseignements étaient donnés complètement *bona fide*, si l'Autriche avait réellement donné sa garantie à Stuttgart, je n'y verrais pourtant qu'une nouvelle blague, un essai de nous amener à une reculade par des fantasmagories. Si l'Autriche voulait sérieusement la garantie et des rapports de ce genre avec la coalition sans la Prusse, il y a longtemps qu'elle se serait mise en campagne, et n'aurait pas, il y a trois semaines, signé la feuille de route des Darmstadtiens. La maxime qui a servi de ligne de conduite à de Pfordten à Stuttgart a été la suivante : *Si nous arrivons à conclure une convention unitaire, la Prusse cédera*. Bade et Wurtemberg n'ont probablement adhéré qu'à la condition que cette supposition se justifierait. En ce qui concerne le

(1) De Scherff, conseiller d'État, délégué de la Hollande à la Diète, pour le Luxembourg et le Limbourg.
(2) En français dans le texte.

Wurtemberg, on ne sait encore au juste si le roi a envoyé son consentement de Badenweiler (1). A mes yeux un tel contrat de garantie entre la coalition et l'Autriche est absolument impossible en pratique. Si l'Autriche promet sa garantie, les autres ne voudront pas, ne pourront pas exécuter le contrat; ou ne croiront pas sérieuse cette exécution, s'ils acceptaient la situation de mercenaires. Je ne vois dans la fiction de ce contrat de garantie qu'une démonstration à l'appui du dernier essai d'intimidation que la coalition fait contre nous; c'est à peu près ainsi qu'à la fin de la guerre de Sept ans, les troupes russes *figurèrent* encore pour intimider les Autrichiens, lorsque la mort du czar Pierre détermina leur rappel. Mais, quoiqu'il en soit, la question s'est posée pour nous de telle façon que céder serait un affaiblissement dangereux, et persévérer un grand surcroît de force pour notre gouvernement à l'intérieur. Or je trouve cette considération si importante et si décisive que, si j'avais à donner mon avis, je conseillerais de se maintenir dans la position actuelle, même au risque d'isoler la Prusse et de lui faire perdre le Zollverein. Vis-à-vis de ce dernier, notre position est toujours bonne, quoi que puisse faire le Sud; sans le Hanovre, nous serons au moins plus empressés et plus aptes à supporter les sacrifices nécessaires que ne le sont les autres, et nous pourrons les obliger à se mettre finalement d'accord sur les conditions que nous ferons. Je ne crains pas non plus que les Sudistes passent dans le camp français; premièrement aucun lien ne les empêchera, le cas échéant, de faire ce qui leur paraîtra avantageux; ensuite leur hostilité dans une guerre contre la France, n'aurait pas d'effet sensible, tant que les

---

(1) Station thermale dans le duché de Bade.

trois grandes puissances seraient unies, on pourrait même la mettre à profit après la victoire ; leur alliance au contraire serait exigeante et peu sûre. Bref, quand même la nouvelle ci-dessus se confirmerait, quand même on irait jusqu'à rappeler les commissaires, je tiens qu'en l'état actuel des choses, le seul moyen de sortir de la crise, c'est de rester inébranlable et de repousser toute capitulation.

Que Votre Excellence me pardonne cette lettre écrite en hâte, l'heure me presse.

XXXV

Excès des petits journaux démocratiques de Francfort.

25 août 1852.

J'ai souvent eu l'occasion d'attirer l'attention de Votre Excellence sur les excès des petits journaux démocratiques de Francfort (1). Le *Volksblatt*, rédigé par le parti rouge (Hadermann et Schuster) insulte la Diète, dans sa propre résidence, de façon à compromettre la dignité des gouvernements qui y sont représentés. Dans l'avant dernier numéro, faisant allusion au drapeau noir, rouge et or qu'on a enlevé du palais fédéral, il est dit que c'était un événement heureux, car ces couleurs à cet endroit avaient l'air *d'une couronne de fleurs d'oranger sur un lupanar*. J'ai

---

(1) Voir, pour de plus amples détails, la *Correspondance diplomatique de M. de Bismarck*, vol. 1, n° 32 (*chez Plon, à Paris.*)

fait de sérieuses observations au bourgmestre, mais il s'excuse sur l'insuffisance des lois, et le dernier numéro du journal en question continue à lancer contre la Diète des épithètes tout aussi impudentes, quoique moins malpropres. Ces articles produisent une sensation considérable, on les lit avec force railleries dans les auberges. Aussi trouve-t-on juste la comparaison de la Diète avec un épouvantail usé que souillent sans crainte les pierrots qu'il est destiné à effrayer.

Je ne suis pas un séïde passionné de l'autorité fédérale; mais, quand le mépris va si loin, il en rejaillit quelque chose sur la Prusse, comme sur tout autre État de la Confédération ; car, depuis la prorogation et la présidence de la Prusse, cela n'a fait que croître et embellir. J'ai donc déclaré verbalement et bien poliment au bourgmestre que, si je n'obtenais pas dans un délai de trois jours un avis sur les mesures prises par la ville pour prévenir ces outrages à l'assemblée fédérale, je me verrais forcé d'employer au nom de la Confédération les moyens préventifs nécessaires contre la continuation de ces insultes, moi à qui incombait pour le moment le soin de faire respecter la dignité de la Confédération. Le chef de la République promit de convoquer le Sénat (hier) et, si possible, de procéder contre le journal. Si rien de pareil n'a lieu, je me propose de faire occuper et fermer sans sévices contre les personnes, l'imprimerie du *Volksblatt* par un détachement des troupes fédérales, et d'attendre les suites.

Je n'écris pas ce qui précède dans l'intention de me soustraire à la responsabilité de mon attentat par une approbation formelle de Votre Excellence; je crois plutôt que la nature de la mesure projetée veut que j'y aille à mes risques et périls. Mais je crois de mon devoir de vous notifier la chose, afin que vous ayiez le temps de me la défendre par dépêche, dans le cas où Votre Excellence trouverait mon *coup d'État* contraire aux intérêts du gouvernement, quand même je l'exécuterais sans instructions, sous ma propre responsabilité. Je crois qu'il faut faire quelque chose, car les gouvernements eux-mêmes perdent trop le respect des populations, quand on tolère des excès de ce genre.

XXXVI

Un baptême chez M. de Bismarck. — Déménagement subit. Besoin de repos. — La crise douanière.

14 septembre 1852.

Je me permets d'annoncer avant tout à Votre Excellence que le baptême, auquel vous voulez bien prêter votre concours moral, aura lieu le lundi 20 courant. Les autres parrains seront Son Altesse Royale le prince de Prusse, le comte Stolberg (tous deux par procuration), M. de Canitz, mesdames de Scherff et de Kessel.

La vente de la maison où je demeure me met dans une situation désagréable. Les circonstances les plus étranges se sont rencontrées pour me déloger. Un Westphalien, du nom de Lehmkuhl, a dû aller à Cuba, et là, quoique laid, épouser une belle et riche Espagnole, avec laquelle il est revenu ici; ma maison lui a plu entre toutes et il en a offert un prix énorme à mon propriétaire. La location ici cesse par le fait même de la vente, et me voilà obligé de céder la place sans délai. Dans toute la ville, il n'y a pas moyen d'avoir un logis approprié. Ajoutez à cela que les rares maisons à louer sont en même temps à vendre, et que le fait peut se reproduire, qu'après avoir bâti et organisé une année durant, je sois encore obligé de déloger. Par exemple la maison de la comtesse Hohenthal, l'ex-comtesse de Bergen, est la meilleure maison de Francfort, mais elle est trop grande et trop chère pour moi. Je suis passablement perplexe de me voir ainsi sans abri à l'entrée de l'hiver. De plus, depuis plusieurs semaines, je souffre de la grippe et d'un érysipèle. Je voudrais bien, pour me rétablir entièrement, aller, dès la semaine prochaine, passer quelques jours aux bains de mer en Angleterre; j'ai demandé un congé à cet effet(1).

Je n'ai rien appris de nouveau sur les affaires douanières, sinon ce qu'en disent les journaux, et quelques détails d'un ordre inférieur. Ce qui fait la force principale de l'Autriche, c'est l'exagération même de ses demandes et le sans-gêne avec lequel elle fait valoir ses prétentions comme choses naturelles et justes. Cette *désinvolture* en impose aux cabinets darmstadtiens. Si, tout en gardant la politesse de la forme, nous nous montrions plus exigeants dans le fond; si, comme conditions de réintégration dans notre Zollverein, nous demandions des améliorations dans le fonctionnement des chemins de fer des États du centre et à quelques-uns d'entre eux le changement de leurs ministères, je crois que notre position de négociateurs en serait plus belle. Canitz m'apprend que Dalwigk parle

---

(1) La veille (13 septembre 1852) M. de Bismarck avait demandé au ministre baron de Manteuffel un congé de trois semaines pour aller prendre les bains de mer à Brighton en Angleterre.

maintenant en termes plus conciliants; peut-être n'est-ce qu'une feinte, pour traîner encore une fois les négociations en longueur, éventualité qui serait certainement à notre désavantage. Il est difficile de remettre plus longtemps les décisions. L'incertitude pèse d'un lourd poids sur le commerce, de plus notre position souffre de ces retards, et n'aurait qu'à gagner à une initiative vigoureuse, à une offensive énergique.

XXXVII

Influence de M. de Koller sur le roi de Hanovre. — Congé de M. de Canitz.

21 septembre 1852.

Un homme sûr, familier avec les personnes, me dit que l'instabilité dans l'attitude du gouvernement hanovrien provient surtout de l'influence personnelle et directe exercée par M. de Koller (1) sur le roi de Hanovre. Il vante l'adresse de Koller; quant au roi Georges, je l'ai constaté moi-même, il est facile de lui parler sans témoins. Son infirmité est cause qu'il est malaisé de lui enlever par la persuasion les préjugés ou les méfiances qu'on lui a suggérés. Sa Majesté n'est d'ailleurs pas grand partisan de la convention de septembre (2). Le baron Koller n'épargne pas l'argent pour acheter l'entourage subalterne du roi et les rédacteurs de la *Gazette de Ha-*

(1) Baron de Koller, conseiller intime, ministre de l'Autriche à Hanovre et plus tard à Berlin.
(2) Entrée du Hanovre dans le Zollverein.

nuvre, dont le personnel est fort mal vu des gens de tous les partis. Le roi Georges est assez disposé à se laisser entraîner trop loin dans ses conversations par un interlocuteur habile ; Koller en profite, et sait toujours se faire mettre *au fait* des vues les plus secrètes du cabinet par Sa Majesté elle-même. Je tiens ces renseignements d'un membre paisible et rassis du parti de la petite noblesse, un de mes amis personnels. Peut-être M. de Nostiz pourrait-il obvier à cette exploitation du roi par M. de Koller. M. de Schele lui-même se plaignait jadis à moi de la difficulté avec laquelle on garantissait le roi du contact personnel des intrigants, vu qu'il ne tolère pas la présence d'un tiers dans ses audiences particulières.

Canitz attend son congé avec une douloureuse impatience ; il est réellement souffrant ; il est couché en ce moment dans ma maison, avec la fièvre. Si Votre Excellence lui accorde son congé, il serait peut-être bon, eu égard à la malignité de Darmstadt, de ne le faire remplacer que par Wentzel pour la forme, ou bien pas du tout, car Darmstadt n'influe guère sur l'attitude de la coalition. Sinon, je suis prêt à le faire moi-même.

XXXVIII

Rappel du comte de Thun. — Démêlés entre la France et la Belgique. — L'union douanière avec l'Autriche. — Politique de la Russie vis-à-vis de l'Autriche.

23 septembre 1852.

Je remercie Votre Excellence de sa lettre du 18 courant. Je l'ai reçue avec le *Mémoire* sur le Zollverein avant-hier soir par un exprès de Schulenbourg. Le bruit de l'envoi du comte de Thun à Berlin est aussi arrivé ici, de Darmstadt ; on nomme Rechberg comme son successeur. C'est un désavantage pour l'Autriche de rompre les liaisons qui se rattachent à la personne de Thun et qu'avait amenées son long séjour ici. Si le comte Rechberg le remplace réellement, je ne doute pas qu'il ne nous donne matière à convaincre notre roi qu'il ne convient pas à la dignité et aux intérêts de la couronne d'augmenter la puissance et les droits de la Confédération, telle qu'elle est aujourd'hui. Aussi longtemps que la Confédération gardera son organisation actuelle, elle ne pourra être, en tant que les circonstances le permettront, qu'une compagnie d'assurances contre la guerre et la révolution ; même à cet égard, je crains que, si la guerre éclatait contre la France, la première tâche de l'Allemagne du Nord serait de délivrer Bade et le Wurtemberg des Français qui viendraient les inonder dans le premier moment, et de donner à la Bavière le courage ou la volonté d'entrer en lice pour l'Allemagne.

On se montre ici quelque peu surpris de l'attitude de la presse autrichienne dans les démêlés (1) de la Belgique et de la France. Elle est évidemment contre la Belgique. M. de Bothmer m'a exprimé hier son indignation à ce sujet ; il craint que l'Autriche, en

(1) Après le coup d'État du 2 décembre 1851, un grand nombre de Français s'enfuirent en Belgique. Malgré l'attitude réservée du gouvernement belge, qui fit attentivement surveiller les fugitifs, le bruit persistait dans ce pays que Napoléon allait l'envahir pour s'en emparer. Le gouvernement jugea à propos de mettre l'armée sur un bon pied et de demander un crédit considérable pour l'établissement d'un camp retranché à Anvers. A la même époque la conclusion d'un traité de commerce produisit aussi des difficultés entre les deux gouvernements.

cas de conflits sérieux, ne considère l'abandon de la Belgique comme chose faite et naturelle.

J'ai lu avec beaucoup d'intérêt le *Mémoire* destiné au comte de Nesselrode ; à mon avis on aurait dû insister sur les dangers que nous avons à redouter de l'unité douanière et faire ressortir davantage ses inconvénients financiers et commerciaux. Le mémoire démontre bien que ce n'est pas notre conduite, mais celle de nos adversaires, qui favorise la révolution. Leurs gouvernements ont tiré si peu d'enseignements des dernières années, qu'ils ne craignent pas de proclamer ouvertement devant leurs sujets de quelle manière la prospérité matérielle de ceux-ci est sacrifiée aux caprices des dynasties. Sous ce rapport le livre de Frantz (1) contient les vérités les plus évidentes ; mais, à ce qu'il me semble, elles sont maladroitement habillées et groupées, de plus, mal motivées. Frantz ne fait pas entrer le christianisme dans ses calculs ; et cependant le christianisme seul peut rendre les princes conformes à l'idéal rêvé par Frantz, le christianisme seul peut les détacher de cette idée, familière à la plupart d'entre eux, qu'ils doivent profiter de leur position pour vivre agréablement et n'obéir qu'à leurs caprices.

Je considère comme impossible une entente directe avec l'Autriche. Les conditions que nous obtiendrions seraient en tout cas inférieures à celles que nous aurons sûrement, si nous nous résignons à un isolement complet en l'acceptant vaillamment, le cas échéant. Les résultats acquis par cette voie auraient une tout autre importance, parce que nous les devrions à notre propre poids, et non à la

---

(1) Docteur Frantz, en 1851 homme de lettres, puis employé au ministère des affaires étrangères à Berlin, plus tard chancelier du consulat général de Prusse en Espagne.

coûteuse et dangereuse bonne volonté de l'Autriche. L'avenir appartient au libre-échange, c'est ce que reconnaissent même les hommes de la coalition et le cabinet de Vienne, mais ils veulent encore attendre quelque temps.

M. de Savigny m'écrivit il y a peu de jours que la Russie pousse l'Autriche en Allemagne, afin de garder ses coudées franches avec les Slaves. Je crois que la Russie voit d'un fort bon œil que sa voisine ait de l'occupation en Allemagne, mais non qu'elle profite de l'occasion pour augmenter sa puissance de toutes les ressources de la confédération ; car l'Autriche n'en deviendrait qu'un appui d'autant plus solide pour les Slaves et un adversaire sur le Danube. D'ailleurs l'Autriche ne pourra jamais rester complètement en dehors du Slavisme. Elle ne renoncera pas à la Bohême, à la Moravie, à l'Illyrie, à la Croatie, à la Hongrie occidentale, pas plus qu'elle ne renoncera à ses Slaves de l'avenir sans y être forcée par une guerre, elle ne voudra pas se laisser lier les bras à l'embouchure du Danube et sur la frontière méridionale de la Russie. Je regarde donc la théorie de mon ami à Carlsruhe comme fantaisiste. D'ailleurs la politique de l'empereur Nicolas est plutôt une politique conservatrice qu'une politique de conquête ; il a assez de territoires pour être satisfait du moment qu'il les sait garantis contre l'esprit du temps, et le cabinet russe a puisé dans les symptômes de 1848 plus de sagesse que les Darmstadtiens.

Les emportements de Meyendorff me paraissent purement personnels ; il est tenace, opiniâtre ; sa parenté avec le comte Buol n'y est pour rien, car le lien qui les unit, sa femme qui aime son frère, est intelligente et fait de la politique.

Sa Majesté m'a invité à la chasse à Letzlingen, le 29 courant ; si, comme je le crois, je puis tout arranger de façon à ce que mon absence ne nuise pas au service, je prierai Votre Excellence de m'autoriser à être le 28 au soir à Magdebourg où à Letzlingen,

Je ne pousserais jusqu'à Berlin que sur votre ordre.

XXXIX

Le comte de Haztfeldt. — Attitude de la coalition dans la crise douanière.

30 septembre 1852.

J'ai lu avec surprise dans la Gazette que le comte de Haztfeldt quittait quand même son poste de Vienne. Il a été chez moi, il y a quelque temps; il avait l'air très bien portant, et s'amusait fort à l'idée qu'on avait déjà voulu se partager sa succession, comme il l'avait entendu dire à Bade; il se comparait sous ce rapport avec Tanastchek.

Les représentants des États coalisés qui habitent Francfort sont toujours convaincus qu'on n'en viendra pas jusqu'à la dissolution réelle du Zollverein : ils ne savent pas encore le moyen, mais cela s'arrangera d'une façon ou d'une autre jusqu'à la fin de l'année prochaine, quand même la Prusse repousserait la déclaration qu'on vient de faire à Munich (1). C'est dans ce sens que me parlaient hier encore les délégués de la Bavière et du Wurtemberg ; le dernier

(1) Du 17 au 19 septembre siégea à Munich une conférence de ministres, où les coalisés de Darmstadt délibérèrent sur la réponse à faire à la déclaration de la Prusse dans la conférence douanière du 30 août.

se plaignit que nous ne *faisions pas assez la cour* aux États moyens et que nous préférions prodiguer nos empressements à l'Autriche. La démonstration des diètes provinciales et poméraniennes a fait de l'effet d'ailleurs, et a, plus que les journaux, commencé à faire croire à ces messieurs qu'il était impossible que notre gouvernement cédât.

Dans ma circonscription électorale on m'a sommé de déclarer si j'acceptais la candidature (1) et si mes fonctions me permettraient d'assister d'une façon durable aux séances de la Chambre. Je ne puis en conscience l'affirmer ; par cette vie en partie double que j'ai menée l'hiver dernier, je perds aux deux endroits mon influence personnelle, qu'une présence permanente peut seule assurer à la Diète comme à la Chambre. Cependant, je n'ai pas voulu me prononcer, avant de connaître l'opinion de Votre Excellence.

XL

Rappel de M. de Bothmer, délégué du Hanovre à la Diète.

6 octobre 1852.

Plusieurs feuilles publiques ont fait des allusions à un changement prochain dans la personne du délégué hanovrien à la Diète. J'ai l'honneur d'annoncer à Votre Excellence que ces bruits ne sont pas sans fondement, je le sais de source parfaitement sûre. On a mis M. de Bothmer dans l'alternative ou de se consacrer complètement et définitivement à la diplo-

---

(1) M. de Bismarck ne se fit pas réélire.

matie, ou de retourner à son poste de président à Celle. Il n'avait accepté le poste de Francfort qu'en se réservant la possibilité de reprendre l'autre. M. de Bothmer a fait ses observations à cet égard au gouvernement; celui-ci n'a pas encore décidé, mais s'il s'en tient à l'incompatibilité des deux positions, M. de Bothmer est décidé à retourner à Celle. Je déplorerais vivement son départ; c'est un homme paisible, absolument honorable, et personnellement favorable à nos intérêts. Si son départ s'effectuait, on pourrait peut être obtenir par le comte d'Alvensleben (1) que son remplaçant ne nous fût pas du moins hostile. J'ajoute que les communications ci-dessus m'ont été faites, avec prière de ne pas encore les divulguer.

XLI

Dépêche télégraphique concernant le comte de Thun.

16 octobre 1852.

J'ai reçu dans la soirée votre dépêche télégraphique d'hier. J'y répondrai ce soir en détail par la poste, et demain vers la même heure Votre Excellence sera en possession de ma réponse.

(1) Comte d'Alvensleben, ministre de Prusse en disponibilité.

XLII

Le comte de Thun, ambassadeur à la cour de Berlin.

J'ai l'honneur de répondre à la dépêche chiffrée, que Votre Excellence m'a envoyée hier, ce qui suit :
« Autant que mes relations jusqu'à ce jour avec le comte de Thun m'ont permis de le juger, il n'a point de vues politiques personnelles qui pourraient le pousser à une initiative quelconque et à agir sur le cabinet de Vienne dans un sens ou dans l'autre. Pour le prince de Schwartzenberg, son protecteur et son compagnon de plaisirs, il avait une grande admiration et s'appropriait ses mots et ses idées. Aux heures d'épanchement il me débitait comme siennes les vues de Schwartzenberg sur les rapports de la Prusse et de l'Autriche : l'Allemagne sera puissante et heureuse lorsque la Prusse aura compris son rôle historique. Ce rôle n'est pas de disputer la primauté à l'Autriche à qui elle revient de droit, mais d'offrir aux autres Etats de l'Allemagne sa protection et sa garantie contre tout abus de pouvoir de l'Autriche. Il voulait dire à peu près que la Prusse devait être à la Diète le tribun du peuple plutôt que le deuxième consul. Cela passerait encore, mais, d'après ses commentaires, le tribun serait très souple et très modeste. C'étaient les échos des lettres de Schwartzenberg, lettres qu'il vénérait comme des oracles. D'ordinaire il obéit méticuleusement à ses instructions ; il ne cherche pas à les faire modifier, à moins que ses collègues d'ici n'insistent. La seule affaire d'une certaine importance, dans laquelle il l'ait fait,

ç'a été dans la question de la flotte ; il le fit pour complaire à M. de Schele ; mais la mauvaise tournure qu'a prise toute cette affaire n'a fait que l'affermir dans l'habitude de prendre les choses comme elles arrivent de Vienne. S'il n'a pas d'instructions, il suit les conseils de M. de Nostiz, délégué de la Saxe : parfois les miens, quand je suis désintéressé dans la question ; mais il se décide difficilement par lui-même. Sa force principale est une intelligence claire, une compréhension vive, de la présence d'esprit et de l'adresse ; à ces qualités s'ajoutent la fermeté et le courage politique, dès qu'il est couvert par ses instructions ; aussi serait-il un homme très considérable s'il avait une forte et active foi politique qui lui prescrirait une direction et un but, et s'il n'était pas indolent et avide de plaisirs. Il a, quand il veut, une aptitude au travail extraordinaire, qu'il applique par poussées, et alors jour et nuit. Mais, tant qu'il n'y a pas de presse, il aime à flâner seul ou avec sa femme par les champs et les bois, il va à la chasse, le soir il fréquente des dames plutôt *faciles* et *formosas*, que *bonas* et *laboriosas*, puis il passe sa nuit à jouer au cercle, et dort la grasse matinée, de sorte qu'on est obligé de l'éveiller pour la séance de la Diète. Un commis très laborieux, dont il sera sûr qu'il lit les documents, exercera donc une grande influence sur lui. Comme il aime à avoir ses aises, il redoute les discussions vives et désagréables ; quand les affaires prennent cette tournure, il souffre du foie et des nerfs, mais il n'est pas surexcité comme Prokesch. Il se montre franc et convenable dans l'exercice de ses fonctions et en dehors du service. Sans être exempt de la bonhomie brutale et de la finasserie rustaude, propre aux Slaves et à beaucoup de ses collègues, dans son service et vis-à-vis des étrangers, il éprouve généralement le besoin de passer pour homme d'honneur. Je ne doute pas qu'au fond du cœur il ne regarde l'existence de la Prusse comme une irrégularité; mais son aversion pour des affaires, et surtout pour des situations critiques qui l'exténuent à la longue, m'autorise à admettre qu'il ne fera rien pour aggraver la situation et jeter de l'huile sur le feu; sa vive compréhension, son manque de pédanterie et d'ombrageuse susceptibilité facilitent les négociations avec lui. Son sans-gêne et sa paresse le conduisent aisément à un manque d'*égards*, et ses relations personnelles avec Buol sont loin de l'intimité, comme j'ai déjà eu l'honneur de l'écrire à Votre Excellence; grâce à ces deux circonstances, il aura, en général, et dans des cas particuliers, besoin de l'indulgence et de l'appui du gouvernement, auprès duquel il sera accrédité. Sa femme est aimable, tient une maison agréable, et ne fait pas de politique du tout.

Comparé à Prokesch, Koller, Rechberg, Thun est selon moi préférable. Les deux premiers sont portés à l'intrigue; Votre Excellence les connaît d'ailleurs. Rechberg est un caractère plus avenant, mais sa haine contre la Prusse est agissante et énergique, tandis que chez Thun elle n'apparaît guère que sous la forme du regret douloureux d'un contre-sens historique, auquel il n'y a plus à remédier. Je vois avec déplaisir Thun partir d'ici, et j'ai la conviction que son successeur me paraîtra plus désagréable. Mais ici l'inefficacité de toute la machine est, en fin de compte un moyen sûr, pour nous, et, dans l'intérêt de la cause, je ne puis que vous engager à prendre Thun, du moment que Buol le propose. Je remarquerai encore que Thun est proche parent de nos comtes Brühl et Westphalen. Sa mère était une Brühl, et la sœur de son père, mariée successivement à deux comtes Westphalen, est la mère de notre ambassadeur (1) de ce nom. Les Thun sont catholiques fervents. De plus le comte est chasseur, reconnaissant quand on l'invite à une chasse, cordial et communicatif en forêt.

Parmi les Autrichiens de ma connaissance je ne lui en préférerais que trois à Berlin, mais on ne nous les donnera pas : Langenau (2), le comte de Mensdorff (3) et le comte Clam-Gallas, gouverneur en Bohême. Des sympathies sincères pour une juste entente et une action commune, nous ne les trouverions que parmi les vieux conservateurs aujourd'hui sans influence; et encore ces sympathies cesseraient-elles peut-être avec l'état d'oppression où ils se trouvent à présent. Parmi les fonctionnaires importants du moment, du moins parmi ceux que je connais, je donnerais la préférence à Thun, à part ceux que j'ai nommés plus haut.

XLIII

Entretien avec M. de Schele. Le comte de Nostitz.

4 novembre 1852.

Je me hâte de résumer à Votre Excellence les conversations que j'ai eues avec M. de Schele à Blankenbourg. « La Prusse, me dit-il, n'a pas rempli ses

(1) Comte de Westphalen, 1848 ambassadeur extraordinaire et ministre plénipotentiaire à Braunschweig.
(2) Langenau (baron de) major général, et ambassadeur d'Autriche à Stockholm.
(3) Comte de Mensdorff-Pouilly, major général, ambassadeur d'Autriche à Saint-Pétersbourg.

engagements, parce qu'elle n'employa pas les moyens nécessaires pour amener l'accession des autres membres du Zollverein à la convention de septembre ; au contraire, votre manière d'agir au Hanovre devait faire naître l'idée que la Prusse désirait isoler l'Allemagne du Nord pour la dominer plus sûrement. Après avoir, par cette convention, promis au Hanovre qu'il prendrait part aux négociations, vous les avez abrégées en interrompant les conférences, sans vous entendre avec lui, et vous avez placé les États de la coalition dans une telle position que leur propre honneur leur défend de les reprendre. Le Hanovre est donc dans son droit, quand, d'après l'*esprit* de la convention, il se considère comme dégagé, du moment que, par la faute exclusive de la Prusse, cette convention n'a pas pour conséquence la fusion projetée du Steuerverein (union des impôts) et du Zollverein (union douanière).

Je n'ai pas besoin de vous dire que je ripostai à cette interprétation élastique de la convention de septembre, et lorsque, après avoir avancé une foule de preuves à l'appui de ma thèse, j'en appelai à la conscience du juriste, M. de Schele eut l'air d'avoir honte ; je fis plus d'impression encore avec l'argument suivant : la retraite du Hanovre, en quelques circonstances qu'elle s'effectue, sera considérée par la Prusse comme une violation de la convention et de la parole donnée ; la Prusse, le cas échéant, se croira donc aussi le droit d'exercer des représailles équivalentes contre un gouvernement infidèle à ses engagements, qui n'attache pas de prix à l'amitié de ses voisins et a encore besoin de « l'alliance des trois rois (1) » pour se

(1) L'alliance conclue entre les rois de Prusse, Hanovre et Saxe, le 26 mai 1849, pour le rétablissement de l'ordre en Allemagne et pour le développement de la constitution de l'Allemagne.

ménager une charte. Schele m'accorda que, dans un avenir prochain, il pourrait se lever dans le ciel politique des constellations sous lesquelles il serait, pour le Hanovre, très dangereux d'avoir un pareil *compte* en Prusse; il ajouta qu'il ne voulait rien préjuger sur le sort de la convention de septembre, et que son offre d'aller à Vienne prouvait ses efforts pour écarter la scission et la défiance en Allemagne; lui aussi redoute la France, les réminiscences de la coalition au sujet de la confédération du Rhin; l'attitude de l'Autriche elle-même à l'égard de la France lui donne matière à réflexion.

Des offres de médiation de notre ami on pourrait peut-être tirer cet avantage de découvrir, par son entremise, et sans nous brûler les doigts, quel sens il faut attribuer aux avances récentes de l'Autriche. J'ai présenté la chose à Sa Majesté en ce sens que nous ferions bien de laisser prendre les devants à M. de Schele là où nous flairons un piège et où il affirme qu'il n'y en a pas. Mais Sa Majesté n'était point assurée que Schele ne fût pas complice pour nous y faire tomber plus sûrement. Il me semble cependant qu'on pourrait conjurer ce danger en prenant ses précautions, c'est-à-dire en faisant de Schele notre éclaireur, lorsqu'il ira à Vienne.

Quant au comte de Nostitz, M. de Schele prétendit qu'on était injuste à son égard, en croyant qu'il ne nous y rendrait pas de service; il a, selon lui, une grande activité et plus d'une ancienne et utile liaison; mais il vaudrait mieux qu'il n'y allât pas avant trois ou quatre semaines, parce qu'il est inutile de presser les choses avant ce délai, durée probable des négociations à Vienne.

P.-S. — La séance d'aujourd'hui a été décommandée par le comte de Thun; ainsi je n'aurais pas eu besoin de tant me hâter.

XLIV

Zietelmann. — Le nouveau délégué-président. — La question douanière. — La liberté religieuse. — Le parti ultramontain à la Chambre de Prusse. — Elections. — M. de Rosenberg.

15 novembre 1852.

L'assesseur Zietelmann (1) a reçu aujourd'hui un télégramme lui annonçant que son père à Stettin est à la mort; je profite de l'occasion de son voyage pour envoyer ces lignes à Votre Excellence. Je ne puis m'empêcher en même temps de recommander instamment le porteur aux bonnes grâces de Votre Excellence. C'est un employé aussi consciencieux et laborieux qu'il était au début (et maintenant encore, il me semble) mauvais gazetier. C'est à son zèle, à son ardeur seule que je dois les compliments flatteurs que Votre Excellence m'adressa dans son dernier rescrit au sujet de l'activité déployée dans le sud en matière de presse.

Comme nouveau délégué-président, c'est toujours Rechberg qu'on nomme de préférence; cependant, d'après des renseignements privés, il paraît qu'il a refusé ce poste, avec cette remarque qu'on s'y cassait le cou trop aisément. Pour le reste, les suppositions se perdent dans le vague. M. de Doernberg ici, et, à ce que j'apprends, le prince Wittgenstein à Wiesbaden, croient que ce sera le comte de Leiningen, aujourd'hui général à Cracovie, autrefois ici; selon moi ce choix serait excellent pour l'Autriche,

---

(1) Zietelmann, employé au bureau de la presse, à l'ambassade fédérale de Prusse.

pour nous malheureux. On nomme encore Hübner (1), Prokesch, Blittersdorff, même le comte Buol, qui serait remplacé à Vienne par Rechberg.

Dans la question douanière, les cours de la coalition, d'après les symptômes actuels, semblent en attendant se tranquilliser, à la pensée que l'affaire s'arrangera entre Berlin et Vienne d'une façon satisfaisante pour eux également. Le prince de Wittgenstein attend surtout un revirement favorable du voyage soi-disant prochain de l'empereur d'Autriche à Berlin ; cela mettrait fin, dit-il lui-même à des tiers, a la position intenable de Nassau. Si l'empereur vient réellement chez nous, je crois que l'impassible fermeté de Votre Excellence sera seule en état de faire contrepoids à l'influence qu'exercera sur notre roi cette manière de négocier, la plus polie de toutes.

Le rescrit du 11 courant, sur l'attitude à tenir vis-à-vis du nouvel empire, m'est arrivé aujourd'hui ; j'y conformerai mes paroles.

La plus intéressante des dernières requêtes adressées à la Diète est celle de M. de Kettenbourg au sujet d'un attentat fait à sa liberté religieuse par le gouvernement mecklembourgeois. M. de Thun s'y intéresse vivement. Il m'a demandé mon opinion personnelle. Je lui ai répondu : « l'esprit agressif qui anime actuellement une partie du clergé, et qui bientôt préoccupera même les gouvernements catholiques, me fait désirer, qu'en cette affaire, mon gouvernement n'accorde pas plus de faveur aux catholiques que ne l'exige le droit le plus strict. Les actes de la Ligue du Rhin sur lesquels s'appuie M. de Kettenbourg ne me paraissent plus con-

---

(1) De Hübner, conseiller intime, ambassadeur d'Autriche à Paris.

ferer de droits, après la dissolution de cette Ligue.

Les ultramontains ont déjà pris vivement la défense de cette affaire dans les feuilles publiques. Si je connais bien M. de Kettenbourg, les procédés de son gouvernement l'ont moins blessé dans sa qualité de catholique qu'en celle de baronnet mecklembourgeois gâté par la richesse et son indépendance antérieure.

L'accroissement du parti ultramontain à la Chambre ne m'inquiète guère, si la droite reste unie; les ultramontains seront forcés de faire cause commune avec l'opposition libérale, et si l'opinion publique dans nos provinces de l'est arrive à confondre le jésuitisme et le libéralisme, ce dernier perdra les quelques sympathies qu'il possède encore. L'esprit envahisseur qui règne dans le camp catholique nous forcera à la longue à lui livrer une bataille rangée.

Les élections des chambres me paraissent avoir été bonnes, autant que j'en puis juger avec cette masse de noms nouveaux.

Pour mon compte personnel, ce sera plus commode de ne pas servir deux maîtres à la fois, et de pouvoir me consacrer tout entier à la Confédération; mais si Votre Excellence avait des motifs pour souhaiter ma présence à la Chambre, je crois que je pourrais me faire réélire à Naugard, où il y a une vacance, M. le ministre de Raumer ayant été nommé deux fois.

Rosenberg (1) attend vos ordres, Canitz est de retour. J'ai, dans ce court laps de temps, appris à estimer en lui l'homme d'affaires intelligent et actif. Il n'est point *persona grata*; on lui met sur le dos les

---

(1) M. de Rosenberg remplaça quelque temps le baron de Canitz dans son poste de Darmstadt.

tripotages avec la chambre de Darmstadt (1); si par hasard le comte de Thun ne fait pas son éloge à Berlin, il ne faut l'attribuer qu'à la manière énergique dont il a fait son devoir.

XLV

Rappel du comte de Thun.

18 novembre 1852.

J'ai l'honneur d'annoncer à Votre Excellence que dans la séance d'aujourd'hui le comte Thun a déclaré officiellement que le gouvernement impérial l'avait rappelé provisoirement à Vienne, avec ordre de me subroger jusqu'à son rappel définitif et l'arrivée de son successeur. Il prit congé de ses collègues; mais il a l'intention de rester ici quatre jours encore pour mettre ordre à ses affaires et s'occuper de son déménagement. Il se rendra ensuite à son poste, après avoir touché barres à Vienne.

XLVI

La question douanière. — Attitude du Hanovre. — Arrivée du prince de Prusse. — Bal chez M. de Bismarck.

24 novembre 1852.

Selon moi, nous pourrions, sans préjudice pour

(1) Qui, grâce à cela, avait voté une résolution favorable à la Prusse et contraire aux vœux du gouvernement.

notre situation dans la question des douanes, renouer des négociations avec l'Autriche seule, même avant que le Zollverein ait été reconstitué; nous aurions peut-être encore un plus beau rôle, qu'en négociant après la réorganisation et avec la participation des autres États de l'union.

Je ne puis encore bien croire que le cabinet de Vienne veuille sérieusement s'entendre avec nous sans le concours de la coalition. En tout cas, on cherchera à faire croire ensuite que la coalition nous a forcés à remplir ses conditions par cet arrangement avec l'Autriche, antérieur au renouvellement du Zollverein avec la Bavière, etc. Pour y parer, et pour d'autres motifs encore, je recommanderais, si l'on conclut avec l'Autriche, de rédiger le traité, de façon à ce qu'aucun article n'invite la coalition à entrer dans l'union, mais qu'elle soit forcée de venir *ex officio* demander son entrée, et encore faut-il que nous ne soyons pas obligés de l'accorder sans autre formalité. Nous ne l'accorderions qu'à certaines conditions, parmi lesquelles je compte notamment qu'un au moins, des ministres de la coalition seraient mis de côté. Cela montrerait que nous avons triomphé dans cette lutte, et il en résulterait une grande hausse de notre influence. De plus, ne doit-on pas hésiter à accepter ces ministères dans le Zollverein, comme des mauvaises herbes dans le jardin? Il faudrait donc rédiger cette convention avec l'Autriche dans les mêmes termes que celle de septembre « avec la Prusse et ensuite avec les États qui auront contracté l'union douanière avec elle. »

Si la négociation ne s'arrange pas de cette manière, si l'Autriche veut introduire dans le traité la condition de l'entrée et des droits de la coalition, je déconseillerais la chose carrément, si on me consultait. Si l'Autriche ne *sacrifie* pas la coalition, son offre de s'arranger avec nous n'est qu'une forme nouvelle de ses anciennes prétentions.

Je déplore l'attitude du Hanovre. J'ai appris que le roi Georges est très irrité de ce que les Autrichiens n'aient pas pris part aux obsèques de Wellington (1). Dans la période actuelle, une menace tirée de l'écheveau européen fait généralement sur le Hanovre plus d'effet que des raisonnements, pourvu qu'on procède avec ménagement, et en déplorant la *dira necessitas*. Sous ce rapport je voudrais que l'anti-bonapartisme de notre roi fût moins connu du public. *Il ne faut pas dire : « Fontaine, je ne boirai pas de ton eau »* (2), du moins il ne faut pas que les gens comptent sûrement, qu'on préférerait mourir de soif, plutôt que de boire. Je ne veux nullement plaider en faveur des sympathies françaises, mais on peut se servir de tout, comme épouvantail.

On me questionne beaucoup sur l'état de la question douanière. Je me contente de dire que Vienne est disposée à faire des concessions, mais que nous ne savons qui croire, et que la question de priorité n'est toujours pas résolue.

Son Altesse Royale le prince de Prusse arrive ce soir et restera demain.

Hier j'ai donné mon premier bal; je crois que le plaisir est plus grand pour les invités que pour l'hôte.

---

(1) Sir Arthur Wellesley, duc de Wellington, le plus célèbre et le meilleur général de l'Angleterre, né en 1769, mort le 14 septembre 1852.

(2) En français dans le texte.

XLVII

Élections à la Chambre de Prusse.

8 décembre 1852.

C'est avec la plus grande attention que je suis le niveau barométrique de la Chambre, tel qu'il ressort des scrutins et de l'élection du président. D'après les résultats des élections, j'avais cru que la droite serait plus forte. Le choix du président autorise à croire qu'une alliance de l'opposition libérale avec la fraction Bethmann-Hollweg et les catholiques peut donner une majorité anti-gouvernementale supérieure d'une douzaine de voix environ aux divers groupes de la droite. Il est visible que la bonne entente du gouvernement et des ultramontains décidera s'il y a moyen de vivre longtemps avec cette chambre. Je n'en crois rien ; avec le parti ultramontain il n'y a point d'alliance durable ; toute concession, jusqu'à la soumission absolue, ne sera considérée par ce parti que comme un acompte et un encouragement. A mes yeux une dissolution ne serait pas un malheur, si on ne la décrète pas trop tôt et à la suite de divergences trop minimes. Je crois plutôt que dans les provinces de l'Est de nouvelles élections produiraient une réduction dans le nombre des députés de l'opposition. Là, en dehors des grandes villes, on ne fait pas de l'opposition en connaissance de cause, les élections hostiles n'y résultent que de ce que les électeurs ne savent pas au juste ce que désire Sa Majesté ou le gouvernement, ou bien encore d'une accumulation de mensonges de la part des candidats. Par exemple, dans le cercle de Cammin, que je connais, la grande majorité fait toujours ce que veut le roi, dès qu'elle sait ce qu'il veut. Quoi qu'il en soit, une dissolution a ses inconvénients au point de vue de notre politique extérieure. C'est une opinion assez répandue, que la politique de la Prusse, prise aux mailles des majorités constitutionnelles dont elle dépend, ne pourra plus déployer, si le cas se présente, son élan et son énergie d'autrefois ; on dit que la constitution est sans doute un appât pour les sujets des autres États allemands, mais qu'elle affaiblit la force du gouvernement au dedans et au dehors.

XLVIII

MM. de Rothschild « banquiers de la cour ».

5 janvier 1853.

Je ne reçois qu'en ce moment, *via* Cologne, votre lettre confidentielle au sujet des Rothschild. J'allais clore mon courrier. Je me hâte donc de répondre, en me réservant d'envoyer un rapport officiel, que je n'ai pas d'objections à ce qu'on accorde ce titre de banquiers de la cour ; je crois pouvoir affirmer d'avance que les intéressés seront vivement touchés de l'honneur qu'on leur fera.

Les Rothschild n'ont jamais montré de tendances vraiment anti-prussiennes ; seulement, à l'occasion d'un conflit qui éclata il y a près d'une année entre l'Autriche et nous sur la liquidation des fonds de la flotte, ils ont eu plus peur de l'Autriche que de nous. On ne saurait décemment exiger de Rothschild le courage qui fait que le *vir justus ac tenax propositi* repousse *ardorem civium prava jubentium*, telle que Thun la déploya à ce moment ; d'ailleurs, depuis lors, les membres de la famille se sont excusés des agissements du baron Amschel, qu'ils ont dit être affaibli par l'âge ; je crois donc qu'on peut laisser tomber cette faute dans l'oubli, en considération des services que cette puissance pécuniaire est en état de rendre.

XLIX

L'empire français à la Diète. — Nomination du baron de Prokesch comme délégué-président.

7 janvier 1853.

J'annonce à Votre Excellence que j'ai remis aujourd'hui à M. de Tallenay la réponse de la Diète. Sur la demande de M. de Nostitz, la Saxe en a complètement approuvé le texte. La Bavière a fait le contraire. Les instructions du Wurtemberg manquent encore. La note que me montra hier M. de Tallenay, était évidemment une circulaire de Drouyn de Lhuys. Il appelle l'omission du terme *mon frère* de la part de la Russie *une irrégularité* ; il conseille à l'empereur de la considérer simplement comme une *omission de protocole* et de passer là-dessus en considération des deux lettres amicales de Sa Majesté l'empereur de Russie.

La nomination de Prokesch, annoncée par dépêche à la *Gazette de la Poste* a effrayé tous mes collègues, ils ne veulent pas y croire. Je la considère comme une faute politique de l'Autriche à bien des points de vue, et j'admettrais presque que la nouvelle n'est pas sérieuse. Si elle était vraie pourtant, je viendrais à bout de lui sans me départir de mon calme.

L

Lettres de créance de l'ambassadeur de France à la Diète. — L'armée de la Confédération. — Nomination de Prokesch. — La Chambre de Prusse.

13 janvier 1853.

Les lettres de créance de M. de Tallenay ne sont pas encore arrivées, quoiqu'il les attende depuis huit jours d'un instant à l'autre. Il croyait qu'on les lui enverrait dès que je pourrais donner l'assurance de l'assentiment de la Diète. C'est ce que j'ai fait verbalement le 4 courant. Il ne semble point que ce retard ait pour motif le maintien de la personne de M. de Tallenay à son poste actuel; car il a déjà entre les mains ses lettres de créance pour Nassau et Francfort. M. de Tallenay est inquiet de ce retard. J'en conclus que ses soucis personnels l'affectent plus facilement que ses craintes politiques.

Dans la séance d'aujourd'hui j'ai posé une question confidentielle à tous les délégués sur leurs instructions au sujet de l'augmentation de l'armée fédérale. Les États dont les délégués ont différé d'avis sur la reconnaissance de l'Empire désirent seuls la remise de la décision sur cette question, c'est-à-dire la Bavière, le Wurtemberg, le Danemark et la Hollande ; la Saxe ne demande que des modifications. D'après ce qu'ont dit les autres délégués, on peut admettre qu'ils ont l'ordre de voter dès à présent l'augmentation de près de 50 000 hommes, proposée par la majorité de la commission militaire.

La nomination de M. de Prokesch continue à préoccuper vivement mes collègues. Je ne savais trop quelle attitude prendre devant les questions qui m'assaillaient pour apprendre, si cette nomination avait été faite d'accord avec Berlin et ce qu'on y pensait. J'ai cru qu'il valait mieux déclarer que je ne savais rien officiellement, mais que je ne doutais pas que cette nomination ne fût inattendue pour le cabinet royal.

Je n'attache pas grande importance à l'arrivée de M. de Prokesch, je serais même assez disposé à croire que, tout en me rendant la vie un peu dure, elle sera avantageuse à notre situation politique. Cependant je crois qu'il serait adroit de notre part d'afficher un fort mécontentement de cette mesure du gouvernement impérial et d'éviter ainsi que l'on puisse dire : *Volenti non fit injuria.* Il me semble que dans ce cas nous ferions bien d'appliquer le principe qu'un homme à qui on marche sur le pied doit exagérer sa souffrance et se plaindre vivement, afin qu'on agisse désormais avec plus de précaution. Nous pouvons nous attendre à ce qu'aux yeux de nos alliés la nomination de Prokesch comptera comme une offense que l'Autriche devra réparer vis-à-vis de nous, et que, s'il s'élève des contestations, on sera naturellement porté à en attribuer la faute à ce choix détestable. Je ne puis pas encore m'expliquer complètement les motifs de ce choix qui me fait l'effet d'une grossière erreur politique; je m'imagine que, d'une part, le cabinet de Vienne manque réellement de diplomates familiers avec les affaires de l'Allemagne et que, d'autre part, M. de Prokesch se plaignant qu'on ne lui ait pas tenu parole et qu'on l'ait traité avec ingratitude, on lui a cédé dans la conviction que notre susceptibilité serait guérie par le temps, dès que sa nomination serait un *fait accompli*. Mais si on veut réellement rouvrir des hostilités contre nous à la Diète, peut-être même y aborder la question douanière, et si l'on a choisi à cet effet le représentant le plus au courant des différends avec la Prusse, je crois qu'on a fait un pas de clerc en nommant M. de Prokesch, parce qu'il n'est pas l'homme qu'il faut pour conserver à l'Autriche ses anciens confédérés et maintenir la paix parmi eux. Les affaires se traitent ici dans une forme si indécise et traditionnelle que les conflits entre le nouveau délégué-président et ses collègues ne manqueront pas; quant à moi, je m'efforcerai de n'être pas, du moins, le premier à ouvrir le feu.

J'ignore à quelle époque arrivera M. de Prokesch. S'il venait, avant que j'aie pu donner au nom de la présidence le dîner-gala d'usage à M. de Tallenay, je m'en dispenserai probablement, vu que les fonctions de délégué-président auront passé à M. de Prokesch. Mon intention serait, en ce cas, de donner en qualité de délégué de la Prusse, un dîner officiel au représentant de la France nouvellement accrédité, dîner qui ne se ferait pas en uniforme. La chose serait plus simple, si M. de Prokesch n'arrivait qu'après coup.

Je ne sais guère de ce qui se passe à la Chambre que ce qui se dit dans les divers journaux, soit dans, soit entre les lignes. Je n'affirme pas que cela me donne l'espérance d'une longue durée des Chambres actuelles, car je reste convaincu qu'une entente avec le parti catholique devient impossible au gouvernement.

LI

La question de l'Empire français à la Diète. — Parallèle entre le baron de Prokesch et M. de Bismarck dans la « *Gazette des Postes.* »

15 janvier 1853.

Je remercie Votre Excellence de m'avoir communiqué le rapport de M. de Bockelberg (1) du 3 courant. Je me permets de remarquer à ce sujet que, malgré le langage satisfaisant du ministre de Pfordten, il doit régner à Munich de la mauvaise humeur à propos de la marche des négociations sur la reconnaissance de Napoléon. Mais on en veut plutôt à l'Autriche qu'à nous ; car on croit qu'au début nous avons voulu que les États allemands participassent à la déclaration à faire à la France, mais que l'influence de l'Autriche nous en a détournés. Dans un entretien confidentiel, M. de Schrenk m'a dit avec amertume que son gouvernement devait naturellement être blessé de ce qu'on lui insinuait « de se soumettre toujours sans protestation, sans explication aux prescriptions variables des grandes puissances. » Je m'efforçai de l'apaiser. Il répondit que l'Autriche avait tout *gâté* en exigeant que les autres États de la Confédération fussent exclus des démarches des grandes puissances.

Le délégué des Pays-Bas a reçu l'avis tardif de voter la résolution du 3 courant, de sorte que la Bavière, le Würtemberg et le Danemark restent

---

(1) Baron de Bockelberg, ministre de Prusse à Munich.

seuls opposants. M. de Reinhardt (1), paraît-il, s'est particulièrement efforcé d'aiguillonner le délégué de la Bavière qui, la veille de la séance, était disposé à émettre un vote favorable. En dehors de son patriotisme bavarois très irritable, M. de Schrenk est en général, un collègue bien intentionné et loyal.

Je recevrai lundi matin les lettres de créance de M. de Tallenay; la copie est entre mes mains; le texte ne contient rien de particulier, le chiffre III (2) ne s'y trouve pas. Tallenay y est loué pour *son esprit de prudence et de conciliation et son dévouement en notre personne.* Je doute un peu de ce dévouement. Il y est appelé le marquis de Tallenay, tandis qu'il s'appelle M. Marquis et a emprunté le nom de Tallenay à son lieu de naissance. Jeudi je présenterai les lettres de créance à la Diète et je donnerai le même jour le dîner officiel. Si Prokesch arrive avant, il y assisterait, comme « étranger de distinction » ou donnerait le dîner lui-même. »

Après-demain grand bal chez moi.

Les compliments de condoléance de mes collègues au sujet de la nomination de Prokesch continuent ; les Russes surtout semblent en être très mécontents. Au reste, l'ambassade autrichienne n'a pas encore reçu avis de sa nomination ou de la date de son arrivée. On ne fait pas encore de préparatifs dans le palais de Taxis. D'après des lettres privées, reçues de Vienne par madame de Vrints, M. de Prokesch arrivera ici à la fin de la semaine prochaine, le 22 ou le 23 courant. La « *Gazette des Postes* » a été avisée de publier jusqu'à cette date encore plusieurs articles à son éloge; elle me lance un coup de patte, en disant

---

(1) Reinhardt, conseiller intime de légation, délégué du Würtemberg.

(2) C'est-à-dire Napoléon III.

que je n'ai jamais été qu'auditeur et propriétaire d'une gentilhommière; moi, pour mon compte, je ne vois pas pourquoi j'en rougirais et pourquoi on a passé sous silence le beau temps où j'étais référendaire. Mais Zietelmann fut indigné de cette allusion au passé obscur de son chef de mission.

LII

Question de l'Empire français. — Dîner en l'honneur de l'ambassadeur de France. — Bruit de mariage de l'empereur Napoléon.

21 janvier 1853.

J'ai l'honneur d'envoyer à Votre Excellence les détails suivants sur la reconnaissance de l'empereur Napoléon :

Lorsque M. de Tallenay m'eût donné le 14 courant une *copie figurée* de sa lettre de créance, je lui indiquai, sur sa demande, la date à laquelle je serais prêt à recevoir l'original. Il se présenta chez moi en uniforme, le 17 courant, accompagné par le personnel de l'ambassade française. Je l'attendais avec le directeur de la chancellerie fédérale et le conseiller de légation Wentzel. Après avoir prononcé le discours officiel en rapport avec cette solennité, il me remit la lettre de son souverain par laquelle il est de nouveau nommé ambassadeur extraordinaire et ministre plénipotentiaire près la Confédération allemande. Je lui répondis par un discours semblable. D'après l'usage traditionnel, j'ai ouvert la lettre dans la séance d'hier et l'ai soumise à l'assemblée après

8.

lecture de la copie. La Diète a pris ensuite la résolution de reconnaître M. de Tallenay comme ambassadeur de l'empereur des Français. Immédiatement après la session, j'ai rendu officiellement sa visite à M. de Tallenay et lui ai remis la déclaration écrite de l'assemblée. — A cette occasion, j'ai jugé bon de revoir nos négociations, notamment celles de 1835, sur le titre à donner en français au délégué-président. Mes prédécesseurs ont essayé à plusieurs reprises de faire remplacer la désignation *président de la Diète* dans les communications des ambassadeurs étrangers par la traduction exacte de l'allemand : *le ministre de — présidant la Diète*. Mais j'ai pu voir par les actes de la présidence que, dans ces dernières années et même avant 1848, les ambassadeurs étrangers se sont tous servis du titre : le président de la Diète. Cela se fit encore dans les négociations actuelles avec M. de Tallenay, et je ne pouvais guère protester, car il existe un arrêté fédéral du 12 juin 1817, où il est dit expressément : Les publications porteront la formule suivante : la Confédération allemande et, en son nom, le ministre impérial d'Autriche, présidant l'assemblée fédérale, et dans la traduction française : *La Confédération germanique et, en son nom, le ministre d'Autriche président de la Diète.*

Le protocole de la séance du 3 courant n'est pas encore terminé ; j'ai remis la chose à plus tard, parce que M. de Brenner m'a montré une communication du comte de Buol, d'après laquelle ce dernier a fait encore une tentative pour déterminer les cabinets de Munich et de Stuttgart à renoncer à toute déclaration à part sur le protocole en question. M. de Schrenk, avec qui j'ai causé confidentiellement sur ce sujet, me dit : « Je ne crois pas impossible que mon gouvernement satisfasse à ces désirs, après avoir atteint son *but*. Ce but a été tout simplement de prouver aux grandes puissances que la Bavière, sans prétendre se mettre sur le même rang que les grandes puissances, croyait pouvoir exiger que, quand on désirait son concours, on le lui demandât à temps et en lui exposant les faits nécessaires pour juger la question. La Bavière ne peut pas se résigner à être traitée sur le même pied que les plus petits États de l'Allemagne et à donner pour toute instruction à ses délégués de voter comme la Prusse et l'Autriche voteraient. »

Hier a eu lieu chez moi un dîner officiel, auquel assistaient tous les délégués de la Diète, les hauts fonctionnaires de la Confédération, ainsi que tous les ambassadeurs et chargés d'affaires en uniforme. Des diplomates accrédités à Francfort j'avais, en ma qualité de président-délégué de l'Autriche, invité le baron de Mensshengen. Aux dîners de ce genre, on ne porte pas de toast.

Pendant ce dîner arriva par le télégraphe le bruit du mariage de l'empereur avec la comtesse de Montijo. D'après la façon dont M. de Tallenay reçut la nouvelle en l'interprétant favorablement, je conclus qu'il ne croit pas une pareille éventualité impossible.

LIII

Politique de la Prusse vis-à-vis de la France. — Les articles de la « Gazette de la Croix. »

28 janvier 1853.

Votre Excellence me permettra de revenir, à la

suite de ma courte lettre d'hier (1), sur la question du mariage français et la manière dont on la traite dans nos journaux. Je suis, autant que quiconque, bien loin d'avoir des sympathies pour une alliance française ; mais il me semble utile, dans l'intérêt de notre position politique, d'éviter chez nous toute manifestation qui ait l'air d'une provocation, et de garder jusqu'à un certain point notre indépendance vis-à-vis de nos alliés de l'est. Celle-ci disparaîtra du moment que nous aurons rendu notre hostilité contre la France irrévocable et gâté la position que notre auguste maison royale a utilisée jadis avec tant de succès pour le développement de sa puissance. Nos voisins, et notamment l'Autriche, partagent trop peu les vues magnanimes de notre souverain pour ne pas abuser de notre situation, quand nous en serons au point que, même la menace d'une alliance avec la France aura perdu toute créance, et quand on sera sûr, que l'attaque principale de la France, en cas de guerre, se dirigera contre nous, non seulement à cause de notre situation géographique, mais encore en raison de l'irritation que nous aurons spécialement provoquée chez les maî-

---

(1) Dans une lettre du 27 janvier 1853, M. de Bismark rendait compte à son chef de la sensation produite parmi ses collègues par deux violents articles de la « Gazette de la Croix » sur le mariage de Napoléon III. On y disait, entre autres : Le mariage de l'empereur des Français est, ou bien une déclaration de guerre sous forme de lettre de faire part, ou une impardonnable faute politique. Cependant cette résolution du *parvenu* empereur ne semble pas avoir été volontaire ; les plus humbles familles souveraines n'ont guère apprécié l'honneur de son alliance ; on essaie un peu tard de vanter cette solution comme une *inspiration de la Providence*. Quoiqu'il en soit, par ce mariage, l'empereur a rompu le dernier pont entre lui et les familles souveraines légitimes, et il ne lui reste plus qu'à jouer son *va tout.*

tres de la France. Alors c'est nous qui serons obligés de rechercher et d'acheter l'alliance de l'Autriche et de la Russie. Or c'est à elles de briguer et d'obtenir notre assistance par des procédés amicaux, tant que nous n'aurons pas brûlé nos vaisseaux sur l'autre bord. Je suis persuadé que ce serait un grand malheur pour la Prusse que l'alliance française; mais nous ne devons pas nous enlever, aux yeux de nos alliés, la possibilité de choisir entre deux maux le moindre, quand même nous n'en userions jamais. J'ai écrit aujourd'hui au général de Gerlach pour le prier d'obtenir par son frère (1) que la « Gazette de la Croix » prenne un ton plus diplomatique en traitant les questions extérieures. La voie amiable est la seule bonne. Des démarches officielles, vis-à-vis de la Gazette, mettraient le gouvernement dans une fausse position, s'il agissait contre une feuille patriotique dans l'intérêt de la France ou, comme on le croirait, sur la demande de celle-ci. Une polémique entreprise par le bureau central de la presse, n'amènerait que des répliques plus virulentes, ce qui rendrait nécessaire une intervention incommode, et réduirait le domaine des services que la « Gazette de la Croix » rend ailleurs au gouvernement. Votre Excellence me pardonnera de lui avoir soumis, de mon chef, ces considérations sur un sujet en dehors de mon mandat.

(1) Ernest, Louis de Gerlach, journaliste conservateur, et député à la Chambre de Prusse, l'un des fondateurs de l'organe féodal-conservateur « la nouvelle Gazette de Prusse à Berlin »; fut longtemps l'âme de ce journal et du « parti de la Gazette de la Croix ».

LIV

Portrait de M. de Prokesch. — Réorganisation de la chancellerie fédérale. — Madame de Vrints et M. de Prokesch. — Nouvelles de Berlin.

12 février 1853.

Outre quelques notes de Zirndorfer, je me permets d'envoyer à Votre Excellence un rapport semi-officiel sur un *discours* que M. de Prokesch m'a tenu d'un ton passablement doctoral pendant qu'il était chez moi, de 9 heures à minuit, *en tête à tête*, tout en prenant le thé et en fumant cinq gros cigares. Sa personne ne plaît qu'à peu de gens ici ; il est trop bavard à leurs yeux et fait des compliments exagérés. On sent l'intention et on en est choqué. Il se montre aussi aimable que possible à mon égard ; si je pouvais accorder quelque créance à ses paroles, l'entente la plus cordiale règnerait dans nos relations politiques et personnelles.

Il paraît que le baron Brenner va être appelé à d'autres fonctions. Ce changement dans la personne du directeur de la chancellerie nous permettrait d'essayer d'en amener encore un autre. Jusqu'à ce jour le mécanisme des affaires était organisé de façon à rester le monopole de l'Autriche. On pourrait créer une chancellerie vraiment fédérale, soumise, non à la présidence, mais à la Diète. Le personnel autrichien subalterne prend fort mal toute allusion à cette réforme. L'article ci-joint de « la Presse de Vienne » le prouve. On l'attribue au second employé de l'ambassade d'Autriche, au chevalier Braun, dont l'intermédiaire avec la presse est le journaliste Kehner. Ces

messieurs sont surtout dépités de ce que les fêtes
que j'ai données pendant le carnaval aient réussi au
delà de ma propre attente, et, au témoignage d'un
juge compétent, de madame de Vrints, aient surpassé tout ce qui s'est fait en ce genre depuis 1848.
Cette dame a l'air de détester cordialement M. de
Prokesch et manifeste ce sentiment avec une franchise surprenante de la part d'une sœur du comte
Buol. Elle ne le fait point par calcul, car, même
dans les circonstances les plus délicates, elle est incapable de taire ses impressions.

Je remercie Votre Excellence des renseignements
envoyés par l'entremise de Quehl, sur l'état des
choses dans les coulisses de Berlin. Cela m'intéresse
beaucoup. Je suis fort aise qu'à la Chambre tout se
soit mieux passé qu'on ne s'y attendait; c'est surtout un grand pas de fait que d'avoir à peu près
écarté cette pomme de discorde de la question de
la première Chambre, car le vote de la seconde
Chambre sera, à n'en pas douter, en grande majorité
favorable aux vues de Sa Majesté. Je trouvais cette
question grave moins par sa solution même que par
la scission qu'elle produisait.

LV

Les forteresses d'Ulm et de Rastadt. — (Extraits d'une lettre adressée au général de Gerlach et communiquée à M. de Manteuffel).

16 mars 1853.

Dans votre dernière lettre vous avez dit un mot
de la construction des forts autour d'Ulm et de Ras-

tadt, en signalant une proposition conciliatrice qui mentionnait le chiffre de un million et demi. J'en prends occasion de vous écrire en quelques mots où en est cette question, vivement poussée par l'Autriche. Vous en conviendrez avec moi, les choses ne peuvent se développer d'une façon raisonnable qu'à une condition, c'est que la Prusse et l'Autriche s'entendent au préalable sur ce que l'une d'elles veut obtenir, et qu'elles réservent les questions en litige. Mais si l'Autriche ne renonce pas complètement à l'héritage de Schwartzenberg, si elle persévère dans ses tentatives pour réaliser ses vœux *malgré nous* et, nous forcer par décret ou l'influence de la majorité, à faire ce que nous n'aurions pas fait sans cela, il ne nous reste qu'une alternative, faire bonne mine à mauvais jeu, baisser pavillon et confirmer par notre condescendance la supériorité de l'Autriche aux yeux des gouvernements de la Confédération, ou bien constater ouvertement le manque d'entente par des contestations devant l'assemblée; alors tôt ou tard le char de la confédération tiré en avant par le cheval prussien, en arrière par le cheval autrichien, tombera en pièces, et, en attendant, grandira outre mesure l'influence des États inférieurs, parce que les grands États brigueront leur voix. Dans les deux dernières années, le cas s'est malheureusement présenté souvent; j'attribue notamment à cette circonstance la minorité de six voix sur dix-sept qu'en dépit de leurs efforts communs la Prusse et l'Autriche ont eue dans la question de l'augmentation des contingents. Je n'ai pas négligé une occasion de faire ces observations à mes deux collègues autrichiens et, en son temps, au comte Buol. Mes efforts ont toujours eu pour résultat des phrases fleuries par lesquelles on reconnaissait la nécessité du concert des deux grandes puissances et pleines de promesses pour l'avenir. Cette situation ne changera pas, si nous ne mettons pas une fermeté tenace à faire échouer l'Autriche, quand elle se permet de porter un projet devant la Diète, avant de s'être entendue avec nous. Dans l'affaire d'Ulm-Rastadt, cela s'est fait de la façon la plus grossière, et nous devrions en profiter comme d'un moyen d'éducation pour donner de meilleures façons à ce compagnon, avec qui, selon toute probabilité, nous vivrons encore longtemps. Les propositions de l'Autriche ont été faites cet hiver, sans aucune espèce de tentative d'entente préalable avec nous, à la très grande surprise du plénipotentiaire militaire de la Prusse, à qui on n'en avait soufflé mot, ni avant, ni pendant la séance. Bien entendu qu'elles étaient conçues dans un sens diamétralement opposé aux vues bien connues de notre gouvernement. Si on avait entamé des négociations avec nous sur ce point, les spécialistes de chaque côté se seraient mis d'accord sur ce qui est réellement nécessaire et, d'après le principe qu'*une main lave l'autre*, nous aurions pu faire un sacrifice pécuniaire pour une chose qui tient à cœur à l'Autriche, contre la promesse d'un avantage équivalent en politique. Mais, en l'état actuel, j'opinerais pour une fin de non-recevoir. J'ai l'air, de vouloir qu'on subordonne les grands intérêts de la défense de l'Allemagne à une misérable question de forme, mais je n'en ai que l'air. D'une part, en effet, nos officiers du génie estiment que Rastadt est d'ores et déjà une ville très forte, plus solide que beaucoup des nôtres, et que le mont Michel devant Ulm est presque imprenable. Il est malaisé de dire d'avance à quoi servirait, dans la défense de l'Allemagne, l'emploi de six millions pour l'agrandissement et l'amélioration de ces deux forteresses, tandis que la guerre avec la

France peut éclater avant que les trois ans nécessaires pour construire les forts soient écoulés ? Il est très possible que l'on regrette alors de n'avoir plus ces six millions sous la main. D'un autre côté, je tiens qu'il est plus dans l'intérêt de la défense de l'Allemagne qu'au lieu de s'acharner à faire faire ces travaux, l'Autriche apprenne enfin à nous traiter comme nous sommes en droit de l'exiger, et comme c'est nécessaire, si l'on ne veut pas que l'union entre les deux puissances soit compromise dans les moments de crise. Si nous pouvons, à cette occasion, faire faire un pas sérieux à l'éducation du cabinet de Vienne, il me semble que la force défensive de l'Allemagne en serait plus augmentée que par l'agrandissement de ces deux forteresses. Tant que l'Autriche attendra de nous de perpétuelles complaisances sans équivalent, tant qu'elle déploiera une ténacité comparable à celle de la Curie romaine, pour ne pas satisfaire à nos vœux, même quand ils ne sont que l'expression de droits déterminés par la constitution fédérale, le plus grand danger pour la sûreté de l'Allemagne sera la désunion entre les deux grandes puissances.

Jusqu'à ce jour l'Autriche a traité la question des forteresses dans la commission militaire d'une façon aussi haineuse que maladroite. Au lieu de gagner la confiance du comte de Waldersée (1), chose facile avec une nature si ouverte et si militaire, quoique irritable, le général de Schmerling (2) a de tout temps essayé de le duper et de lui enlever la pluralité des voix; il n'a pas manqué une occasion, même celle de la fête de l'empereur, pour favoriser aux

---

(1) Comte de Waldersée, aujourd'hui chef d'état-major général en Prusse.
(2) De Schmerling, major général, premier délégué militaire de l'Autriche dans la commission militaire de la Diète.

dépens de Waldersée les prétentions injustes et les rancunes personnelles des représentants militaires des États inférieurs. Pendant les délibérations sur la question des forteresses, et depuis que Prokesch est ici, le général Schmerling a exploité sa position de président de la commission militaire pour faire paraître sous un faux jour les opinions de la Prusse, pour en empêcher la divulgation et finalement l'impression réglementaire, de sorte que je n'en veux pas au comte de Waldersée, s'il ne se fie plus à son collègue autrichien. Il est extraordinairement difficile de convaincre Prokesch de l'erreur de l'ancienne et surannée théorie du mensonge en diplomatie. Lorsqu'il vint ici, j'avais l'intention sincère de croire tout ce qu'il me dirait, malgré ses antécédents ; j'ai dû y renoncer ; et son état-major, tant militaires que civils, mérite encore moins de confiance que lui-même.

NOTE MARGINALE

L'impression n'est pas encore achevée en dépit des décisions de la commission qui ordonnent l'impression immédiate. On a attendu à peu près huit jours pour porter le manuscrit à l'imprimerie, et depuis huit autres jours on cherche à traîner ce travail en longueur.

LVIII

Litige entre l'Autriche et la Suisse.

17 mars 1853.

M. de Prokesch a reçu avis, par suite des différends de l'Autriche avec la Suisse, de préparer une prompte et vigoureuse démonstration de la Diète, avant l'arrivée d'instructions précises. On attend de Bavière et de Bade des propositions contre la Suisse, M. de Prokesch doit y rattacher les siennes.

LXIX

L'Autriche et la Prusse. — Mesures de la Diète contre la Suisse. — Ulm et Rastadt. — Prévenances de M. de Prokesch.

24 mars 1853.

J'ai été fort heureux de ce que Votre Excellence ait fait un accueil favorable à mes considérations sur nos rapports avec l'Autriche. La nécessité de prouver à notre voisine qu'il faut qu'elle s'entende avec nous pour obtenir ce qu'elle désire est démontrée par un fait de plus. Malgré les assurances que me donna récemment Prokesch, l'Autriche vient de présenter à la commission militaire une proposition importante sur la création d'une section administrative indépendante des forteresses fédérales sans nous en dire un mot. Le comte Waldersée a déjà dû faire son rapport; je me réserve d'en faire un moi-même en motivant mon vote *contre* la proposition.

M. de Prokesch me quitte à l'instant; il me demande tous les jours si je n'ai pas encore reçu d'instructions pour le cas où la Diète aurait à prendre des résolutions contre la Suisse. D'après son calcul, elles devraient être arrivées depuis huit jours. Si la Confédération doit prendre sur la frontière allemande des mesures dans le genre de celles que l'Autriche prend contre le Tessin, la décision demandera bien quelques mois et l'explication se compliquera de maintes questions supplémentaires, surtout à cause des frais et du dommage du trafic qu'auront à supporter les populations des États allemands limitrophes de la Suisse. Il est probable que les gouvernements que l'on chargera d'établir des cordons de troupes exigeront des garanties spéciales en dédommagement de leurs dépenses. Si nous consentons à des mesures contre la Suisse, il sera, je crois, de notre intérêt de ne pas trop faire ressortir nos desiderata au sujet de Neufchatel (1), afin que notre participation ait plus l'air d'une complaisance amicale que celui d'un besoin égoïste.

J'ai reçu du général de Gerlach une réponse à ma lettre sur Ulm-Rastadt; il est d'avis qu'il faut refuser la nouvelle demande de six millions, mais se déclarer prêt à mettre les deux forteresses en état de défense, entreprise possible avec l'argent en caisse

---

(1) Neufchatel, après le premier traité de Paris (1814), passa aux mains de la Prusse. Le roi de Prusse lui donna, juin 1814, une constitution semblable à celle de Genève et Neufchatel fut admis au nombre des 21 cantons de la Conféraration helvétique, en 1815. Les événements de 1848 amenèrent un gouvernement provisoire à la place de l'ancien. Le roi de Prusse protesta contre la suppression unilatérale de ses droits; et le 24 mai 1855 les grandes puissances européennes à Londres reconnurent les prétentions du roi sur cette principauté. Les choses restèrent en cet état.

et un supplément peut-être de trois à cinq cent mille florins. Je ne sais si sous ces termes « argent en caisse » il comprend aussi les reliquats de la marine, etc..., probablement que oui, car il ne doit pas connaître bien en détail l'état de la chose. En tout cas j'enverrai aujourd'hui ou demain à Votre Excellence un rapport détaillé sur la question (1); je le résume en deux mots ici : je voterai la disponibilité des sommes de l'ancien crédit non liquidé encore, si l'Autriche renonce à sa résistance passive dans d'autres questions, et si la commission militaire marche mieux de concert avec nous ; mais je ne voterai de *nouveaux* crédits qu'en échange de *nouvelles* concessions, peut-être relatives à la garnison de Mayence (2), quand même le gouvernement du roi n'y attacherait pas d'importance. Nous pouvons certainement obliger l'Autriche en mainte occasion, pourvu que nous restions fidèles au principe de ne jamais le faire gratis.

En ce qui concerne les affaires fédérales, l'Autriche possède dans ses excessifs privilèges présidentiels une espèce de monnaie qui nous conviendrait, mais de laquelle elle est très avare ; peut-être trouverait-on aussi sur ce terrain des équivalents qui nous permettraient des concessions dans la question des forteresses, sans toutefois les pousser plus loin que ne le veulent nos intérêts. Dans l'état actuel de la présidence, on ne saurait exiger de la Prusse qu'elle favorise le développement de la Confédération et l'élargissement de sa compétence, car l'influence sur les affaires est trop inégalement répartie entre les confédérés, pourvus de droits soi-disant égaux.

(1) Voir la correspondance diplomatique de M. de Bismarck (Plon, Paris) v. I.
(2) Voir v. 1 et 2, même correspondance.

Je n'ai pas encore pu obtenir de M. de Prokesch une séance de la commission pour la revision du règlement, malgré la résolution votée, il y a quinze jours, qu'il fallait hâter ces travaux. Cependant je la lui rappelle chaque fois que je le vois. Il faut que cela finisse; l'Autriche seule doit-elle pouvoir faire tomber un vote dans l'oubli, parce qu'il plaît à son délégué, au président, de ne pas convoquer la commission que cela regarde? La revision du règlement traîne de la sorte depuis deux ans.

Malgré cela, nous sommes en ce moment, Prokesch et moi, à nous prodiguer des démonstrations d'amabilité qui ne peuvent durer. Il a renoncé à sa manière de disputer avec violence et emportement, depuis que je l'ai pris un jour sur le même ton. Il est maintenant d'une douceur qui m'inquiète et il joue avec mes enfants.

LX

Voyage de M. de Bismarck à Coblentz. — Réorganisation de la chancellerie fédérale.

1er avril 1853.

J'annonce à Votre Excellence que je suis revenu hier de Coblentz. J'y ai trouvé une fort nombreuse société, principalement des militaires de tous les régiments des deux corps d'armée de l'Ouest, venus pour complimenter le prince (1). Quelques autonomes rhénans se présentèrent également, et furent,

(1) Le prince de Prusse, pour l'anniversaire de sa naissance, le 22 mars.

dit-on, traités avec distinction ; ça ne les a pas empêchés de partir mécontents, parce que le comte Furstemberg-Stammheim (1) avait été plus honoré que les autres. Ce dernier me parut vivre dans un certain isolement et me parla, sans y être provoqué, contre les menées des ultramontains. Le comte de Goltz (2) avait une lettre de son frère Robert (3), dans laquelle celui-ci donne son plein assentiment à notre politique extérieure ; il loue notamment une note envoyée à Vienne pour déconseiller les confiscations dans la Lombardie, et une autre, envoyée à Saint-Pétersbourg, exprimant le désir de recevoir des éclaircissements sur l'attitude de la Russie en Orient et la mission de Menschikoff (4). A mon retour, j'ai trouvé la copie des instructions envoyées au comte d'Arnim, relativement à la chancellerie fédérale. Je crains que le comte d'Arnim ne montre au comte Buol ces instructions, comme il l'a déjà fait pour d'autres, dont le secret ne paraît pas très important. Aussi je lui ai envoyé une lettre et un télégramme. La chose exciterait ici contre moi un nid de guêpes !

Les arrestations de démocrates et les saisies à Berlin viennent un peu *mal à propos* pour notre politique extérieure.

(1) Chambellan de Prusse.
(2) Charles-Frédéric de Goltz, né en 1815, était en 1853 capitaine aux cuirassiers de la garde de Prusse et aide de camp du prince.
(3) Robert-Henri, comte de Goltz, mort en 1869. Fut ambassadeur de Prusse, entre autres à Paris, 1862.
(4) Prince de Menschikoff, aide de camp de l'empereur de Russie, en mission extraordinaire à Constantinople, avant la guerre de Crimée.

LXI

Encore M. de Prokesch. — L'Angleterre et la question d'Orient. — M. de Rothschild décoré. — L'Autriche et le conflit turco-russe. — Les comtes de Goltz et de Westphalen.

4 juillet 1853.

« J'aurais déjà écrit à Votre Excellence depuis mon retour, si M. de Prokesch ne m'avait fait perdre beaucoup de temps par son oiseuse activité dans les délibérations des commissions et dans nos entretiens particuliers. Dans son agitation il trouve sa satisfaction à multiplier, et à prolonger les séances; il aime tant à entendre le son de sa propre voix qu'il nous lit encore une fois d'un ton déclamatoire les plus longs documents que nous connaissons déjà par l'impression.

Sir Malet (1) revient de Londres. Il m'apprend maints détails sur les dispositions de là-bas, et j'y attache de l'importance, parce que ce n'est pas un homme de parti, bien que lady Malet, fille de lord Brougham, soit grande *politicienne*. Il dit que l'opinion en Angleterre dans tous les partis, jusqu'aux *tories les plus rouges*, et dans toutes les couches de la société, est montée contre la Russie, parce qu'on se sent dupé complètement et avec préméditation; il ajoute qu'on ne négocierait plus avec le baron Brunnow (2), si on n'était pas réellement convaincu qu'il est aussi au nombre des dupes. La question de la paix ou de la guerre dépend uniquement de l'avis du Sultan; si ce dernier trouve

---

(1) Ambassadeur d'Angleterre à la Confédération germanique.
(2) Ambassadeur de Russie à Londres, plus tard à la Diète.

casum belli, on bloquera aussitôt les ports russes de la mer Baltique, on ne débarquera pas, on se contentera de paralyser le commerce maritime de la Russie; on est d'accord avec la France. Ces opinions je puis tout au moins les considérer comme les opinions vraies de Malet, parce qu'il les a dites confidentiellement à un Anglais, sans qu'il pût prévoir que celui-ci m'en parlerait. D'un autre côté, j'apprends que lord Holland (1) a raconté, il y a quelques jours, qu'il savait sûrement que M. de Brunnow avait fait secrètement, à Paris, à l'empereur Napoléon, des offres d'alliance contre l'Angleterre, offres qui avaient été repoussées. Napoléon doit d'ailleurs avoir dit que depuis quinze jours il était convaincu de la sincérité de l'Angleterre, tandis que jusquelà il avait hésité et douté. Tous ces propos sont apportés par des voyageurs de distinction, et la relation n'en a de prix pour Votre Excellence que s'ils sont complétés et confirmés d'autre part. M. de Tallenay a une dépêche de Paris du 25 juin; elle se rapporte au mémorandum russe qui y est communiqué et discuté; elle se distingue des documents qu'il m'a montrés antérieurement, par son ton tranchant.

J'ai remis à M. de Rothschild (2) sa décoration pour non-chrétiens (3); elle est de fort bon goût, et il se montra reconnaissant, quoiqu'il eût évidemment préféré être du nombre des porteurs de croix. Il n'a point de nouvelles très récentes de l'Orient, sinon

---

(1) Homme d'État anglais, partisan de l'alliance française.
(2) Mayer-Charles de Rothschild, alors chef de la célèbre maison de Banque; ordre de l'Aigle rouge, 3ᵐᵉ classe.
(3) Les sentiments profondément religieux du roi Frédéric-Guillaume IV se révoltèrent à l'idée de la croix sur la poitrine de non-chrétiens. Pour eux on changea la décoration. Celle de M. de Rothschild avait la forme d'un crachat carré.

qu'il est inexact que les Russes soient déjà à Iassy, comme l'annonçait la dépêche télégraphique arrivée hier par Vienne.

M. de Prokesch croit à une invasion prochaine des Russes, mais non à la guerre, si les chrétiens ne se soulèvent pas en masse contre les Turcs ou vice versa. En tenant compte de l'attitude de l'Autriche, extérieurement favorable à la Russie, j'ai trouvé singulière la crainte de M. de Prokesch de voir les Turcs s'entendre avec les réfugiés hongrois et polonais, « alors, ajouta-t-il, notre position deviendra très difficile, car il nous est impossible de combattre à côté de Kossuth. » (1) D'après ces paroles, il admet donc que sans Kossuth les Autrichiens pourraient *combattre* du côté des Turcs. A vrai dire, on ne sait jamais s'il ment, et si c'est avec intention ou simplement par dilettantisme. Il m'a dit dernièrement qu'il trouvait qu'on avait grand tort de prendre en mauvaise part une duperie intentionnelle en politique; qu'il ne fallait consulter que ses intérêts, et non son *ressentiment*.

Par le rapport d'aujourd'hui venu du bureau central, je reçois la nouvelle qu'on a l'intention de prendre Goltz dans le ministère à la place de Borck (2). Je ne doute pas qu'une intelligence aussi forte n'y soit à sa place, mais je crois qu'il serait plus utile dans quelque service vraiment politique et diplomatique. C'est un des rares hommes qui possèdent toutes les qualités requises pour nous représenter à l'étranger. Et puis, je ne laisse pas que de craindre que, dans des rapports aussi immédiats et ininterrompus, il ne garde pas toujours les bonnes grâces

---

(1) Louis Kossuth le dictateur de la Hongrie, né en 1815.
(2) Borck, en 1851, conseiller référendaire dans la première section du ministère des affaires étrangères à Berlin.

de Votre Excellence. Si mon plaidoyer en sa faveur a exercé quelque influence sur les décisions de Votre Excellence, je voudrais pourtant dégager ma responsabilité de promoteur de la mesure pour le cas où vous finiriez par le trouver insupportable. Je crains que les mauvais côtés de son caractère impérieux et tenace ne puissent avoir de mauvais effets pour Goltz, dans ses rapports quotidiens avec Votre Excellence.

L'arrivée de S. A. R. la princesse Charles m'a interrompu, et il faut que je ferme mon courrier. Un mot encore sur le comte de Westphalen : il m'a été particulièrement recommandé par le comte Thun pour une place au ministère. Quoique je souhaite à cet estimable et bon diplomate un nouveau poste, il me semble pourtant que sa proche parenté avec Thun et des officiers de l'armée autrichienne ne permet guère son entrée au ministère (1).

LXII

M. de Prokesch, dans ses fonctions de président. — Désintéressement de la Prusse vis-à-vis de l'Autriche. — Le major Deetz. — Visite de M. de Manteuffel.

15 juillet 1853.

Un rapport de la Diète concernant le règlement intérieur partira demain; il contient quelques détails sur les allures hautaines que Prokesch affiche dans la présidence. Je ne puis reproduire toutes les explo-

(1) Le comte de Westphalen fut nommé, 11 juin 1854, ministre de Prusse à Stockholm. Il mourut le 13 octobre 1856.

sions de pathétique fatuité auxquelles il se livra au cours de la discussion; mais s'il s'était proposé de nous provoquer par une arrogance railleuse à des attaques contre la présidence, il ne pourrait pas mieux s'y prendre.

Je crains bien que dans la question d'Orient nous ne prêtions encore à l'Autriche notre appui le plus complet et le plus sincère, sans demander la moindre reconnaissance. Et pourtant ces cas où l'Autriche a besoin de nous, ou nous redoute dans la politique européenne, sont les seuls où nous puissions faire des progrès dans notre situation en Allemagne. Que ne puis-je le dire tous les jours à Sa Majesté, comme le « Maître, pense aux Athéniens ». Je ne vois pas en effet pourquoi il faut que nous prenions parti prématurément, sans motif impérieux ou sans puissant attrait. Une neutralité armée, conclue autant que possible avec les autres États de l'Allemagne et la Belgique, serait pour nous une position convenable et conforme à nos intérêts, qui donnerait un nouvel élan à notre influence dans l'Allemagne non-autrichienne. Il faut que l'Autriche garde sa liberté d'action, elle est trop près du théâtre de la guerre; mais les autres États ont avec nous le même intérêt à être laissés tranquilles, là où il n'y a rien à gagner. Une neutralité avec 500,000 hommes, réussira bien à maintenir la guerre, si elle éclate, dans les limites de la Turquie et sur la mer. Mais je parle comme un aveugle des couleurs, puisque j'ignore absolument l'état actuel des choses et les résolutions que l'on a peut-être déjà prises chez nous. Peut-être la paix est-elle assurée depuis longtemps; si la guerre éclate, je pense que le calme sang-froid de Votre Excellence ne se laissera pas entraîner par l'impétuosité d'autres donneurs d'avis, et que nous n'irons pas chercher plaies et bosses, *pour les beaux yeux de qui que ce soit* (1), ou pour la simple gloire d'y avoir été également. Si nous pouvons y trouver quelque profit, c'est une autre affaire.

Prokesch insinue que les sympathies de l'Angleterre pour les révolutionnaires du continent ne permettent pas à l'Autriche de marcher avec elle.

Quelqu'un, dont je voudrais bien être débarrassé, s'il y avait moyen, c'est le major Deetz. Il sème trop de troubles parmi les Prussiens à Francfort, et ne s'accorde avec aucun de ses compatriotes. Les Autrichiens sont étroitement unis entre eux; aussi l'intolérable Deetz et ses agissements réduisent-ils à fort peu de chose l'avantage de garnir la place (2) de Prussiens.

Le temps approche où Votre Excellence m'a fait espérer que je la verrais ici avec madame la baronne. Je serais heureux si j'en recevais bientôt l'assurance. Je compte bien que vous nous ferez le plaisir de descendre chez nous. J'ai dans la maison deux logements complets, que je n'occupe pas en même temps, un sur la rue, l'autre sur le jardin. Ainsi cela ne nous gênera pas le moins du monde. Ma femme et moi, nous vous prions instamment de ne pas dédaigner notre offre. Je vous prie de présenter mes respects à madame la baronne, et de saluer Othon (3) de ma part. »

(1) En français dans le texte.
(2) C'est-à-dire les bureaux du commandant de place.
(3) Fils du ministre, aujourd'hui député au Reichstag, à la Chambre haute de Prusse et conseiller général dans le district de Luckau.

LXIII

Préparatifs de voyage de M. de Bismarck.

13 août 1853.

Je suis sur le point de faire usage de la liberté acquise par la prorogation d'hier, et de me rendre au bord de la mer. J'attends, en regrettant ces belles journées, l'arrivée du congé en règle, que Votre Excellence a eu la bonté de m'annoncer par le télégraphe. J'ai l'intention de me rendre d'abord à Ostende et de gagner Norderney par la Hollande, vers le 21 ou 22 ; j'y prendrai des bains tant que le temps sera bon ; puis j'irai chercher ma femme et mes enfants en Suisse, où ils vont aller dans les premiers jours de la semaine prochaine. Le ministre Schele m'a écrit de Gais près Appenzell, qu'il faisait en attendant une excursion dans les montagnes de la Suisse, et qu'il comptait passer par Francfort vers la fin du mois. Il désire s'entretenir avec moi ; mais je ne puis l'attendre sans manquer encore cette fois la saison des bains ; et je ne voudrais pas remettre encore d'une année cette cure, que j'étais habitué autrefois à faire tous les ans. Je prendrai donc rendez-vous avec lui, soit à Brême, soit à Hanovre. Le comte de Hatzfeldt m'avait invité à venir le voir à Paris pour les fêtes du 15 août. Mais j'ai renoncé à cette intéressante excursion, en partie parce que mon congé n'est pas encore ici ; en partie parce que, dans les circonstances actuelles, on pourrait abuser de ma présence à Paris pour se livrer à des suppositions et des racontars de journaux. Mais j'emploierais avec grand plaisir quelques jours de mes vacances, à mon retour de Norderney, pour faire un crochet sur Paris, et, après dix ans écoulés depuis mon dernier séjour, observer de nouveau la ville et les gens.

M. de Prokesch se propose d'aller à Ischl et à Vienne ; s'il venait à rencontrer le roi ou des personnages influents, j'espère qu'on ne croira pas à tout ce qu'il dira et promettra.

J'apprends de bonne source que l'ambassadeur de Russie à la Haye, de Maltitz, est un instrument des ultramontains. Il se trouve, en ce moment, à ce que je crois, dans notre Province rhénane. La reine-mère (des Pays-Bas) s'est chargée de demander à Saint-Pétersbourg son rappel de la Hollande.

LXIV

M. de Bismarck à Ostende.

Ostende, hôtel Fontaine, 16 août 1853.

S. A. R. le prince de Prusse est arrivé ici hier d'Angleterre, très content de son séjour là-bas, et bien portant. Son Altesse a l'intention de prendre des bains de mer, jusqu'au 25 ou 26. Le médecin le lui a conseillé. Le duc de Brabant et son frère sont également ici ; comme gens de connaissance, j'y vois encore MM. de Brockhausen(1), Eulenbourg (2), Schérer, (3), le comte de Hatzfeldt et d'autres.

(1) Baron de Brockhausen, ministre de Prusse à Bruxelles.
(2) Comte d'Eulenbourg, consul général de Prusse à Anvers.
(3) Docteur Schérer, conseiller référendaire au ministère de l'intérieur.

J'attends encore une réponse de M. de Schele, pour me rencontrer avec lui ou à Cologne, sur son chemin pour rentrer au Hanovre, ou plus tard à mon retour de Norderney.

LXV

Les affaires à la Diète.

Francfort, le 22 octobre 1853.

J'ai déjà eu l'honneur d'annoncer à Votre Excellence, par la voie du télégraphe, mon retour ici, et je vous prie de m'excuser d'être revenu si tard. Je voulais encore profiter de l'accalmie des affaires pour faire une petite excursion en Italie. Mais un accès de colique me força de prolonger mon séjour à Gênes et de m'en retourner à petites journées. Revenu aux bords du lac de Genève, je trouvai une lettre du conseiller de Wentzel, m'annonçant que Votre Excellence désirait que je revinsse en toute hâte. Je laissai donc ma famille à Genève et partis aussitôt. Après un voyage d'environ trente heures, j'arrivai à Francfort. Tout est encore assez calme ici. Près de la moitié des délégués manque. On attend M. de Prokesch dans le courant de la semaine prochaine. Notre première séance doit, comme c'est convenu, avoir lieu le 3 nvembre, quoique la date de la rentrée ait été fixée au 27 octobre. Quelques-uns des délégués doutent même qu'une séance ait lieu le 3, parce qu'il n'y a pas encore d'instructions sur les nombreuses questions pendantes. Dans ces conditions je suis convaincu que Votre Excellence ne trouvera pas une excursion de quelques jours nuisible au service, et me permettra d'aller à Leztlingen où Sa Majesté le roi m'invita hier. Je m'y rendrai le 25 au soir, mardi prochain. Je compte y retrouver Votre Excellence et recueillir de sa bouche des instructions plus précises encore sur les affaires qui vont se traiter.

LXVI

Le comte d'Ysenbourg-Waechtersbach.

8 novembre 1853.

Le comte d'Ysenbourg-Waechtersbach, gendre de l'Electeur *in partibus infidelium* (1), est, dit-on, atteint d'aliénation mentale. On attribue à cette cause l'achat de la maison de Hohenthalt, car le comte n'a pas de capitaux à lui, et ceux de la comtesse ne sont pas à sa disposition, du moins pour le moment. Puis il administra une volée au ministre Hassenpflug (2) avec un jonc de l'Électorat. Si cet acte n'est pas une preuve de folie, les circonstances qui l'accompagnèrent paraissent singulières. Hier soir, M. de Trott (3) me vint voir pour me lire l'extrait suivant d'une lettre de Baumbach (4) : « Le

---

(1) C'est-à-dire de la main gauche.
(2) Ministre de la justice et de l'intérieur à l'Électorat de Hesse.
(3) Délégué de l'électorat de Hesse à Darmstadt.
(4) Ministre des affaires étrangères et de la maison de l'Électeur de Hesse.

comte Ysenbourg a cherché le ministre Hassenpflug chez lui ; ne l'ayant pas trouvé, il le fit prier de sortir de sa loge au théâtre, sous prétexte qu'il avait quelque chose d'important à lui dire. Il vint, Ysenbourg prit amicalement son bras, le conduisit sur la place Frédéric, et de là, parce qu'il y avait trop de monde, il l'emmena au détour d'une rue, où il lui dit : « Vous avez offensé ma femme, » et lui asséna un coup de canne sur la tête qui le fit beaucoup saigner. Puis Ysenbourg s'est sauvé à la gare, où il demanda un train spécial pour se rendre à Francfort. On le lui refusa et il partit par l'express. Avant son départ, il a dit encore qu'il agirait de même avec M. de Bismarck à Francfort, et avec le ministre Schæffer (1) à Darmstadt. »

La lettre de M. de Baumbach se termine par cette bienveillante remarque : « J'espère que M. de Bismarck le transpercera de part en part ou lui administrera au moins une volée de bois vert. » Je ne comprends pas du tout ce qui me vaut la colère du comte, car j'ai toujours eu des rapports amicaux avec lui. Il avait l'apparence d'un homme calme et doux. Voici en quoi consistait l'offense qu'il voulait venger sur Hassenpflug : le journal officiel de Cassel avait annoncé l'arrivée de « l'Illustrissime » comtesse d'Ysenbourg, et il exige qu'on l'appelle « sérénissime » et « princesse de Hanau. » Ce qui l'a probablement surexcité, c'est que sa famille avait fait entendre qu'elle ne pourrait pas reconnaître les enfants de cette union comme aptes à succéder, vu que la comtesse était née avant que Son Altesse Royale eût déclaré s'être marié avec sa mère. Arrivé ici, le comte Ysenbourg s'est rendu avant-hier soir chez

---

(1) Baron Schæffer de Bernstein, lieutenant-général, ministre de la guerre du grand-duché de Hesse.

le baron Dœrnberg et lui a demandé l'hospitalité, « parce que des gendarmes hessois le guettaient devant son palais (de Hohenthalt).

Hier, dans l'après-midi, il se fit annoncer chez madame de Vrints ; mais celle-ci, déjà au courant des bruits en circulation, ne le reçut pas. Il lui fit dire par les domestiques « qu'il avait été arrêté ici sur la réquisition de Hassenpflug, mais qu'on l'avait relaché. » Les gendarmes et l'arrestation n'existaient que dans son imagination. Se croyant poursuivi par les sicaires de Hassenpflug, il s'est adressé à M. de Prokesch. Celui-ci, pour s'en débarrasser, lui a conseillé de fuir à Offenbach. Il a suivi ce conseil, et s'est rendu, dit-on, de là à Waechtersbach. En achetant la maison, il a dit : « Je vais enlever le palais aux Prussiens (1) ; ils ne peuvent pas tomber d'accord avec leurs Chambres ; mais moi je n'ai pas de Chambres. » La vente sera annulée à ce qu'il paraît.

LXVII

Le conflit ecclésiastique de Bade. — L'emprunt autrichien. — La question d'Orient.

7 janvier 1854.

Je n'ai encore reçu que le premier des deux numéros de la « Gazette de la Croix (2) » qui ont été

---

(1) M. de Bismarck demanda quelque temps l'achat de ce palais pour l'ambassade de Prusse.

(2) Dans le n° 3, 1854, se trouvaient des attaques violentes contre le gouvernement badois qui voulait arrêter le dévelop-

saisis. Je n'attendais que la conclusion de la « Rundschau » (revue), où j'espérais trouver des lumières nouvelles sur le conflit badois, pour écrire une lettre à M. de Gerlach et lui faire mes observations sur sa conduite. Si je ne le connaissais depuis de longues années, je me tromperais certainement sur son protestantisme. Je ne conçois pas qu'un homme, animé d'un ardent patriotisme, puisse s'en dégager à tel point, tout en accordant qu'en ces sortes de questions mon *borussianisme* me rend exclusif et partial. J'espérais que la seconde partie de la « Rundschau » stigmatiserait énergiquement l'acte illégal et audacieux de l'évêque; à en juger par la confiscation elle ne paraît pas l'avoir fait. Je suis peiné de voir s'employer ainsi la haute intelligence d'un homme que j'honore et que j'aime. Sa prédilection pour l'inattendu et les applaudissements de ses adversaires n'y est pas étrangère.

Les valeurs autrichiennes sont tombées très bas (1) à la bourse de Francfort; le nouvel emprunt sera, d'après M. de Tallenay, de cent millions de florins, quoique les journaux jusqu'à ce jour ne parlent que de quarante.

La question d'Orient absorbe ici tout l'intérêt politique, surtout parce qu'on se trouve dans une incertitude complète, et que personne, semble-t-il, et Prokesch lui-même n'a de nouveaux et sûrs renseignements. Les Anglais recherchent très activement les symptômes d'un soi-disant rapprochement tenté par le prince héritier de Würtemberg entre la Russie et la France.

---

pement trop croissant de l'église catholique avec le sabre de bois de la bureaucratie. Sur ce conflit, voir aussi le vol. 1 de la Correspondance diplomatique (Plon, Paris).

(1) On y redoutait une guerre en Orient.

POST-SCRIPTUM

A Stuttgart, M. de Dalwigk paraît n'avoir énoncé que des vœux généraux au sujet de leurs différends avec nous. Si Darmstadt fait des avances, elles consisteront surtout en une lettre personnelle du grand-duc à Sa Majesté le roi. Le grand-duc ne fait plus grand cas de Dalwigk, mais l'ennui d'en choisir un autre l'effraie, ce qui, joint aux instances de Son Altesse Royale la grande duchesse, fait maintenir Dalwigk.

LXVIII

La Belgique et la France. — L'Autriche et l'Angleterre. — Prédominance de la France. — L'alliance anglo-française. — Plan d'une alliance entre l'Autriche, la France et la Russie contre l'Angleterre et la Prusse. — Menées contre la Prusse en Westphalie et dans la principauté de Lippe. — Le délégué du Hanovre. — Le prince électeur de Hesse et le ministre Hassenpflug. — Dîner chez M. de Prokesch en l'honneur du ministre de Belgique. — Agents de la presse autrichienne.

14 janvier 1853.

Je ne puis mander que des choses, dont l'importance, médiocre en soi, diminue encore dans le moment présent. Les cabinets allemands savent peu de la politique européenne et leurs représentants d'ici encore moins. Le gouvernement belge s'est évidemment efforcé dans ces derniers temps de s'assurer à un plus haut degré qu'auparavant les bonnes grâces de la France. Le motif vraisemblable de cette conduite, c'est qu'en Angleterre on croit plus à la nécessité de faire la guerre, et par conséquent à la valeur de l'appui de la France ; de là chez les Belges moins de confiance en la protection de l'Angleterre contre la France. Peut-être aussi le roi Léopold a-t-il reçu avis de Londres d'avoir à se mettre en meilleurs rapports avec l'empereur des Français. D'un autre côté il faut mettre en ligne de compte les influences autrichiennes, et je ne doute pas qu'un parti puissant dans le cabinet de l'Autriche ne soit prêt à s'entendre à nos dépens avec la France et à entraîner la Belgique dans ces combinaisons, si le roi Léopold ne s'y oppose pas.

Dans tout entretien avec des Autrichiens et leurs amis de la coalition, on remarque que la haine contre l'Angleterre est le sentiment prédominant dans les cercles qui donnent le ton, et qu'il en tombe toujours un reste sur la Prusse.

Un Français d'ici qui, plus que Tallenay, appartient aux initiés du gouvernement, me dépeignait ces jours derniers dans un accès de vantardise la position dominante de la France. « Son alliance, disait-il, est recherchée par tous ; l'Angleterre n'ose pas agir contre la Russie sans la France, et l'Autriche ne trouve que dans l'alliance française la sécurité contre ses sujets mécontents en Italie et en Hongrie ; la Russie peut bien la lui promettre, mais la lui donner, jamais, si la France n'y consent pas. »

Tallenay prétend que l'alliance anglo-française n'a pas été recherchée par la France et qu'elle résulte simplement du cours imprévu des événements; que l'empereur s'en tiendra là, jusqu'à ce qu'il puisse décemment et sans blesser l'amour-propre national, se retirer de la question turque pour laisser à l'Angleterre seule le soin de vider la querelle anglo-russe. Ce qui me frappe, c'est que Tallenay, avec lequel j'ai d'excellentes relations personnelles, montre depuis Noël plus de réserve en politique à mon égard qu'à celui de Prokesch; jadis c'était moins le cas.

La pensée dirigeante de maint homme d'État de l'Autriche est celle d'une alliance entre l'Autriche, la France et la Russie contre la Prusse et l'Angleterre. Quant à Prokesch, la Russie une fois affaiblie par des complications turques ou intérieures, et l'appui de la coalition étant assuré à l'Autriche, il préférerait voir la Russie du côté des adversaires; en tout cas il se réjouirait de tout le mal que se feraient la Russie et l'Angleterre mutuellement. Il faut noter que M. de Blittersdorf, en sa qualité de collaborateur autrichien à la « Gazette de la Poste », invoque l'appui de l'Amérique contre l'Angleterre en disant qu'il faut faire déguerpir le diable à l'aide de Belzébuth.

J'ai déjà indiqué le double jeu que Prokesch a joué dans l'affaire de la constitution de Lippe (1). Je donnerai demain d'autres détails là-dessus. Le conseiller d'État Fischer, personnage gauche et pansu, fut absolument bouleversé de la perfidie dont il reconnut avoir été la dupe, lorsque je lui eus exposé le véritable état des choses; il donna cours à son indignation avec des mouvements corporels si violents que la *chaise longue* qui le portait se brisa et qu'il resta à terre, désespérant tout autant de l'humanité que de la solidité des meubles de Francfort. Fischer est d'ailleurs un homme d'État fortement entamé, au point de vue intellectuel, par la sénilité; il descend lentement, mais sûrement, dans la catégorie des phraseurs sans esprit pratique. Le vrai

---

1. Voir, à ce sujet, vol. I de la *Correspondance diplomatique* (Plon, Paris).

dominateur de la principauté et du prince de Lippe paraît être maintenant le baron de Stitencron. Il est aussi à Francfort en ce moment. Nous avons été amis à l'Université, et je m'entendrai sans doute complètement avec lui dans le sens approuvé par Votre Excellence.

Il me raconta incidemment des choses fâcheuses sur les sentiments anti-prussiens de notre noblesse de Westphalie, et surtout de celle de la ville de Munster. L'évêque actuel, Ketller (1), à l'époque déjà où il était référendaire prussien, s'est vanté à lui « qu'avec 6.000 gaillards de son espèce » il démolirait cet État. En 1850, lors de la mobilisation, le 13e régiment de cavalerie de la landwehr avait ses quartiers près de Stitencron; des officiers d'un régiment, appartenant à la vieille noblesse de Munster, ont dit qu'au premier choc contre les Bavarois et les Autrichiens ils déserteraient, et un autre, nommé Brinken, répondit : « Il se trouvera bien alors quelque honnête uhlan pour vous passer sa lance au travers du corps. »

Dans la principauté de Lippe même un monsieur de Blomberg, se distingue par ses menées anti-prussiennes; jadis fonctionnaire prussien, il est en correspondance avec Prokesch. Fischer correspond avec Metternich; il me montra une lettre autographe du prince, où celui-ci lui fait entrevoir en termes généraux le complet appui de l'Autriche dans la question constitutionnelle.

On m'apprend du Hanovre que nous aurons probablement M. de Bothmer (2), et non le général Jacobi (3). Vu les tendances du premier, membre du

---

(1) Baron de Ketler, évêque de Mayence.
(2) Autrefois délégué du Hanovre à la Diète.
(3) Jacobi, major général et ministre d'Etat sans portefeuille, successeur de M. de Bothmer depuis le 2 juin 1853.

parti de la noblesse, c'est un indice sur les intentions du nouveau ministère. Je ne croirais pas perdre au change, car Jacobi, tout brave homme qu'il est, ménage trop ses paroles. Bothmer est honnête, ne se fie pas à Prokesch, et penche plus de notre côté que de celui de Vienne.

De Cassel j'apprends de bonne source que l'Électeur revient de son excursion à Waechtersbach irrité contre Hassenpflug, notamment à cause de la lettre de condoléances qu'il lui a adressée, aussitôt après l'attentat, sur la demande même de Hassenpflug. On dit qu'il a exprimé l'intention de confier la présidence du ministère au prince Hohenlohe, son gendre.

Prokesch a donné hier en l'honneur du ministre (1) de Belgique un dîner en uniforme ; c'est l'usage à l'entrée en fonctions d'un nouveau plénipotentiaire ; Prokesch ne l'avait pas fait jusqu'à ce jour. Après huit mois de retard cet honneur rendu à la Belgique pourrait bien provenir d'un ordre exprès de Vienne. Ce dîner, où tout, excepté l'éclairage, était irréprochable, et où fut étalé, pour la première fois, le service impérial neuf et très beau en vaisselle plate, de la présidence, il le fait vanter d'une façon étonnante dans les journaux. Il est depuis quelque temps très doux avec moi et il évite tout éclat de colère, probablement par ordre. Il s'en dédommage par des provocations en mon absence ; par exemple, ces jours derniers, il a cherché à semer la zizanie entre Herwarth (2), Waldersée (3) et moi ; mais il ne s'est pas attendu à ce que nous nous communiquerions

---

(1) Baron Dujardin.
(2) Herwarth de Bittenfeld, colonel prussien.
(3) v. p. 146, n. 1.

franchement ce qu'il avait insinué à chacun sur le compte de l'autre.

Je suis fâché que le comte d'Arnim se soit engagé, à Vienne, sur le terrain ingrat d'un grief contre sa personne et d'une perfidie isolée (1), au lieu de s'en prendre au système. Je ne sais pas si Prokesch a déjà connaissance de notre plainte; je le croirais, il me serre chaque jour plus cordialement la main.

Je suis très reconnaissant des projets que Zietelmann a apportés sur l'amélioration de la police dans l'Allemagne du Sud. La préfecture de police a eu récemment encore des nouvelles d'ici d'une fausseté surprenante. Le docteur X... était signalé comme un agent de M. de Prokesch, et un monsieur de Y... comme le correspondant autrichien de la *Gazette d'Augsbourg*. X... est incapable de rendre des services à l'Autriche, parce qu'il ne sait rien que les cancans de police sur l'opinion publique et de vagues généralités; bien plus, il est, après comme avant, sérieusement en butte aux attaques policières et judiciaires de l'Autriche et du major Deetz. M. de Y..., officier autrichien, marié et en disponibilité, sait à peine l'orthographe, et encore moins faire des correspondances de journaux; il n'a de relations à Francfort qu'avec des chevaux et des chiens.

(1) Plainte portée sur l'attitude hostile de la presse autrichienne et les abus de pouvoir de M. de Prokesch à la Diète. Voir le vol. Ier de la correspondance diplomatique de M. de Bismarck (Plon, Paris).

LXIX

Le conflit badois. — Neutralité de la Prusse, de l'Allemagne et de l'Autriche dans la question d'Orient. — Rapprochement de la Bavière et de l'Autriche. — La sécurité de la Prusse. — Le camp ultramontain. — La forteresse de Maestricht. — Précautions à Mayence. — Un corps d'armée fédéral près de Francfort.

25 janvier 1854.

J'ai reçu hier par le télégraphe l'ordre de Votre Excellence de me rendre à Carlsrhue. Je partirai demain après la séance ; je ne veux pas la manquer, quoiqu'il ne faille pas s'attendre à des délibérations importantes, parce que cela attirerait l'attention. Mon collègue de Bade m'a parlé dernièrement avec plus de détails qu'autrefois du conflit de Fribourg. Il n'a pas de nouvelles d'une transaction avec Kettler ; quoiqu'il ne soit pas spécialement initié aux affaires de son gouvernement, je crois pourtant qu'après dix jours écoulés, il aurait des renseignements positifs, si réellement la *suspension d'armes* était aussi définitivement conclue que me l'écrivit Savigny, le 17 courant. J'aimerais assez que la mission à Rome ne fût pas encore irrévocablement décidée. Après la façon dont le pape, dans son allocution, a interprété la rébellion de l'archevêque contre le gouvernement, après la froideur avec laquelle le nonce à Vienne a reçu les démarches de Bade, le grand-duché, en cherchant à négocier avec Rome, fera nécessairement croire que le malaise et le besoin de mettre fin à cette situation se font plus vivement sentir de son côté que de celui de l'évêque. Pourtant c'est le contraire, surtout après la manifestation des représentants badois. Si le gouvernement badois ne doit pas se soustraire aux négociations avec Rome, du moment qu'on les lui propose, de même il ne paraît pas conforme à ses intérêts de prendre une initiative empressée. Comme le chef de l'État pouvait connaître l'attitude de l'Autriche par la presse, je n'aurais pas, à sa place, fait des avances au nonce ; car celui-ci, outre l'intérêt de son Église, devait aussi tenir compte des idées de l'Empereur de l'Autriche.

J'ai écrit au général Gerlach l'impression qu'avait produite sur moi la « Rundschau », et l'opposition qu'elle fait à la politique prussienne *in catholicis*. Je n'ai pas encore sa réponse sur cette question ; il se plaint qu'on livre son frère aux mains de la police et du procureur royal ; je me ferais l'écho de ses plaintes, si je croyais qu'on a sérieusement envie de lui imposer une pénalité quelconque. Je considère la suppression de la « Rundschau » comme une mesure commandée par la politique extérieure ; quant à s'en prendre à la personne de Gerlach, je considérerais cela comme une faute politique. Si des rigueurs étaient exercées contre lui, on ne se demanderait guère à la Chambre et au dehors, si ces rigueurs sont fondées en droit, mais on y verrait un criterium de la position de chacun de nos partis, et un défi à l'extrême droite ; sous ce rapport, ces mesures auraient une portée qui dépasserait le but.

Je vous ai déjà rapporté, il y a quelques jours, ce que j'ai appris sur la déclaration de neutralité qu'on veut demander à la Diète (1). J'ai vu aujourd'hui une

---

(1) Lettre du 24 janvier 1854 de M. de Bismarck à M. de Manteuffel, relatant que l'ambassadeur français, accrédité à la Diète, lui avait dit tenir de source très sûre que l'Autriche allait encore une fois essayer de déterminer la Confédération allemande à une déclaration formelle de neutralité.

brochure, que je n'ai pu lire encore, et qui a paru à Leipzig dans une officine autrichienne pour aplanir la voie à ces tentatives. Après l'avoir rapidement parcourue, je vois seulement qu'elle flatte grossièrement la Prusse, et qu'elle s'adresse tout particulièrement aux sentiments de Notre Très gracieux Souverain.

L'étroite union de la Bavière avec l'Autriche se montre et se dévoile davantage. La décoration de l'ordre « Alexandre-Newsky » donnée à de Pfordten fait du bruit; on lui accorde l'importance d'une démonstration antiprussienne et d'une approbation donnée par la Russie à la politique de la coalition. On dit que la vue de Beust a provoqué chez son collègue de Munich le désir d'avoir cet ordre, et l'on se prévaut en Bavière de la prompte satisfaction de ce désir.

On trame quelque chose contre nous; l'un des symptômes, c'est que mes collègues appartenant à la coalition s'efforcent de montrer la situation de la Prusse comme particulièrement exposée, et cherchent à nous persuader, nous et d'autres, que nous avons sur le Rhin et en Pologne des difficultés analogues à celles de l'Autriche en Italie et en Hongrie, que nous avons donc tout autant besoin d'appui. L'alliée la plus désagréable de nos adversaires sur ce terrain est l'ardente émulation de nos policiers à découvrir des conspirations et à les transformer en crimes projetés et prévenus, de façon à faire luire comme un feu de Bengale, aux yeux des esprits timorés, les dangers épouvantables dont la société et la couronne venaient d'être sauvées. C'est ainsi que circulent de nouveau des histoires de brigands sur le plan de livrer Graudenz, et la subornation de tous les sous-officiers de cette forteresse. Ces bruits prennent à l'étranger l'importance d'un danger qui paralyse l'action politique de la Prusse. Tout se borne probablement à la corruption de quelques geôliers par de riches détenus. Nos *alliés de la Confédération* aiment à voir dans un incident de ce genre l'étincelle qui trahit, malgré les précautions du gouvernement, l'existence d'un immense incendie intérieur en Posnanie, en Prusse et en Silésie. Notre police politique a une adresse toute particulière pour croire réalités les rapports de ses agents, et les faire gonfler comme le barbet de Faust derrière le poêle. Elle exerce ce talent avec un remarquable manque d'égards pour la sécurité de l'État, croyance dont nous avons besoin pour conserver notre crédit dans la politique étrangère.

Le sujet de la police me ramène encore une fois aux ultramontains. L'année dernière un de mes journalistes qui combattait, surtout dans la *Gazette du Rhin* (*Mittelrheinische Zeitung*), les menées catholiques, fut poursuivi pour « tendances socialistes » sur une plainte de la police de Cologne, et allait être expulsé ; par l'intermédiaire du gouverneur de la province je fis retirer la plainte ; je ne saisis le joint que maintenant, où j'apprends que le chef de la police Geiger est un proche parent de l'archevêque de Geissel (1).

Je vous parlerai demain de la forteresse de Maëstricht ; si la Hollande n'y est pas disposée, il n'y aura rien ; si, contre toute attente, la Hollande se montrait favorable, elle ne voudra pas discuter la chose pour le moment et exciter les soupçons de la France (2). Prokesch est bien disposé ; mais il

---

(1) Jean de Geissel, depuis 1846 archevêque de Cologne ; nommé cardinal en 1850, mort en 1864.

(2) Le bruit s'était répandu que le gouvernement des Pays-Bas avait le projet de réduire la force de résistance de la for-

trouve aussi que la pensée d'en faire une forteresse fédérale est irréalisable, quand même la Hollande y consentirait; la Confédération ne le ferait pas.

Le mémoire du gouvernement de Mayence, sur la nécessité de mesures préventives (1), me paraît contenir l'arrière-pensée d'une demande d'argent, indépendante de la question de liquidation. Prokesch parla de l'envoi à Mayence, en cas de besoin, de la garnison de Francfort. Un officier du bataillon de Francfort, qui appartient à une famille patricienne de l'Autriche, a prétendu, avant-hier déjà, savoir de source certaine que son bataillon irait bientôt à Mayence.

Il n'est pas impossible que l'Autriche reprenne l'idée d'un corps d'armée fédéral à former, au moment où le commandement de Francfort va passer entre nos mains; il se peut que cette idée soit mieux accueillie qu'autrefois par les intéressés, et que notre commandement soit remis en question. Mais, à mon avis, la formation de ce corps ne saurait avoir lieu tant qu'elle ne serait pas justifiée par des mesures provocatrices de la France, et alors j'espère que cette misérable rivalité cessera.

teresse de Maëstricht. Cette place ayant une certaine importance pour les opérations militaires de l'Allemagne du Nord, le ministre avait prié M. de Bismarck d'en causer confidentiellement avec M. de Prokesch.

(1) Le vice-gouverneur de la forteresse fédérale de Mayence proposait, entre autres mesures de précaution contre les arme- de la France, de raser les abords de la place et d'augmenter la garnison.

LXX

Révélations sur M. de Prokesch. — Vœux de la Russie au sujet de l'attitude politique de la Prusse. — Mission du comte d'Orloff. — La Prusse dépendante de l'Autriche. — Rupture du gouvernement prussien avec le président de Gerlach. — La forteresse de Maestricht et la Prusse.

2 février 1854.

Les révélations sur Prokesch (1) m'ont beaucoup amusé ; je crois qu'on pourrait découvrir des choses pires encore ; mais je m'étonne qu'il soit assez imprévoyant pour conserver des documents de ce genre et pour les écrire de sa propre main ; je le préfère ainsi comme adversaire.

Le représentant de la Russie à Francfort, M. de Glinka, qui n'en sait pas plus que les autres agents russes, est venu me voir hier. Il me dit que la Russie n'était pas assez déraisonnable pour attendre de nous un soutien matériel dans une entreprise qui ne nous intéressait pas, et qu'on serait satisfait si nous ne nous laissions pas entraîner à des démonstrations hostiles. Je ne vois pas ce qui pourrait nous y pousser. Nous n'avons rien à gagner sur cette frontière. Augmenter le nombre de nos sujets catholiques polonais ne nous rendrait pas plus forts, et nous ne pouvons pas diriger nos efforts contre la Russie, sans nous rendre dépendants de l'Autriche et perdre du terrain en Allemagne.

---

(1) La correspondance de M. de Prokesch avec des agents autrichiens était tombée entre les mains de la Prusse. Voir le 1er vol. de la *Corresp. dipl.* (Plon, Paris).

On attribue ici à la mission du comte Orloff (1) le but de savoir quelle serait l'attitude de l'Autriche, dans le cas où les Russes franchiraient le Danube.

La presse autrichienne s'épuise sans cesse à nous montrer comme à la remorque de Vienne; si nous avions envie de faire la guerre, notre attitude pourrait en effet dépendre de celle de l'Autriche, mais en ce sens seulement que l'Autriche serait le seul adversaire dont nous pourrions tirer quelque profit, et que nous serions en tout cas obligés de choisir le parti adverse.

J'apprends que le président Gerlach veut donner sa démission, si on continue à lui faire son procès. Son importance politique serait plutôt accrue qu'amoindrie par un tel dénouement. Mais la position du gouvernement vis-à-vis des partis, de personnages augustes et des prétentions ambitieuses d'autres prétendants, souffrirait, je le crains, d'une rupture formelle entre le gouvernement et Gerlach. Ce dernier me paraît, à le considérer même d'un point de vue plus central que le mien, un contrepoids contre d'autres ennemis ou des alliés *conditionnels*, contrepoids dont le déplacement affaiblirait le gouvernement.

Quant à la forteresse de Maëstricht, j'apprends qu'en mars 1848 un général hollandais fut envoyé à Berlin pour nous offrir de mettre garnison dans Maestricht, mais qu'à son arrivée il tomba au milieu des journées de Mars, et s'en retourna, sans s'acquitter de sa mission.

(1) Alexandre, Féodorowitsch, comte d'Orloff, né en 1788, négociateur de la paix d'Andrinople (14 septembre 1829), puis ambassadeur de Russie à Constantinople; fut envoyé à Vienne, en 1854, pour gagner l'Autriche à la politique russe. Reçut le titre de prince en 1856.

LXXI

Circulaire de l'Autriche. — La question d'Orient en Allemagne. — La Prusse n'a pas l'isolement à craindre. — M. de Brunnow.

15 février 1854.

L'événement du jour dans la diplomatie de Francfort est la dépêche-circulaire du 9 courant. On n'a pas cru que le cabinet de Vienne ait si nettement décliné les propositions apportées par le comte Orloff et que la Russie se refuse à donner les garanties demandées par l'Autriche sur l'intégrité du territoire turc en Europe.

On dirait qu'il y a du froid entre la Bavière et l'Autriche. J'en attribue la cause principale à la question d'Orient. Par ce que j'apprends de mes collègues et d'ailleurs, les cours de Munich, Suttgard, et Dresde semblent tourner leurs regards moins vers Berlin et Vienne que vers Saint-Pétersbourg, avec l'arrière-pensée d'une alliance franco-russe, où elles se flattaient de voir entrer l'Autriche. D'après ce que j'ai entendu à différentes reprises, les délégués de ces États moyens ont prédit, que l'attitude froide et même hostile des grandes puissances allemandes forcerait la Russie à s'entendre avec la France, et que cette dernière finirait par se montrer favorable à ces propositions, car il est de plus en plus évident que la politique française actuelle est plus utile aux intérêts anglais qu'aux intérêts de la France même.

M. de Prokesch paraît très abattu par l'effet de la dépêche-circulaire. Il m'a beaucoup parlé de ses efforts en 1849 pour amener une union plus étroite entre l'Allemagne du Nord et la Prusse, et laissa entrevoir qu'aujourd'hui encore il était convaincu de la nécessité de cette combinaison. Dans ces derniers temps il se montre presque noir et blanc (1), ne fait rien sans me consulter, approuve toute modification proposée par moi, et présente l'image de la douceur et de la condescendance. Lui aussi redoute l'opposition des États moyens aux deux grandes puissances ; il trouve que la faute en est un peu à ces dernières, parce que nous avons négligé de mettre en relief la solidarité de la Confédération par des décisions communes dans la question orientale, parce que nous n'avons ni enchaîné, ni dirigé les petits États. Ceux-ci, ne sachant que résoudre, se sont livrés à une direction étrangère. Ce qu'il disait là est un peu vrai, quoique la Bavière et un brouillon ambitieux comme Beust, se laissent difficilement enchaîner par de simples communications et des décisions prises en commun inscrites au procès-verbal. En cherchant sans cesse à provoquer un acte en apparence vide, une déclaration que la Confédération est unie, ou qu'elle veut rester solidairement neutre, ou une déclaration des deux puissances qui serait accueillie par les autres avec gratitude, il ne peut avoir en vue que deux choses : ou bien faire une manœuvre de Bourse autrichienne, ou bien prendre notre indépendance aux rets d'une politique de présidence fédérale. Si l'on était sûr qu'il ne poursuit que le premier but, et qu'il l'atteindrait, on pourrait faire ce plaisir à l'Autriche.

M. de Prokesch m'a dit que pour leurs affaires intérieures, et surtout financières, l'échec de la mission Orloff était un coup terrible, et ses paroles me firent croire qu'il prévoyait des armements plus

---

(1) Couleurs de la Prusse.

considérables de l'Autriche. Une banqueroute de l'Autriche serait ressentie comme une calamité jusque dans notre pays; est-il conforme à nos intérêts d'affaiblir davantage la position de l'Autriche en Europe? Je pourrais me faire une opinion à cet égard, si je connaissais le moins du monde la ligne politique que Notre Souverain se propose de suivre, et le degré d'audace et d'énergie qu'il faudrait déployer.

Le représentant de l'Angleterre (1) et celui de la France (2), le premier en vertu d'un ordre spécial de lord Clarendon (3), me pressent d'agir contre le plan de déclaration de neutralité ou toute autre manifestation à la Diète. Je ne suis pas assez pénétré de l'importance d'un acte de ce genre, pour pouvoir m'expliquer l'ardeur de ces deux messieurs. M. de Tallenay dit que c'est aussi son impression, mais que ses instructions l'y obligent. Il est possible qu'on veuille avoir l'Autriche pour adversaire et nous pour alliés, ce qui fait qu'on voit avec déplaisir tout contact intime entre la politique de notre cabinet et du cabinet de Vienne. Il y a d'ailleurs beaucoup d'hommes politiques qui sont d'avis qu'il vaut mieux aujourd'hui avoir l'Autriche pour adversaire que pour alliée, parce que, loin de pouvoir aider autrui, elle a plutôt besoin de secours elle-même, soit contre ses créanciers, soit contre les Italiens et les Hongrois. Le comte d'Arnim jugera mieux que moi de la vérité de ces allégations, mais la question ne me paraît nullement frivole. J'ai été tant soit peu effrayé, je ne saurais le nier, en apprenant, par des lettres de mes amis, que dans l'entourage de Sa Majesté se

---

(1) Sir Alexandre Malet.
(2) M. de Tallenay.
(3) Ministre des affaires étrangères en Angleterre.

manifeste une sorte d'effroi, à la pensée de l'isolement où nous nous trouverions après nous être séparés de la Russie, et qu'on y préconise une alliance plus étroite avec l'Autriche ainsi que l'écartement de tout litige entre nous. Je serais dans l'angoisse, si pour nous abriter contre la tempête, nous allions attacher notre coquette et solide frégate à ce vieux trois-ponts mangé aux vers. C'est nous qui sommes le meilleur nageur des deux, et pour tout le monde un allié bienvenu. Dès que nous voudrons renoncer à l'isolement et à la stricte neutralité, nous pourrons poser des conditions de notre alliance, nous aurons en ce moment de la peine à ne pas paraître la chercher anxieusement. Les grandes crises forment la température nécessaire à la croissance de la Prusse. Nous en avons profité sans crainte, peut-être même sans vergogne. Mais si nous voulons continuer à croître, il faut au moins que nous ne craignions pas de rester seuls avec 400,000 hommes, surtout aussi longtemps que les autres se battront ; en prenant parti pour l'un ou l'autre d'entre eux, nous ferons toujours une meilleure affaire qu'en nous unissant par une alliance prématurée et sans conditions avec un allié aussi peu redoutable que l'Autriche. En tout cas la valeur de notre assistance ne fera que croître au cours des événements, et on nous en donnera plus tard plus qu'aujourd'hui. A mon avis, nous ne devrions donc pas nous rapprocher davantage de l'Autriche ; si cela arrivait plus tard, nous devrions en profiter pour lui arracher des concessions sérieuses en Allemagne.

En dépit des allusions de Prokesch, je ne puis m'imaginer que l'Autriche soit d'ores et déjà matée et prête aux concessions, à moins que l'on ne s'y sente bien plus menacé que nous ne le savons. M. de Prokesch a parlé de l'éventualité de soulèvements gréco-slaves sur et par-delà la frontière de l'Autriche ; il m'a signalé des symptômes de conspirations en Italie ; à l'entendre, on dirait que son gouvernement vient de faire des découvertes fâcheuses. Ses paroles m'ont rappelé le mot que me dit M. de Metternich il y a deux ans à Johannisberg : « La Prusse n'est pas encore un État saturé ; il est de l'intérêt de l'Autriche que la Prusse se sature ; alors elle sera en état et en disposition de marcher sincèrement et sans rivalité avec l'Autriche. » Ce mot est certainement très vrai. Si seulement on voulait agir en ce sens à Vienne.

Je vous suis très reconnaissant pour les communications télégraphiques du bureau central de la presse. Être bien et vite informé accroît ici la considération et l'influence des délégués ; c'est pour ce motif que je vous prie de vouloir bien donner l'ordre d'expédier à l'ambassade un exemplaire des circulaires sur la politique générale. Jadis cela se faisait toujours, aujourd'hui c'est tombé en désuétude. Hier je fus obligé d'avouer, non sans embarras, à mes collègues que j'ignorais absolument le contenu d'une circulaire sur nos négociations avec Saint-Pétersbourg, document déjà communiqué il y a quelques jours à Wiesbaden par le comte de Perponcher (1).

M. de Brunnow est arrivé avant hier ; il n'a vu ni Prokesch, ni moi, et il est allé s'installer à Darmstadt dans la matinée d'hier. Pourquoi choisit-il ce séjour ? Sans doute moins pour la ville elle-même, que parce que Darmstadt est un point central moins affichant et moins cancanier que Francfort, mais plus commode peut-être pour

(1) Comte de Perponcher, ministre résident de Prusse à Francfort et chargé d'affaires à Nassau.

les relations européennes et celles de l'Allemagne, du sud à l'ouest, à cause de sa situation sur le réseau ferré. On trouve étrange que l'empereur n'éprouve pas le besoin de voir Brunnow à Saint-Pétersbourg, pour avoir des renseignements verbaux sur l'Angleterre et les derniers incidents.

LXXII

La question d'Orient. — Le conflit ecclésiastique de Bade et Nassau.

23 février 1854.

Depuis ma dernière lettre la question d'Orient paraît avoir revêtu pour l'Autriche des couleurs plus roses. M. de Prokesch est si nerveux et impressionnable, que son humeur reflète chaque jour ses nouvelles. L'abattement, où l'avaient plongé il y a huit ou quinze jours les renseignements sur la frontière serbe, paraît avoir disparu la semaine dernière ; il ne prend un air soucieux, que quand on cite l'agitation grecque en Epire. D'après les confidences du chargé d'affaires russe, la tranquillité de mon collègue autrichien ne sera que passagère.

M. de Glinka pense que les Russes, en faisant la guerre, ne peuvent renoncer aux avantages que leur offriraient les sympathies des Gréco-Slaves et à l'agitation qui en résultera d'autant moins que la Turquie a pris l'initiative en formant des bandes de francs-tireurs polonais et autres révolutionnaires. Si ce système prend un développement pratique, la tension entre la Russie et l'Autriche ne fera que croître et les perplexités du cabinet de Vienne en même temps ; car, de l'autre côté, les puissances maritimes ont entre les mains de quoi ouvrir la boîte de Pandore de l'Italie.

Sans approfondir la question de savoir jusqu'à quel point et dans quelles conditions la Prusse a intérêt à aider l'Autriche à triompher de ses embarras et à maintenir son indépendance vis-à-vis de la Russie ou de la France, on peut admettre que nous ne lui accorderons notre appui qu'à certaines conditions. On cherchera à cette occasion à nous payer en « monnaie de singe viennoise » ; c'est ce que je suppose d'après la façon de parler de Prokesch. Celui-ci veut me faire accroire que l'Autriche a adopté sa nouvelle politique, imposée pourtant par la plus amère nécessité, simplement par complaisance pour nous, et qu'elle s'est ainsi complètement ralliée à la nôtre. Il considère aussi que le cabinet de Vienne nous fait une concession particulièrement digne de reconnaissance en ne complotant pas *pour le moment* avec les États de la coalition. C'est le raisonnement du bédouin qui se fait payer parce qu'il n'attaque pas le voyageur, dont le secours l'a sauvé et qui se dit à lui-même, ce qui est différé n'est pas perdu. C'est une consolation que Votre Excellence connaisse mieux que nous par expérience la « bonhomie » de nos amis ; leurs subterfuges ne nous empêcheront pas de mettre à profit les occasions que Dieu nous donnera de gagner, pour notre situation future vis-à-vis de l'Autriche, des conventions nettes et précises, sur la base desquelles nous pourrions être quelque jour de sincères confédérés, sans arrière-pensées jalouses.

Depuis que M. de Brunnow est à Darmstadt, il a installé ici son secrétaire, le comte Bludoff, et se tient par lui en relations avec l'ambassade russe. Chez celle-ci semble toujours prévaloir l'idée que, malgré le refus des propositions Budberg-Orloff (1) et en dépit de l'attitude de notre presse, la Russie est et restera en meilleurs rapports avec nous qu'avec l'Autriche. Je ne sais pas jusqu'à quel point cette pensée est légitimée par les avis reçus de Saint-Pétersbourg; en tout cas, la manière d'agir de Budberg et de Benkendorf (2) ne la confirment pas. Je serais heureux qu'elle fût exacte, car à mon avis, il n'y a point de motifs pour élargir à dessein l'abîme qui nous sépare de la Russie et que la diversité des intérêts a creusé involontairement entre nous. Personne ne peut prévoir la durée de la répartition actuelle des forces belligérantes; car l'Angleterre est sur la terre ferme, et l'Autriche, partout, une faible alliée.

M. de Bulow m'a confié que M. de Prokesch l'a, à plusieurs reprises, jusqu'à il y a environ huit jours, pressé de pousser le gouvernement danois à communiquer à la Diète sa déclaration de neutralité (3); mais récemment il le pria d'attendre encore, vu que les grandes puissances se proposaient de faire des déclarations de ce genre, quoique non collectives, et que le Danemark pourrait s'y rallier.

(1) Baron de Budberg, ambassadeur de Russie à Berlin.
(2) Comte de Benkendorf, général russe et diplomate, attaché militaire de Russie à Berlin.
(3) Les gouvernements de la Suède et du Danemark avaient adressé à la Prusse à la date du 29 décembre 1853 une déclaration commune de neutralité pour le cas d'une guerre maritime.

M. de Bulow m'assura que le Danemark ne fera de semblable démarche que d'accord avec la Prusse. La Bavière et la Saxe ne paraissent pas avoir renoncé encore à une déclaration solidaire de la Confédération. Si ces États réussissaient à soustraire la question d'Orient à la décision de chacune des grandes puissances de l'Allemagne et à la faire traiter par le faisceau « Autriche, Prusse et Allemagne » ils en retireraient l'avantage formel de faire compter dans la politique européenne les sept voix des États moyens sept fois plus que celle de la Prusse; mais le gain matériel en reviendrait à l'Autriche seule; celle-ci alors s'avancerait sur le Danube au nom de l'Europe centrale et ferait sonner derrière sa caducité les thalers de la Prusse et les bayonnettes de l'Allemagne, pour servir ses propres fins. La possession de la présidence et l'avantage de sa position géographique lui assureraient la liberté des mouvements et l'initiative de la direction, tandis que les autres membres de la Confédération auraient les mains liées. Nous pourrions accepter la solidarité à de bonnes conditions, soit avec l'Autriche, soit avec les autres États de la Confédération, mais pas avec tous à la fois.

Mes collègues les gothaïsants vont si loin qu'ils n'excluent pas des projets éventuels de la Prusse la reconstitution de la Pologne. Ces messieurs ne connaissent pas la Pologne; ils ne savent pas qu'une Pologne indépendante ne cesserait d'être l'ennemie de la Prusse que si, pour la former, nous rendions des pays sans lesquels nous ne pourrions pas exister nous-mêmes, par exemple la basse Vistule, la Posnanie entière et tout ce qui parle le polonais en Silésie.

Quant à Bade, je proposerai à Votre Excellence

d'obtenir par M. de Savigny que le gouvernement badois s'il veut envoyer Leiningen (1) à Rome malgré les avances réitérées, maintienne au moins strictement l'*accusation* contre l'archevêque, et n'aille pas chercher à renouer les anciennes négociations. M. de Rüdt me l'a promis, mais il n'avait pas l'air de vouloir tenir sa promesse. A Nassau, on est très correct sous ce rapport (2). Cependant, pour le moment, Bade a l'air de renoncer à la mission du comte Leiningen. »

LXXIII

Bruit d'une alliance entre l'Autriche et la France. — Armement de la France. — « Le Journal de Francfort ».

26 février 1854.

Je remercie Votre Excellence de m'avoir communiqué l'importante dépêche qui m'est arrivée, avant hier soir par le télégraphe (3). Cette nouvelle m'a été confirmée par ce que m'a dit M. de Tallenay qu'à

---

(1) Comte de Leiningen, maréchal de la cour du prince-régent de Bade.

(2) Pour le conflit de Nassau, voir vol. 1 de la *Correspondance diplomatique* (Plon, Paris).

(3) Ce télégramme chiffré disait : « L'Autriche veut fixer un délai à la Russie pour l'évacuation des Principautés danubiennes, sinon faire la guerre. On nous demandera la mobilisation de nos corps d'armée. Cette nouvelle est secrète, mais vraie. »

Paris on comptait sur une part active de l'Autriche à la guerre et que l'on paraissait attendre de nous un appui moral et démonstratif. M. de Savigny m'écrit aujourd'hui que plusieurs dépêches télégraphiques entre Vienne et Paris ont passé hier par Carlsruhe et que « autant qu'on a pu les comprendre », elles indiquaient l'entente entre l'Autriche et la France. Le baron de Prokesch avait aussi une lettre de Hubner (1) arrivée par la poste et par suite ne contenant que des termes généraux. Elle indique que l'évolution de la politique autrichienne qui se préparait dans ces derniers temps était désormais accomplie et entrait dans la période d'action. Lorsqu'il me l'eut dit, je ne crus pas devoir lui cacher que, « d'après des renseignements privés dignes de croyance », j'étais à peu près sûr que son gouvernement ne tarderait pas à inviter la Russie à l'évacuation des Principautés sous menace de guerre. D'abord il ne crut pas la chose vraisemblable, parce que l'Autriche était trop faible et que, si elle avait eu de telles intentions, elle aurait fait depuis longtemps d'autres armements que d'envoyer trente ou cinquante mille hommes dans le Banat. Mais, après avoir lu quelques lettres et avoir notamment comparé à plusieurs reprises les derniers articles des journaux de Vienne, il se mit à craindre que j'eusse pourtant raison. L'impression que cette conviction fit sur lui me prouva que jusqu'à cette époque il avait refusé à y croire. Il fut indisposé et depuis lors il est profondément abattu. Au cours de la conversation, il expliqua à sa façon habituelle ce qu'il ferait, s'il était en ce moment ministre en Prusse; il se mettrait sur un aussi bon pied que possible avec l'Autriche et les puissances occidentales, tout en évi-

(1) Baron de Hubner, ambassadeur d'Autriche à Paris.

tant de faire la guerre contre la Russie ; *qu'en tout cas il négocierait sans tarder avec l'Autriche* afin d'obtenir pour la Prusse une délimitation plus avantageuse de l'action des deux puissances en Allemagne. Comme développement à ses vues et pour me montrer combien on y était accessible à Vienne, il me lut l'article ci-joint du *Lloyd*, en accentuant particulièrement les places marquées d'un trait, et en faisant valoir que le *Lloyd* et *Warrens* étaient évidemment bien informés grâce au *changement* de système de l'Autriche. Dès l'arrivée des premières nouvelles inquiétantes de la Serbie, il y a quinze jours environ, il m'avait parlé dans le même sens ; il me rappela encore cette circonstance que l'Autriche en 1849 nous avait déjà proposé l'hégémonie sur l'Allemagne du Nord et qu'il déplorait fort que le comte Brandenbourg (1) ne s'y fût point prêté.

Je me trouve dans la situation extraordinaire d'être pour cette fois d'accord avec mon collègue d'Autriche sur la politique de la Prusse. Je voudrais seulement ajouter encore que nous devrions accepter, *utiliser* l'invitation « à mobiliser un corps d'armée » ; nous aurions ainsi sans éveiller les soupçons l'occasion d'armer ; sans cela nous nous mettrions dans une situation dangereuse par rapport aux autres grandes puissances et, au moment nécessaire, nous ne serions pas *in promptu*. Mais il ne faudrait pas nous montrer trop sincère vis-à-vis de l'Autriche avant d'avoir la conviction que la nécessité l'a fait *réellement* penser, comme Prokesch s'efforce de l'insinuer, et que la France et l'Angleterre ne feront pas opposition, ou ne poseront pas des conditions impos-

---

(1) Ancien président du ministère de Prusse, mort le 6 novembre 1858.

sibles ; avant d'avoir cette certitude, je n'enlèverais pas tout espoir à la Russie. Aussi nous pourrions commencer des négociations avec Vienne simplement pour tâter le terrain.

Il est arrivé de France une circulaire qui exprime ouvertement un blâme sur le ministre de Beust et sur ses tentatives pour relâcher la discipline des Etats moyens à l'égard des grandes puissances.

Je ne l'ai pas encore lue.

Lorsque la résolution de l'Autriche sera connue, je suppose qu'au premier moment elle produira une hausse à la Bourse et facilitera au cabinet de Vienne l'émission d'un emprunt. Les boursiers d'ici comptent la participation de l'Autriche parmi les éventualités qui rendront la guerre plus courte ou contribueraient même au maintien de la paix. Ces messieurs ont le tempérament plus sanguin que moi. Les Russes sont trop fiers pour faire amende honorable, et l'Angleterre a dépensé trop d'argent à ses armements pour ne pas les utiliser, surtout à un moment aussi favorable; les conditions de paix qu'elle poserait actuellement seraient inacceptables.

Des lettres privées arrivées de France sont pleines de renseignements sur des marches de troupes et des transports d'artillerie, ces derniers surtout dans la direction de Metz. Il y est dit également qu'on mobilise une partie de la garde nationale. Le feld-maréchal lieutenant Mertens (1), à Mayence, qui paraît avoir plusieurs correspondants dans les provinces en-deçà de Paris dit que, d'après ses renseignements, les préparatifs dépassent en tout cas la portée d'une expédition navale. Peut-être verrons-

---

(1) Baron de Mertens, sous-gouverneur de la forteresse fédérale de Mayence.

nous bientôt marcher des troupes françaises vers la Hongrie.

P.-S. — Un fait caractéristique vient d'arriver à ma connaissance : il y a environ dix jours, le *Journal de Francfort* publiait un article violent contre les États moyens et leurs efforts pour renouveler la coalition de Darmstadt. On les rappelait avec une hautaine grossièreté au sentiment de leur nullité. Cet article était publié comme *communiqué* et daté de Vienne. J'apprends maintenant de la rédaction que cette correspondance était arrivée directement du ministère de l'intérieur (Baer), mais avec prière de la dater de Berlin, et de faire croire ainsi que cette sortie venait de notre ministère. La rédaction n'a pas obéi à cette consigne, parce qu'elle craignait les réclamations de Berlin. Le *Journal de Francfort* sera bientôt obligé de choisir entre la subvention autrichienne ou la subvention russe. Coup dur pour M. de Vrints. (1)

LXXIV

La *Gazette nationale* influencée par l'Autriche. — L'opinion publique hostile à la Russie. — Révélation du plan de mobilisation de la Prusse.

28 février 1854.

Dans ces derniers temps la *Gazette nationale* semble être dominée par des influences autrichiennes. Elle appuie notamment la manœuvre des agents

(1) Propriétaire du *Journal de Francfort*, mari d'une sœur du comte de Buol.

autrichiens qui tend à nous forcer par la pression de l'opinion publique, à soutenir la politique viennoise d'une façon peu coûteuse pour l'Autriche. On s'explique qu'aux bords du Danube on préfère nous voir prendre de telles résolutions volontairement et gratis, plutôt que d'être obligé de nous gagner par des concessions. Cette tendance est malheureusement favorisée par l'opinion publique. Par une mauvaise humeur instinctive contre la Russie on applaudit aux démarches qui lui sont hostiles, quand même il est à prévoir que, loin de nous rapporter, elles nous coûteraient beaucoup de sacrifices.

Je me permets de soumettre à l'appréciation de Votre Excellence, la question suivante : Ne pourrait-on pas recommander au bureau central de la presse d'arrêter cette action sur l'opinion publique, de faire ressortir les intérêts particuliers de l'Autriche dans les pays slaves du sud en les comparant aux intérêts allemands, de le faire du moins provisoirement, et sans devenir hostile à Vienne. Il me semble que jusqu'à ce jour la presse officieuse a plutôt favorisé les tendances de l'Autriche, ce qui pourrait enlever un peu du mérite de la spontanéité à nos futures résolutions en sa faveur. Si, pour suivre le conseil de la *Gazette nationale*, nous allions jusqu'à prendre les devants sur le cabinet de Vienne par des déclarations contre la Russie, de toute notre belle situation, si féconde en espérances, nous ne tirerions d'autre avantage que des *mots* de reconnaissance ; et, plus tard, nous serions en butte aux critiques de cette même opinion publique, pleine d'enthousiasme pour notre résolution première.

Je voudrais soumettre à la connaissance de Votre Excellence un autre grief contre un grand nombre de nos correspondances officieuses. Il concerne cette histoire publiée avec tant de fracas sur la révélation prétendue ou réelle de notre plan de mobilisation. Si la chose est fondée, il faudrait laver ce linge sale autant que possible en famille; la façon dont on discute le fait nuit certainement à notre considération en Allemagne et excite le soupçon d'une décomposition illimitée dans nos plus hautes sphères. Les dernières correspondances de Berlin, parues dans des feuilles amies, se répètent toutes, et vont jusqu'à parler d'un document d'une importance exceptionnelle dont, pour ce motif, il n'existe que trois exemplaires, entre les mains de Sa Majesté le roi, de S. A. R. le prince de Prusse et du ministre de la guerre. Aussi les suppositions sur la révélation de ce document à l'étranger se bornent à des possibilités qui, aux yeux du grand public, ne trouvent leur explication que dans des dissentiments politiques dans les régions du ministère.

LXXV

Conclusion de l'alliance entre l'Autriche et la Prusse. — Mission du duc de Cambridge à Vienne. — Rapports entre la France et la Russie.

21 avril 1854.

Dans les dernières semaines je n'ai pas eu grand chose à raconter à Votre Excellence, parce que tout le monde, immobilisé dans l'attente, tournait les yeux vers Berlin, les résultats des négociations devant déterminer l'attitude de chacun. Je profite pourtant du voyage du comte Waldersée pour vous adresser mes compliments sur le traité conclu hier (1) et vous remercier de me l'avoir annoncé par le télégraphe. Je n'ai encore aucune idée de la portée et du contenu spécial de la convention. Elle aura d'autant plus l'approbation des gouvernements allemands qu'elle stipulera plus de garanties contre l'esprit belliqueux de Vienne. C'est dans ce sens que parlent mes collègues, y compris M. de Prokesch. Ce dernier redoute évidemment les conséquences les plus désastreuses pour l'Autriche d'une guerre contre la Russie. Ce n'est certainement pas l'amour des Russes qui le pousse à plaider la paix, et à dire à nos officiers que l'Autriche nous devait de la reconnaissance pour l'avoir empêchée d'adhérer à la convention de mars.

Il m'a parlé aujourd'hui du rappel de Hubner à Vienne; officiellement c'est pour qu'il assiste au mariage (2). Mais aucun autre ambassadeur impérial n'a reçu une invitation de ce genre ; le comte Thun, qui avait exprimé le désir d'y assister, a essuyé un refus. Il est probable, ajouta Prokesch, qu'on a trouvé son attitude trop partiale pour les puissances occidentales, peut-être s'est-il trop avancé lui-même, et désire-t-on son éloignement temporaire de Paris, afin de pouvoir mieux l'instruire des vues du cabinet.

Dans la question du règlement, mon collègue autrichien montre, depuis une semaine, à l'égard de tous les membres de la commission, une condescendance inattendue. Après avoir, quelques jours auparavant, ajouté aux pièces un mémoire d'une grossière polémique sur nos propositions, il l'a retiré

---

(1) Voyez vol. II de la *Correspondance diplomatique* (Plon, Paris).

(2) De l'empereur François-Joseph avec Elisabeth de Bavière.

de son propre mouvement. Depuis mon dernier rapport, il m'a fait la gracieuseté de quelques concessions d'un ordre inférieur, tandis qu'avant il coupait court d'un ton renfrogné à toute discussion sur ce sujet. Il m'a déclaré encore, de son propre mouvement, qu'il chercherait à faire passer, dès la séance prochaine, la proposition de la commission.

Sir A. Malet m'a dit aujourd'hui qu'il avait fait hier le voyage de Darmstadt ici avec le duc de Cambridge (1). Celui-ci lui a dit que son voyage à Vienne avait été inspiré par l'empereur des Français, qu'on n'en avait pas eu l'idée à Londres, et qu'il en avait demandé et reçu l'autorisation par télégraphe, fort peu de temps avant son départ.

Le ministre anglais me confia en outre que le changement de l'ambassadeur de Prusse à Londres serait, à ses yeux et, selon lui, aux yeux du ministère anglais, une mesure profitable à nos rapports avec l'Angleterre. Bunsen a été trop « l'âme damnée » du prince Albert (2).

On dit que les ministres français en Allemagne ont reçu de Paris une circulaire sur les prétendues ouvertures faites à la France par le prince Gortschakoff. M. de Tallenay n'a rien reçu de ce genre, ou bien il n'a pas jugé à propos de le produire.

On me raconte, à la légation russe, que l'Empereur défend de faire des « révélations », et que c'est au contraire le prince Napoléon qui a fait des offres au prince Gortschakoff; celui-ci en fit part à Saint-Pétersbourg, la réponse se fit attendre six semaines, et fut exprimée en termes vagues et généraux. De là un revirement sensible dans l'attitude du cabinet de Paris. Je ne puis pas croire que du côté russe on se soit

---

(1) Général en chef de l'armée anglaise.
(2) Prince-consort de la reine d'Angleterre.

servi du prince Gortschakoff pour faire des ouvertures de ce genre, car on avait des intermédiaires susceptibles d'éveiller beaucoup moins l'attention.

LXXVI

La convention d'avril entre la Prusse et l'Autriche.

25 avril 1854.

Je reviens à l'instant des fêtes que les officiers autrichiens nous ont données à Mayence en l'honneur du mariage de l'Empereur parce que Prokesch continue sous ce rapport son système de parcimonie ; aussi l'heure trop avancée m'oblige-t-elle à remettre à demain l'envoi du rapport demandé, et je me contente de vous envoyer aujourd'hui mes compliments sur la convention du 20. Si l' « accord » intervenu ne nous impose pas d'obligations plus précises, l'alliance du 20 est en substance un *pactum de contrahendo* qui nous donne l'avantage d'enlever à l'Autriche tout prétexte de hâter les choses et de prendre des décisions à la légère ; ce pacte nous accorde aussi du temps pour continuer à observer la marche des événements, et par le « d'accord avec l'autre » dans l'article II, nous tenons toujours le gouvernail.

Si Votre Excellence me permet de formuler le but que j'entrevois à mon point de vue restreint, je dirai : 1° Il faut par tous les moyens éviter de partir en guerre contre la Russie, parce qu'au premier coup de canon de la Prusse contre les Russes, nous dépendrions des chances d'une entente entre Paris et

Saint-Pétersbourg ; 2° il faut maintenir le faisceau des États prussiens, autrichiens et allemands à des conditions qui nous assurent au moins un *veto efficace* dans la politique commune. Le traité du 20, dans les six articles que j'ai sous les yeux offre un excellent point d'appui pour ce système, à condition que nous en maintenions résolument dès le début l'interprétation dans notre sens. La majorité des gouvernements allemands nous soutiendra de fait, sans avoir d'ailleurs l'intention de mettre la décision dans les mains de la Prusse. En tout cas ils constitueront un excellent sabot pour enrayer les idées belliqueuses prématurées de l'Autriche. C'est dans ce sens que se sont exprimés au bal d'hier à Mayence le duc de Nassau, le grand-duc de Hesse, le prince Émile et le ministre Hassenpflug, qui donnent au moins le niveau barométrique des États de la coalition.

En nous chargeant du soin de soumettre le traité à la Diète, l'Autriche nous a confié un rôle secondaire et ingrat ; cela nous montre que nous ne devons pas nous fier plus qu'auparavant à l'équité et aux bonnes dispositions de notre allié. D'après le dire du délégué de la Bavière, je puis admettre que les États moyens, en entrant dans l'alliance, se réserveront également, comme nous dans l'article II, « l'entente » et la constatation de leur « accord », avant de se déclarer prêts à suivre l'Autriche « dans l'action ».

Si l'Autriche ne se laisse pas retenir par nous sur la voie d'une politique réfléchie, je suis convaincu qu'elle se trouvera bientôt dans des passes, où elle aura un besoin beaucoup plus pressant de l'exécution énergique et bienveillante des stipulations existantes entre nous, et qu'alors elle attribuera une importance bien plus considérable à l'exécution, qu'actuellement à la signature des clauses. En ce cas je redouterais la magnanimité de Sa Majesté à l'égard d'un allié qui montre si peu de réciprocité beaucoup plus que les événements extérieurs.

LXXVII

Entrevue des souverains à Tetschen. — La question d'Orient. — Excitations ultramontaines. — M. de Sydow et la presse. — Le congrès des princes allemands. — Les bons du trésor prussien.

16 juin 1854.

J'ai reçu hier la lettre datée de Tetschen du 9 courant. J'aurais déjà répondu à Votre Excellence si je n'avais pas craint de me fourvoyer avec mes expectorations dans l'obscurité d'une situation qui m'est absolument inconnue, et de me heurter avec mes raisonnements tardifs à la borne d'un *fait accompli*. Je ne vois pas encore bien clair dans les événements de Tetschen; cependant la conception du comte Buol que Votre Excellence me communiqua, m'induit en trop forte tentation de l'examiner, en vous demandant votre indulgence.

Même en la considérant au point de vue de Vienne exclusivement, je tiens la politique du comte Buol pour fausse. Je crois en effet que tôt ou tard l'Autriche sera obligée de s'entendre à l'amiable avec la Russie sur les destinées de la Turquie. Un moment aussi favorable que l'embarras actuel de la Russie ne se retrouvera pas de si tôt. Toute concession arrachée aux Russes par l'Autriche forcera la

Russie à attendre le moment où elle pourra prendre sa revanche, comme alliée d'un ennemi de l'Autriche. Ce moment viendra, car l'Autriche a trop d'intérêts litigieux, en Allemagne, contre nous, à Milan, Rome et Naples, contre la France, et dans son propre sein contre ses propres sujets. Un amoindrissement de la Russie, qui la rendrait impuissante à se venger, ne serait possible que par la reconstitution complète de la Pologne, et encore ce n'est pas sûr. Cette mesure, qu'elle soit ou non possible pour nous, donnerait à la France une prépondérance bien plus dangereuse que celle de la Russie en ce moment. De plus il est difficile de croire que les avantages à tirer de l'Orient ne profitent pas plus à l'Angleterre qu'à l'Autriche. Pour cette dernière, la mer Adriatique est bien plus importante que le Danube. Prokesch, qui connaît la question à fond, dit lui-même que le commerce, de Vienne aux bouches du Danube, se fait plutôt par Trieste et le Bosphore que par le Danube. Pour tous les intérêts allemands engagés dans ce commerce, l'accroissement de l'autocratie anglaise sur mer est plus dangereux que tous les cosaques. La prépondérance européenne de la Russie dans ce dernier quart de siècle reposait évidemment plus sur la crainte inspirée aux princes par la révolution que sur la force matérielle que la Russie est en état d'exercer en dehors de ses frontières. L'expédition de Turquie actuelle fournit un nouvel argument à l'appui de cette thèse. La Prusse elle-même, isolée, a plus de chances de se défendre contre l'armée russe, que contre les violences anglaises sur mer. Or, on ne saurait admettre que l'Angleterre soit plus délicate et plus scrupuleuse que d'autres dans l'emploi de sa puissance, là où il s'agit de favoriser ses intérêts ; elle abuserait si, par l'anéantissement de la Russie en tant que puissance navale, la prépondérance de la marine anglaise était établie pour longtemps, même sur une coalition de toutes les autres puissances.

Ce n'est d'ailleurs pas mon affaire de critiquer la politique de l'Autriche en parlant au point de vue d'un autrichien, ni de démêler quelle part il faut attribuer à la jeunesse de l'Empereur, à l'aiguillon de la rivalité militaire, à l'irascibilité bornée du comte Buol, aux intérêts politiques et commerciaux de quelques personnages influents, dont la situation — Bach, Hubner, Bruck (1) — dépend d'une politique anti-russe, ou la fortune de sociétés puissantes.

Il y a encore une autre question : faisons-nous bien de nous livrer à cette politique autrichienne? Le comte Buol considère cette question comme irrévocablement résolue, ne serait-ce qu'à cause de la simple menace de l'Autriche de s'allier, dans le cas contraire, aux puissances maritimes. A mes yeux, c'est une menace en l'air, et pour être sûr qu'elle ne sera pas exécutée, nous n'aurions même pas besoin de faire entrevoir que nous pourrions bien, le cas échéant, de concert avec les autres États de l'Allemagne, intervenir les armes à la main. La seule perspective de dépendre de la France dans la conduite de la guerre et la conclusion de la paix empêcherait l'Autriche de faire ces démarches. Personne ne veut me croire quand j'essaye de montrer qu'une éventualité de ce genre pourrait être favorable à la politique de Bamberg (2). La menace du

---

(1) Baron de Bruck, ministre des finances en Autriche.

(2) Le 25 mai, sur l'invitation de la Bavière et de la Saxe, le Hanovre, les deux Hesses et Nassau se réunirent en conférence à Bamberg, pour établir les conditions de leur accession à l'alliance d'avril. Voir vol. II de la *Correspondance diplomatique* (Plon, Paris).

comte Buol fût-elle même sérieuse, nous aurions bien des choses à y répondre. Le chemin de Londres et de Paris nous est ouvert également ; ayant moins besoin de secours et moins intérêt à contrecarrer les plans des puissances occidentales, nous y trouverions peut-être comme alliés contre la Russie un meilleur accueil que l'Autriche. D'ailleurs il est plus avantageux pour nous d'être alliés avec les puissances maritimes directement et *in our own right* que par l'intermédiaire de l'Autriche. Des arguments de ce genre, à ce que je crois, ne manqueraient pas leur effet, si le cabinet de Vienne persistait dans ses tentatives d'interprétation unilatérale et arbitraire de la convention.

Mes collègues semblent désorientés et inquiets au sujet du but de la politique viennoise. Tantôt ils croient qu'on a l'intention de se rapprocher de la Russie après l'évacuation des Principautés, tantôt ils s'imaginent qu'on veut exploiter les forces de la Prusse et de la Confédération pour la conquête des Principautés danubiennes ou pour la réalisation de plans plus vastes. Il est certain que ces idées, aussi hostiles à la Prusse qu'au panslavisme, trouvent des défenseurs parmi les Autrichiens.

En tout cas, je tiens que c'est un gain pour nous que de voir ainsi dissoute, pour longtemps, il faut l'espérer, cette coalition de la Russie, de l'Autriche et des États moyens que nous rencontrions partout dans ces dernières années sur les chemins de la politique allemande. Entre les deux premières puissances je crois que c'est un fait acquis. Quant aux États moyens, on cherche visiblement à Vienne à consolider des rapports qui se sont relâchés à Bamberg. Au début on avait expédié une circulaire de blâme aux Cours réunies à Bamberg, et malheureusement (1) notre presse officieuse, surtout la Correspondance de Prusse, se montra disposée à se faire l'organe de ce ressentiment. Maintenant paraissent par ordre dans le « Lloyd » la « Gazette de la Poste » et *tutti quanti* des articles inspirés, qui font la cour aux Bambergeois, et parlent avec une noble indignation « des mensonges et insinuations calomnieuses » systématiquement répandus contre les États moyens « surtout par des plumes berlinoises ». C'est là-dessus que se fonde le reproche d'un de mes collègues, délégué d'un État moyen :

« Vous vous plaignez de notre attitude envers vous ; mais dès que des divergences se produisent entre les deux grandes puissances et que nous voulons marcher avec la Prusse, vous devenez encore plus noir et jaune que l'Autriche, et vous tombez sur nous dans son intérêt. » Je répondis que dans le cas présent aucune divergence n'existait entre Berlin et Vienne. Il répliqua : « Fort bien, si la Prusse est satisfaite que la politique de l'Autriche passe pour la seule politique allemande, nous n'avons rien à y redire. » Je cite ces paroles comme symptomatiques. On soupçonne à Bamberg que notre entente avec l'Autriche a été le résultat de conventions secrètes au détriment des autres gouvernements de la Confédération.

L'attitude des ambassadeurs anglais et français est d'ailleurs plutôt froide et méfiante à l'égard de l'Autriche. Dans les vues du comte Buol il y a une contradiction ; il craint, d'une part, que les puissances occidentales ne se fatiguent de conti-

---

(1) M. de Bismarck conseilla dès le début de s'abstenir de toute censure contre les agissements des États moyens. Voir vol. II, *Corr. Diplom.* (Plon, Paris).

nuer la guerre sans l'Allemagne et, d'autre part, que l'année prochaine elles ne veuillent plus conclure la paix sans l'amoindrissement de la Russie, malgré l'opposition de l'Autriche. Buol nomme les États moyens les hospodars de la Russie. Du moment qu'ils ne marchent pas docilement avec l'Autriche, il leur trouverait toujours un nom identique, soit princes de la Confédération du Rhin, soit vassaux de la Prusse. La faute en est plutôt à l'égoïsme de l'Autriche, enfant gâté de la fortune ; elle n'a que trop souvent, depuis des siècles, réussi à faire passer en contrebande ses intérêts domestiques pour intérêts allemands ; dans le cas qui nous occupe, la faute en est aussi à ses armements prématurés. Quoi qu'il arrive, l'Autriche a intérêt à attendre une participation plus forte des puissances occidentales avant de porter les premiers coups. Mais ces dernières savent aussi bien que le comte Buol que l'Autriche ne saurait maintenir longtemps ses armements actuels, qu'elle est obligée de les utiliser sans plus tarder, ou de remettre l'épée au fourreau. Aussi l'intérêt des grandes puissances maritimes est-il d'attendre des avances.

Je puis admettre, surtout d'après le numéro d'aujourd'hui de la Correspondance de Prusse, que la voie à suivre désormais dans l'affaire du traité a été fixée ; je ne serais pas surpris que les grandes puisances remissent simplement le traité à la Diète, dont l'accession immédiate n'est plus à espérer. Le pis qui puisse arriver au traité, ce serait de traîner dans les commissions, jusqu'à ce que les événements, et non plus les scrutins, déterminent l'attitude des gouvernements fédéraux. La commission (1) nommée à la suite du dépôt des propositions du 24,

---

(1) Voir vol. II. *Corr. Diplom.* (Plon, Paris.)

ne s'est pas encore réunie. Le rapporteur, M. de Schrenck (1), attend, comme il dit, les décisions prises à Tetschen sur la destinée des Bambergeois. Si Pfordten exulte à cause de ses succès, son représentant d'ici ne partage nullement son sentiment; il est modeste, presque humble ; en général, Munich ne semble pas avoir le vertige de la souveraineté autant que Dresde et Hanovre, quoique je n'aie pas lieu de me plaindre de ces délégués, mes collègues.

La presse autrichienne est toujours aussi présomptueuse que par le passé ; elle ne parle de nous qu'avec ces mots « en société de l'Autriche » ou « avec l'adhésion la plus complète à l'auguste politique de la maison impériale ».

On soutient aussi très vivement les menées ultramontaines. Un mauvais élément sur ce terrain, c'est le baron de Bursian (2). J'ai été surpris, il y a quelques mois, de le voir à la table du roi à Charlottenbourg, où il avait été introduit comme agent de la princesse d'Ysenbourg, qui travaille contre nous. Il est correspondant de toutes les feuilles ultramontaines. On dit que la princesse se propose de faire catholique son fils encore mineur, et de faire valoir ses sentiments maternels pour s'assurer la protection de Sa Majesté vis-à-vis du conseil de tutelle.

L'attitude de M. de Sydow (3) vis-à-vis de la presse, me montre qu'il se fait illusion sur les dangers des tendances ultramontaines. Cela m'explique son intervention contre le « Mercure Souabe » et les relations plus étroites qu'il cherche à nouer avec « le journal ultramontain du peuple (Deutsches Volksblatt) de Stuttgart.

---

(1) Baron de Schrenk, délégué de Bavière.
(2) Secrétaire de légation de Nassau.
(3) Ministre de Prusse à Berne.

Votre Excellence me pardonnera cette longue dissertation et l'accueillera avec bienveillance comme une effusion de cœur, en considérant que tout Prussien ayant occupé quelque temps ma position actuelle s'habitue à considérer toutes les questions politiques par les lunettes de la rivalité austro-prussienne. La crainte de voir Vienne abuser de notre bonté m'enlève peut-être l'impartialité dans les questions d'une certaine importance.

On se raconte ici (je le tiens de source hanovrienne) qu'à Tetschen, on a décidé la convocation d'un congrès des princes allemands. Je rapporte la chose sans y croire.

Nos bons du trésor sont ici toujours au cours de 1 florin 45 1/2 kreutzer pour le thaler. Le 3 1/2 0/0 de rentes sur l'État à 86 3/4. Je n'en parle que pour rendre Votre Excellence exigeante à l'égard de Rothschild, et pour pousser encore une fois à une émission de bons, au moins partielle. Toutes nos valeurs ne cessent d'avoir ici un cours de 1 à 3 0/0 plus élevé qu'à Berlin.

LXXVIII

Nouveau congrès des coalisés de Bamberg. — Congrès des souverains à Bruxelles. — Mission du colonel Kowalewski.

27 juin 1854.

J'ai fait demander il y a quelques jours déjà au bureau central de la presse, si on y avait connaissance d'un congrès projeté par les gouvernements représentés à Bamberg. J'ai reçu de source sûre les renseignements suivants que votre Excellence trouvera peut-être confirmés par des communications venues d'ailleurs. Les ministres réunis à Bamberg ont décidé, avant de se séparer, qu'aussitôt la réponse de la Prusse et de l'Autriche reçue, ils se réuniraient de nouveau, et à Francfort, dans le cas où il serait impossible de répondre simplement par oui ou par non. Le moment serait venu de le faire, mais on a renoncé à l'exécution de ce plan parce qu'on a acquis la conviction qu'on a dépassé le but à Bamberg. Il est visible qu'on ne s'attendait pas là-bas à trouver si peu d'écho à Berlin, et à être si décidément repoussé par Vienne. Grâce à cela et à l'éclatante manifestation de l'opinion publique, on a passé de la manie de souveraineté, favorisée par une longue période de paix, à des prétentions plus modestes. Plusieurs des États intéressés, en particulier Bade et Nassau et peut-être aussi le Hanovre et l'électorat de Hesse, ont déclaré de leur propre mouvement qu'ils ne voulaient pas prendre part à la conférence de Francfort. D'ailleurs, la discorde semble régner dans le camp des États moyens ; on n'entend que des reproches contre la fougue et la présomption de MM. de Beust et de Pfordten, par lesquels on s'était laissé entraîner à traiter les questions de politique européennes, au lieu de laisser à la Diète la décision sur la question d'adhésion.

J'apprends encore de bonne source qu'à Bamberg on a aussi parlé d'un congrès de Souverains qui se réunirait au mois d'août à Bruxelles pour arranger toute la question d'Orient ; cette proposition serait venue du roi Léopold, et le projet aurait les vives sympathies de la reine Victoria.

D'après les feuilles publiques, le colonel Kowalewski (1) qui a été ici quelques jours, avait mission

---

(1) Célèbre voyageur russe, négocia en 1851 le traité de Kuldscha entre la Russie et la Chine.

d'agir dans le sens russe sur les gouvernements des États moyens ; malgré mes efforts, je n'ai pas pu apprendre qu'il ait fait quelque chose de cette nature.

LXXIX

L'opinion en Russie. — Le choix d'un secrétaire d'État au ministère des affaires étrangères. — Voyage de l'impératrice Eugénie à Bade.

28 juin 1854.

Lorsque j'eus expédié ma lettre d'hier, je reçus la visite de M. de Glinka (1). Comme tous les Russes que j'ai vus dans ces derniers temps, il est plein d'une ardente animosité contre l'Autriche, et on lui a écrit qu'à Pétersbourg régnaient les mêmes dispositions, à un degré, dit-il, qui empêche de juger la situation avec calme. Quant à nous, on est assez juste pour avouer qu'on n'a pas mérité de reconnaissance de notre part, car la politique russe a pris parti contre nous et pour l'Autriche dans tous les litiges austro-prussiens des dernières années.

J'ai vu M. votre frère (2) il y a quelques jours à Hombourg. Il est gaillard et fait consciencieusement sa cure. Entre autres choses nous avons discuté le choix du secrétaire d'État des affaires étrangères.

(1) Représentant de la Russie à la Diète et aux Cours hessoises.
(2) Baron de Manteuffel, sous-secrétaire d'État au ministère de l'intérieur, plus tard chef du ministère de l'agriculture.

Le choix est déplorablement restreint. Après M. de Werther (1), le plus capable paraît être le comte de Seckendorff (2). Il a aussi été question de notre acquisition de Nassau, M. de Wintzingerode (3). Certainement « in actis », c'est un homme mesuré et qui aime l'ordre; je redouterais un peu sa grande pusillanimité.

Les bruits d'un voyage de l'impératrice Eugénie à Bade prennent de la consistance ici.

LXXX

La politique de l'Autriche en Orient. — Vues d'un bonapartiste sur la politique de l'avenir. — Discussion à la Diète.

11 juillet 1854.

De mes entretiens privés avec Prokesch, il résulte que, d'après lui, l'Autriche ne se contentera pas de l'exécution des mesures demandées dans la sommation. Il dit que les clauses du traité d'Andrinople (4) sont devenues insupportables à la longue, que tôt ou tard la guerre aurait pourtant éclaté à ce sujet entre l'Autriche et la Russie, que l'occasion actuelle était plus favorable que jamais pour arriver à supprimer les inconvénients du traité de 1829, et qu'il fallait profiter de cette occasion. Il faut obtenir, ajouta-t-il, la garantie de la liberté des bouches du Danube, l'ou-

---

(1) Baron de Werther, ministre de Prusse à Copenhague.
(2) Comte de Seckendorff, ministre de Prusse à Stuttgardt.
(3) Baron de Wintzingerode, ex-président du ministère d'État de Nassau.
(4) Comp. vol. II de la *Corr. diplom.* (Plon, Paris).

verture de la mer Noire, la suppression du protectorat russe sur les Principautés et la Serbie ; quant à la position future de ces pays vis-à-vis de la Porte, il ne dit pas son opinion à dessein. Personne ne doute ici que l'on considère à Vienne l'occupation des Principautés par des troupes autrichiennes comme un point d'attache pour resserrer les liens entre l'Autriche et les Principautés. L'opinion personnelle de Prokesch est que la Turquie ne peut être remplacée que par l'empire byzantin ; on créerait ainsi deux Églises grecques et on supprimerait l'ascendant de la Russie sur ses coreligionnaires en Orient.

En discutant l'accession de la Diète à l'alliance d'avril, mes collègues m'affirment à différentes reprises que le traité du 20 avril est annulé par le nouveau que l'Autriche vient de conclure avec la Turquie (1), et que cette nullité ressortira davantage encore au cours des négociations sur l'accession. Pour la liberté de nos résolutions, ce serait une circonstance favorable que l'Autriche s'engageât, sans nous consulter, dans des complications dont les conséquences n'auraient rien à faire avec l'alliance du 26. Je ne veux pas dire par là qu'il nous faudrait utiliser *nécessairement contre* l'Autriche cette liberté, mais on pourrait toujours s'en servir.

Un bonapartiste passablement initié, républicain converti, me disait avant-hier, après avoir bu force rasades : « La France gardera toujours dans le conflit européen la position la plus libre parmi toutes les grandes puissances, parce qu'aucun intérêt ne la pousse contre la Russie. Le véritable motif, c'est que l'Empereur a eu besoin d'une guerre. Une guerre

---

(1) Convention du 14 juin 1854 concernant l'entrée des troupes autrichiennes dans les Principautés danubiennes.

contre l'Allemagne appuyée alors par la Russie, eût été trop dangereuse ; une fois la Russie battue ou au moins isolée et offensée, le temps sera venu pour la France et la Prusse de penser en commun à leurs intérêts et à leur ambition. La véritable lutte n'éclatera que dans le congrès pour la paix, absolument comme elle aurait éclaté en 1814, si le retour d'Elbe n'avait pas uni les dissidents. » Cette manière de voir n'est pas neuve, et je la note seulement, parce que la commission n'en finit pas.

La Bavière et la Saxe se disputent depuis deux heures sur un cas juridique concernant l'exploitation des terrains militaires ; les propositions de clôture n'aboutissent pas.

M. votre frère m'a fait le plaisir de rester deux jours ici. En ce moment il voyage dans le duché de Bade. Je l'attends de nouveau après demain et lui remettrai la lettre de Votre Excellence arrivée aujourd'hui.

LXXXI

La question d'Orient. — M. de Prokesch et la presse.

19 juillet 1854

Votre Excellence m'a recommandé à différentes reprises d'éviter tout ce qui pourrait faire croire que l'accord entre les cabinets de Berlin et de Vienne n'est pas absolument complet. Aussi le baron de Proskesch ayant montré quelque méfiance à l'égard de notre politique, je n'ai pas cru pouvoir dissiper ses soupçons d'une façon plus énergique qu'en lui confiant que j'ai reçu l'ordre de prévenir toute apparence de différend, vu que, chez nous aussi bien qu'à Vienne, on est pénétré de la nécessité de l'union des États allemands entre eux et notamment avec l'Autriche.

Quelque temps après que je lui eus fait cette confidence, le *Moniteur* du 12 de ce mois contenait, dans l'article daté de Leipzig, 7 juillet, presque mot pour mot ce que j'avais dit au baron de Prokesch. Cette circonstance me confirme de nouveau dans la conviction que M. de Prokesch cherche jusque dans les feuilles françaises une satisfaction à son besoin d'écrire des articles de journaux. Il entretient une correspondance régulière et active avec M. de Hubner. Celui-ci est l'intermédiaire des relations avec la presse française qui reçoit depuis quelque temps de fréquentes communications provenant évidemment de gouvernements allemands. Dans le cas présent, je suis absolument sûr de mon fait, car je n'ai dit qu'à M. de Prokesch les paroles contenues dans cet article.

LXXXII

Je profite du voyage de M. de Reitzenstein (1) pour ajouter encore quelques mots à mon rapport immédiat d'aujourd'hui sur la question de l'accession. La séance de la commission vient de finir. Le rapport avait été rédigé par le délégué de la Bavière;

(1) Baron de Reitzenstein, lieutenant général, premier plénipotentiaire militaire de la Prusse à la commission militaire de la Confédération et commandant en chef de la garnison fédérale de Francfort.

il était court et approprié à la cause, à ce qu'il m'a semblé. La seule modification introduite au projet de décret, avec mon consentement et celui de M. de Prokesch, c'est l'insertion suivante à la fin des considérants :

« Y accéder sous la condition que S. M. le Roi de Prusse et S. M. l'Empereur d'Autriche rempliront les obligations acceptées par eux et énoncées dans l'article xi au moyen de toutes les forces dont ils disposent au dedans et au dehors de l'Allemagne (1) ».

Il nous sembla que la chose allait de soi en cas de guerre; les instructions de nos amis de Bamberg, même les toutes dernières, reçues par le télégraphe, insistaient expressément sur cette addition, tandis qu'elles renonçaient à l'addition qui se rapportait à la note du 16 de ce mois. Je n'attribue cette insistance qu'à la petite vanité de donner encore, au moins extérieurement, un léger coup de pinceau à la Bamberg, alors qu'une sérieuse protestation des grandes puissances n'était pas à prévoir.

Les causeries de M. de Prokesch confirment de plus en plus ce que j'ai dit souvent à Votre Excellence, l'Autriche cherche à ne pas discuter en commun avec la Prusse la réponse des Russes. Elle veut plutôt mettre en avant la conférence de Vienne et les puissances occidentales, pour être sûre de l'échec des ouvertures russes et d'une action des puissances occidentales sur nous, dans ce même sens.

La discussion au sein de la Commission trahissait l'intention de feindre qu'on croyait à la conclusion effective d'une quadruple alliance, qui ne pourrait agir en commun que contre la Russie.

(1) Voir aussi vol. ii, *Correspondance diplomatique*, (Plon, Paris).

Nulle part, et surtout à Vienne, on ne saurait douter que l'Ouest, l'Angleterre du moins, repoussera les concessions de la Russie, comme insuffisantes. Or, si l'Autriche en appelle aux puissances maritimes et à leur vote dans la Conférence, c'est un simple refus de sa part.

L'alliance du 20 avril doit avoir pour résultat d'assurer à l'Allemagne une politique indépendante de l'Ouest ; sinon, nous aurions mieux fait de nous entendre directement avec Paris et Londres ; car nous formerions avec le reste de l'Allemagne les zéros derrière le *Un* de l'Autriche et cet *Un* lui-même, à la Conférence, ne sera que le troisième chiffre dans le nombre. En effet, les puissances occidentales n'attribuent évidemment aux membres allemands de la Confédération qu'une autorité limitée, tandis qu'elles-mêmes réclament pour leur part une indépendance de mouvement absolue.

J'ai lu avec un plaisir extrême l'article de la « Correspondance de Prusse » où les impudences de la presse anglaise sont prises à partie. D'ordinaire, on n'a pas grand'chose à lire dans cette feuille pour ses dix thalers par mois.

M. de Prokesch a dit également à plusieurs de mes collègues que l'Autriche devait profiter de l'occasion actuelle pour faire la guerre et se débarrasser des engagements pris à Andrinople. Soit, mais qu'est-ce que nous y gagnerons pour nos frais ?

P. S. — Est-ce que votre Excellence a lu la réponse de Beust à la grossière note anglaise (1) ? — Elle est très bien, et serait en tout cas encore meilleure, si la Saxe était plus grande.

---

(1) Le 21 juin 1854, lord Clarendon envoya au ministre d'Angleterre à Dresde une note sur les conférences de Bam-

berg. Il y exprimait tout d'abord son mécontentement sur le but de ces conférences qui était de faire obstacle, dans l'intérêt de la Russie, à l'alliance offensive et défensive de l'Autriche et de la Prusse. Lord Clarendon chargeait M. Forbes de dire au ministre Beust que la reine d'Angleterre, qui s'était toujours tant intéressée à la cour royale de Saxe, avait été douloureusement surprise en apprenant que cette Cour se faisait l'instrument d'intrigues russes et se prêtait aux menées révolutionnaires de la Russie. Lord Clarendon poursuivait ainsi : « Si en Allemagne on a craint que la guerre allumée en Europe par la Russie ne favorisât les visées du parti révolutionnaire, l'expérience a déjà prouvé que l'Autriche a anéanti ces plans en obéissant à l'opinion publique et en s'alliant aux puissances occidentales. Le parti révolutionnaire de tous les pays n'aurait été sûr de son triomphe, que si la Prusse et l'Autriche avaient fait cause commune avec la Russie. Dans ces circonstances, le gouvernement de Sa Majesté britannique ne peut que déplorer profondément que l'Autriche, en défendant les intérêts allemands sur ses frontières sud-est, ait récolté de l'ingratitude et rencontré des résistances en Allemagne. Si les princes allemands, faisait remarquer la dépêche en terminant, se sont plaints souvent de ce que les grandes puissances ne leur accordaient pas la somme d'égards due à leur position, la Conférence de Bamberg a fourni, pour le présent et l'avenir, la preuve désolante que les gouvernements représentés en cette ville n'ont eux-mêmes conscience ni de leur position, ni de leurs devoirs. »

La note de M. de Beust, adressée le 9 juillet 1854 au comte Vitzthum, ministre résident de la Saxe à Londres, résume d'abord le document anglais et ajoute les observations suivantes :

Le langage, que M. le comte de Clarendon a cru devoir nous tenir est tel qu'il fallait tous les égards que nous devons au gouvernement de S. M. britannique, pour nous décider à ne pas préférer le silence à une réponse. Cependant, afin de faire de cette dépêche l'objet d'un examen consciencieux, j'en ai demandé au ministre d'Angleterre une communication écrite. M. Forbes ne s'y est pas cru autorisé. Il me semble, que lorsqu'un gouvernement ne craint pas d'entrer dans de pareilles explications avec un gouvernement étranger, et qu'il va même, — ainsi que je l'ai appris depuis, car la dépêche a été communiquée ailleurs par les missions britanniques, — à donner à ses accusations du retentissement, il serait au moins juste de mettre le gouvernement à qui s'adressent des reproches aussi graves, en mesure de les peser mûrement et d'y opposer une défense raisonnée. J'ai dû me contenter d'une seconde lecture et d'imprimer le mieux possible dans ma mémoire les principaux passages de la pièce en question.

M. le comte de Clarendon se flatte que les États représentés à Bamberg recevront une réponse, qui sera proportionnée à leur intervention mal inspirée (« ill advised interference », vous voyez que par ma traduction je cherche à adoucir le mot). Cette réponse est aujourd'hui connue de tout le monde. Nous ignorons si le cabinet britannique en est satisfait, ainsi que nous l'espérons sincèrement; ce qui est bien certain, c'est qu'elle nous a satisfaits, et qu'il en résulte clairement que les deux grandes puissances allemandes n'ont trouvé dans la note que nous leur avions adressée aucun sujet d'y voir une intervention mal inspirée. Et cependant s'il y avait lieu à nous faire un pareil reproche, — M. le comte de Clarendon sera assez juste pour le reconnaître, — c'eût été bien plutôt aux cabinets de Vienne et de Berlin à nous l'adresser. Mais indépendamment du blâme que notre conduite paraît avoir encouru à Londres, j'ai quelque peine à m'expliquer ce qui a pu amener Lord Clarendon à y voir une intervention quelconque. La question que l'on appelle la question d'Orient, a été débattue à différentes reprises dans des conférences, auxquelles la Confédération germanique est restée étrangère, et je ne sache pas qu'aucun des gouvernements Allemands de second ordre se soit permis d'intervenir dans ces débats. C'est à la suite d'un traité conclu entre l'Autriche et la Prusse, et d'une invitation que ces deux puissances ont adressée aux autres États de l'Allemagne, que ceux-ci ont été mis en demeure de se prononcer sur une question fédérale. Il s'agissait donc de remplir à la fois un devoir et d'user d'un droit, dans l'exercice duquel nous ne saurions reconnaître à aucune puissance étrangère le pouvoir de nous imposer des limites, ni admettre une intervention, fût-elle la mieux inspirée.

Je ne puis passer ici sous silence que l'envoyé de France m'a également communiqué une dépêche de son gouvernement à la suite des conférences de Bamberg, et je me plais à constater que dans cette dépêche, portant le cachet d'une politesse exquise, M. Drouyn de Lhuys s'est abstenu de tout commentaire sur les résolutions de Bamberg et s'est borné à relever un seul point, savoir la faculté que nous avions revendiquée pour la Confédération d'être représentée dans les négociations ultérieures. C'est là une question que nous ne croyons pas douteuse, mais dont une discussion, même anticipée, devait nous paraître parfaitement convenable.

En repassant dans ma mémoire la suite de la dépêche de M. le comte Clarendon, j'arrive à des reproches qui s'adressent plutôt à la Russie qu'à nous-mêmes. Cette puissance est accusée d'avoir de tout temps semé la discorde en Allemagne et d'effrayer les gouvernements allemands par le fantôme de la révolution. Sans prétendre me faire l'avocat de la Russie, comme nous le reproche un autre passage de la dépêche, il m'est difficile de trouver la première de ces accusations tout à fait juste, en songeant à la manière dont la Russie est intervenue dans les affaires de l'Allemagne pendant les années où des complications intérieures menaçaient l'union et la paix de l'Allemagne et où tous les efforts du cabinet de Saint-Pétersbourg tendaient à aplanir les différends survenus entre les deux grandes puissances allemandes.

Quant à la révolution dont la Russie se servirait avec nous comme d'un épouvantail, personne mieux que moi n'a été à même d'en connaître la portée. Appelé aux affaires au commencement de l'année 1849, je m'assis en face du fantôme dont les formes se dessinaient très nettement autour de moi, et deux mois plus tard je le vis ensanglanter pendant six journées consécutives les rues de Dresde. J'ai appris alors comment il faut s'y prendre avec le spectre, et les souvenirs de cette époque m'autorisent à répondre à Lord Clarendon, qu'on peut très bien croire à l'existence du fantôme, sans être soupçonné de le redouter...

Il est vrai que Lord Clarendon dans la même dépêche nous fait observer, comment il n'y a rien à craindre de la révolution, aujourd'hui que l'Autriche est alliée avec l'Angleterre et la France. Je serai le premier à repousser les conclusions malveillantes que l'on pourrait tirer de cette combinaison, mais ce que je ne puis pas admettre non plus qu'avec une certaine réserve, c'est que la révolution soit désarmée, comme nous le dit également Lord Clarendon, par la politique populaire des grands cabinets; l'expérience des années 1848 et 1849 nous a laissé de trop graves leçons, pour ne pas nous méfier de cette déroute apparente des partis révolutionnaires en présence de l'initiative des gouvernements. Mais, suivant la dépêche de Lord Clarendon, c'est la Russie qui, après avoir prêché la crainte de la Révolution, s'est chargée de la patronner, de la faire elle-même, car déjà ses agents parcourent la Grèce et la Hongrie pour fomenter des troubles. Je n'ai pas de notions particulières sur ce qui se passe dans ces deux pays ; mais placé par la confiance du roi à la tête du ministère de l'Intérieur et de l'administration de la police, j'ai été à même d'observer les allées et venues des agents révolutionnaires en Allemagne, et je dois dire que le pays d'où ils nous venaient, n'était point la Russie, et que les passeports dont ils se trouvaient munis, n'étaient point des passeports russes. Il y a ensuite une considération dont je ne puis pas entièrement me défendre. S'il est vrai que c'est la

Russie qui patronne la révolution, comment se fait-il que les partis qui ont chance d'y gagner et qui y travaillent sourdement et ouvertement depuis des années, ne cessent de prêcher la guerre contre cette puissance ?

Qu'on me pardonne ces digressions ; je conviens qu'elles ont aussi peu de rapport avec la grande question du moment qu'il n'y en avait entre la note de Bamberg et notre prétendue peur de la révolution.

Malheureusement il me reste à répondre à des attaques infiniment plus directes et plus graves. Lord Clarendon nous accuse littéralement d'être aveuglés au point de ne pas comprendre, que dans une grande crise les petites jalousies doivent se taire, et de sacrifier les intérêts de l'Allemagne à des intrigues russes.

Je serais curieux de savoir ce qui a pu autoriser M. le comte de Clarendon à nous reprocher de petites jalousies et à expliquer notre manière d'envisager les intérêts de l'Allemagne, — matière dans laquelle, par parenthèse, nous croyons le dernier des gouvernements allemands meilleur juge que l'étranger, — par des intrigues dont nous serions ou dupes ou complices.

Lord Clarendon n'a pas jugé à propos de citer un seul fait ou acte à l'appui de pareilles suppositions, et en effet, il lui aurait été difficile d'en trouver. Une accusation lancée aussi légèrement rend toute défense inutile, nous ne pouvons que la regretter profondément.

Il en est de même du reproche qu'on nous adresse enfin d'avoir donné à l'Europe le spectacle de l'Allemagne désunie. Les faits mêmes y répondent mieux que ne le pourrait une défense éloquente. L'union de l'Allemagne n'a jamais été mieux assurée qu'elle ne l'est dans ce moment, et jamais le principe fédéral n'a fait de meilleures preuves. Les deux grandes puissances allemandes ont témoigné par leur déclaration du 16 Juin, combien elles tiennent à relever la constitution fédérale et à respecter la position indépendante des autres États confédérés, et ceux-ci à leur tour, en se ralliant aux deux puissances après un examen mûr et consciencieux de leurs propositions et avec l'intention bien marquée de placer le but de l'union allemande au-dessus de toute autre considération, ont rempli dignement leur tâche comme États indépendants et comme Confédérés.

Nous ne craignons donc point les souvenirs de Bamberg dont la dépêche de Lord Clarendon finit en quelque sorte par nous menacer. Nous n'avons jamais eu d'autre prétention que de faire un acte allemand ; ce n'est pas nous qui nous plaçons sur le terrain Européen. Si on nous y appelle, nous avons le ferme espoir, que le même esprit de justice et d'équité, qui a déjà dicté le jugement de l'Allemagne, prévaudra également dans les conseils de l'Europe.

Je terminerai par une dernière réflexion. Vous savez que la note de Bamberg fut concertée et adoptée par huit gouvernements allemands : d'après ce qui me revient, la dépêche que m'a communiquée M. Forbes, n'a été adressée qu'au gouvernement du roi seul. Je ne demande pas d'explications de ce fait. Ce qui précède vous prouvera, que nous ne reculons pas devant la responsabilité d'un acte dont nous sommes solidaires.

Vous savez, monsieur le comte, quel prix le gouvernement du roi attache à des sentiments bienveillants du gouvernement de la Reine, vous concevrez donc aisément, combien ces explications ont dû m'être pénibles; mais je suis certain qu'elles ne déplairont pas au cabinet de Sa Majesté britannique. Le gouvernement anglais, si jaloux de faire respecter partout le droit et d'empêcher qu'il n'y soit porté atteinte, ne voudra pas nous faire un crime de tenir au nôtre, et Lord Clarendon avec son esprit éclairé et impartial, loin de s'offenser de notre franchise, y verra l'empreinte de la vérité et regrettera j'en suis sûr, de nous avoir supposé des mobiles qui nous sont étrangers.

Vous donnerez lecture de cette dépêche à M. le comte de Clarendon et vous êtes autorisé à en donner copie, si elle vous était demandée. « Recevez, etc.

Signé : BEUST.

LXXXIII

Profit de l'Autriche dans la question d'Orient. — La réponse de la Russie. — Moyens d'empêcher la guerre entre l'Autriche et la Russie. — Invraisemblance d'un blocus anglais. — Voyage du roi de Prusse à Munich. — Désillusion de l'Autriche.

25 juillet 1854.

La lettre autographe que Votre Excellence m'a envoyée par un exprès vient de m'arriver. J'étais justement à me demander si je devais vous écrire quelque chose dans le genre du rapport du comte

Alvensleben (1) (21 juillet), ou bien m'en tenir au dicton *ne sutor ultra crepidam*. Il ne me reste plus qu'une heure avant le départ du courrier, demain je m'étendrai plus sur la question.

Pour moi il est indubitable qu'il ne s'agit plus pour l'Autriche du rétablissement de la paix, mais du profit qu'elle tirera de la situation de la Russie. Ce serait le protectorat, ou l'acquisition complète des Principautés et des bouches du Danube. M. de Prokesch a dit un jour à ce propos à M. de Schrenk qu'en renonçant aux bouches du Danube, la Russie ne céderait qu'une toute petite bande de terrain.

Nous, nous n'éprouvons aucun besoin de prendre part aux frais et aux dangers de cette conquête autrichienne ; l'agrandissement du territoire de l'Autriche est tout à fait contraire à nos intérêts, parce que cela augmenterait la différence de puissance, et ravalerait notre situation en Allemagne. En invoquant la justice et l'amour de la paix, on n'empêchera pas le cabinet de Vienne de poursuivre son but.

Il y aurait peut-être encore un moyen d'y arriver : que la Prusse et les autres confédérés parlent un langage ferme et décidé ; qu'ils enlèvent à l'Autriche tout espoir d'être défendu par la Confédération contre les suites d'une guerre cherchée par son ambition ; que leurs paroles laissent même percer la possibilité de démarches hostiles à l'Autriche.

Je suppose que l'Autriche en sortant des limites de l'alliance par des actes arbitraires ou en inter-

---

(1) Le comte d'Alvensleben, ministre d'Etat de la Prusse, en non activité, avait posé cette question : Ne serait-il pas bon que la Confédération fût représentée par un plénipotentiaire dans les Conférences de Vienne ?

prêtant cette alliance à sa guise, nous rend notre liberté d'action. Je trouve que Votre rescrit du quinze courant au comte Alvensleben va en ce sens et, dans l'état actuel des choses, aussi loin que possible sans nous exposer au reproche de violer les bases du traité d'alliance.

Pour maintenir l'application régulière de ce traité, le moyen le plus direct serait de soumettre à la Confédération, comme troisième contractant, la réponse de la Russie. En lui soumettant le traité, nous avons reconnu ce droit à la Confédération, et je m'étonne que les Bambergeois ne l'aient pas fait ressortir hier déjà, à l'occasion de l'accession. Mon collègue de Bavière ne m'en a parlé qu'à son point de vue privé, il croit que la Confédération devra aussi se prononcer sur la question de savoir si la réponse russe peut être considérée comme satisfaisante dans le sens de l'alliance. Il a écrit à Munich aujourd'hui même pour demander si, à Vienne ou à Berlin, on a fait des démarches pour assurer aux confédérés leur participation dans la discussion de la réponse russe, avant que la décision ne soit un fait accompli, auquel ils seront obligés d'accéder *bon gré mal gré.*

Je ne surfais pas la position que nous gagnons vis-à-vis des Bambergeois, parce que nos intérêts sont pour le moment les mêmes ; je n'en attends pas grand'chose pour l'avenir. Pour l'instant, je me pose cette question : Est-il de notre intérêt de laisser éclater la guerre entre l'Autriche et la Russie? La réponse peut être affirmative, mais la politique qui en découlerait n'est pas celle de Sa Majesté. Est-elle négative comme je l'admets, les Bambergeois pourront nous être de grande utilité, pour augmenter l'impression d'une sorte d'intimidation, seul moyen qui nous reste pour amener à résipiscence l'ambition belliqueuse de l'Autriche. Nous n'y courrons pas le risque d'être influencés ou liés par les Bambergeois. Leur vent gonflera simplement nos voiles, sans nous obliger de courir dans sa direction plus longtemps qu'il nous plaira. Nous n'éveillerons pas de reconnaissance chez eux, mais au moins la conscience, qu'ils ont en grande partie perdue, que les intérêts de la Prusse concordent plus que les intérêts de l'Autriche avec ceux des autres Etats allemands ; c'est cette idée qui, dans les dix dernières années avant 1848, nous a donné la prépondérance dans la Confédération.

Je ne crois pas à un blocus anglais, avant de l'avoir vu ; il frapperait le commerce anglais presque plus durement que le nôtre, si nous lui fermions les ports allemands de la mer du Nord. Si toutefois ce blocus était vraisemblable, on peut se demander quelles seraient les pertes de nos armateurs en proportion des pertes auxquelles nous expose une guerre entre l'Allemagne et la Russie. L'Angleterre nous menace aussi longtemps qu'elle compte réussir par ce moyen ; mais s'il s'agissait de passer de la menace à l'exécution, je crois que le matamore se transformerait en froid calculateur, avant de mettre la main à l'œuvre. Si nous montrons que la crainte d'un blocus est un moyen de s'assurer le concours de nos forces, je crains qu'on ne pousse la menace à un tel point que nous serons pourtant obligés de montrer les dents.

Le voyage de Sa Majesté à Munich sera certainement attribué à des motifs politiques. Nous n'y échapperons pas. Aussi je ne puis qu'engager Votre Excellence à y suivre Sa Majesté et à ne pas perdre de vue l'objectif suivant :

1° Invitons la Confédération à discuter la réponse russe, avant que l'entente soit considérée comme faite ;

2° Faisons avec la Confédération ou du moins avec les États moyens (en même temps chacun pour soi) des démarches à Vienne pour enlever toute illusion au cabinet impérial, qui se berce de l'espoir que tous les Allemands recevront l'Empire dans leurs bras, s'il compromet témérairement sa sécurité. Nous pourrons par la suite faire ce que nous voudrons ; mais nous devrions au moins chercher à persuader l'Autriche qu'en certains cas nous prendrions sur nous de la laisser en plan. La Confédération ne veut pas aller à la conférence de Vienne, et je partage l'avis d'Alvensleben qu'il vaut mieux qu'elle reste dehors.

LXXXIV

Entrée des troupes de l'Autriche dans les Principautés danubiennes. — Attitude de l'Autriche dans la question d'Orient. — Attitude des États moyens dans la crise politique.

Munich, fin juillet 1854.

L'entrée des Autrichiens dans les Principautés (1) peut être utile à la cause de l'Allemagne et de la paix, si elle s'effectue d'accord avec la Russie, si elle se fait dans l'intention honnête d'élever une barrière entre les parties belligérantes, de même qu'entre la frontière de Hongrie et les éléments contagieux des troupes auxiliaires, et non pour chercher querelle aux

(1) Le 14 juin 1854 fut conclue entre l'Autriche et la Porte une convention sur l'entrée des troupes autrichiennes dans les Principautés danubiennes.

Russes. Il faudrait que les conditions de l'entrée fussent formulées en termes très précis, pour ne pas prêter à une fausse interprétation. Une déclaration amicale à la Russie au sujet de cette entrée, contenant l'assurance que les Russes, encore présents dans les Principautés, ne seront ni attaqués, ni inquiétés, et qu'on leur laissera le temps de se retirer sans préjudice aucun, ainsi que la promesse de ne franchir la frontière russe sous aucun prétexte, voilà ce qu'il faudrait. Si on ne fait pas cette promesse et si elle n'est pas tenue, le consentement à l'entrée présentera plus de dangers que d'avantages ; or la Prusse n'a aucun motif de contracter de nouvelles obligations, ou de se lier les mains par l'extension des obligations du traité d'avril, et de rendre l'Autriche plus hardie.

Les agissements du cabinet viennois au sujet de la réponse russe, (1), prouvent qu'on ne se fait aucun scrupule d'exploiter les engagements pris par la Prusse et de leur donner une interprétation unilatérale et arbitraire, tandis que, par des *faits accomplis*, on modifie et embrouille la situation. Quant à la tendance de prendre les puissances occidentales pour arbitres dans les divergences d'opinion entre Berlin et Vienne, il faudrait la prévenir expressément, et faire intervenir sans réserve la Confédération pour décider sur ces divergences et sur les conséquences du traité d'avril.

Sa Majesté le roi de Wurtemberg et le ministre de Pfordten s'accordent à dire que la Confédération doit avoir voix au conseil, si elle doit prendre part à l'action ; que la Confédération doit rester neutre, du

---

(1) Une dépêche du prince Gortschakoff du 17 juin 1854. Voir volume II de la *Correspondance diplomatique* de Bismarck (Paris, Plon).

moment que la guerre se fait au sujet d'intérêts non allemands et particuliers à l'Autriche ; qu'il faudrait venir au secours de l'Autriche succombant, mais non lui en donner l'assurance, parce que cela pourrait encourager ses envies belliqueuses ; on observera strictement les conventions fédérales et l'alliance conclue, mais au delà, on ne consultera que ses propres intérêts.

Le roi Guillaume Ier aussi bien que le ministre bavarois, approuvent l'occupation des Principautés par l'Autriche, si elle s'effectue avec des garanties suffisantes contre tout danger de guerre et d'accord avec ceux qui ont contracté l'alliance d'avril. Sa Majesté a demandé à plusieurs reprises, et en accentuant sa question, si les gouvernements allemands pouvaient compter sûrement et d'une façon durable sur l'entente avec la Prusse, s'ils se refusaient à condescendre aux désirs de l'Autriche ; elle a même exprimé sa surprise de ce que l'Autriche, après s'être si longtemps efforcée de gagner et de garder la confiance des princes allemands, y renonçait maintenant de gaieté de cœur et la laissait passer à la Prusse. Sa Majesté aussi bien que le ministre de Pfordten s'attendaient, conformément aux promesses faites par la Prusse et l'Autriche dans la séance du 20 courant, à ce qu'on communiquât sans tarder à la Diète la correspondance échangée avec Saint-Pétersbourg en conséquence du traité d'avril. Le ministre bavarois me lut une dépêche qu'il a adressée aux représentants de son roi à Vienne et à Berlin, dépêche exprimant cet espoir, et disant en termes formels que la réponse russe avait paru satisfaisante à Munich, et qu'on apprenait avec plaisir qu'elle avait fait la même impression à Berlin et sur Sa Majesté l'empereur François-Joseph.

L'ambassadeur de Bavière à Paris, de Wendtland, me raconte que le ministre Drouin de L'Huys lui avait assuré avant son départ que l'Autriche rejetait la réponse russe comme insuffisante et se rangeait complètement du côté des puissances occidentales ; de Wendtland ajoute que cette nouvelle est authentique.

Cependant M. de Wendtland a appris ici que c'étaient là les intentions de Buol qui l'avait probablement dit officieusement à MM. de Bourquenay (1) et Hubner (2) ; mais que l'empereur, en dépit des plus vives résistances, avait fait envoyer à Paris une note conciliante sur la réponse russe. D'après le sens de cette note, il ne paraît pas inadmissible qu'il en existe encore une, confidentielle et d'un contenu différent, qui exprime plus clairement l'opinion du comte Buol.

De Pfordten a parlé avec une grande amertume du comte Buol ; il a répété à maintes reprises et avec animation qu'il considérerait toutes les décisions de la Diète du 24 juin comme nulles et non avenues, ainsi que l'accession, si on ne remplissait pas la condition qui avait fait adopter ces mesures, c'est-à-dire si on ne soumettait pas à la Diète la réponse russe, et si la participation active de la Diète aux négociations ultérieures devait rester lettre morte. D'un autre côté, il fit ressortir que la Bavière ne pouvait pas s'allier avec la Russie pour une guerre contre l'Autriche et la France. J'eus beau protester que chez nous non plus personne ne pensait à une éventualité de ce genre, il ne cessa de revenir sur les dangers que couraient la Bavière et le Wurtemberg entre l'Autriche et la France en cas de

---

(1) Baron de Bourquenay, ambassadeur de France à Vienne.
(2) Ambassadeur d'Autriche à Paris.

guerre avec les deux. Même sans alliance avec la Russie, il redoute que l'Autriche et la France n'exigent des États du sud le passage pour une armée française. Je lui rappelai les garanties inscrites dans les conventions fédérales, il répondit : « L'Autriche ne s'en souciera plus. »

Je ne cite ces paroles que pour montrer à quoi on s'attend ici, et pour indiquer que le rôle de la Prusse pourra être l'observation et le maintien des conventions fédérales, champ d'activité aussi honnête qu'avantageuse. Notre première démarche en ce sens pourrait être de faire communiquer la réponse russe à la Diète.

Sa Majesté le roi de Wurtemberg aussi bien que le ministre de Pfordten se sont expliqués d'une façon flottante et obscure sur la question suivante : L'Allemagne devra-t-elle courir au secours des Autrichiens dès que des troupes russes auraient franchi les frontières de l'État autrichien, ou seulement quand l'Autriche courait le danger de succomber totalement? La première manière de voir me parut prévaloir, en ce qui concerne le secours de la Prusse, tandis qu'on ne s'attend à un appel aux finances et aux troupes des autres confédérés qu'à l'approche de la seconde alternative. Dans la discussion de cette question par nos confédérés, leur aversion pour tout effort personnel, se heurtera à la crainte que l'abaissement de l'Autriche n'entraîne un accroissement correspondant de la prépondérance prussienne en Allemagne.

En tout cas, il ne faut pas compter que les États moyens s'abandonneront complètement à la direction de la Prusse tant que durera cette confusion. Ils ne seront pas pour nous des alliés assez solides pour rester inaccessibles aux séductions ou aux intimidations d'autres puissances. Mais dans la phase actuelle, et aussi longtemps qu'en se ralliant à la politique prussienne, ils auront la perspective de ne pas prendre une part active à la guerre, leur voie sera naturellement la même que la nôtre et il suffira de les traiter en confédérés et en amis pour les y maintenir. Autant que j'ai pu me faire un jugement sur le ministre de Pfordten, il agit plus par des impressions personnelles, que par système politique ; il ne serait peut-être pas malaisé d'agir sur lui pour qu'il abandonne complètement le résidu de ses sentiments anti-prussiens, qui, dans ces derniers temps, ont une tendance visible à disparaître.

D'une conversation avec le secrétaire de légation Dœnniges (1) je cite brièvement les points suivants : 1° A son retour de Berlin, de Pfordten lui a dit « officiellement » que la Bavière allait se rallier franchement à la politique de la Prusse, parce que les voies de l'Autriche sont insondables et dangereuses. 2° Le roi Max est sous ce rapport plus décidé et plus affirmatif encore que son ministre, qui a à se reprocher ses anciennes manifestations d'une hostilité trop prononcée. 3° Son Altesse le duc de Cobourg, dans son dernier séjour à Munich, a insisté de toutes les manières auprès de de Pfordten et de ses conseillers, pour les convaincre que la Bavière est appelée en ce moment à jouer de concert avec la France et l'Autriche un grand rôle qui l'obligera à ne plus tenir compte des petits États. 4° Les meneurs aristocratiques du parti catholique bavarois, les comtes d'Arco et de Mongelas, et le souffleur de ce dernier, baron d'Arétin, plaident en ce moment

---

(1) Docteur de Dœnniges, conseiller ministériel en Bavière, ami intime du roi Max de Bavière qui le chargea souvent de missions diplomatiques secrètes.

pour la politique prussienne, tandis que les écrivains du parti, plus catholiques que bavarois, poursuivent à la fois l'agitation contre la Russie et contre la Prusse. 5° Une communication verbale de l'empereur François-Joseph au roi Max a profondément indisposé ce dernier, et l'a poussé à dire que la Bavière ne pouvait pas consentir à un accroissement de l'Autriche, à plus forte raison y aider à ses propres risques et périls.

LXXXV

La convention militaire à la Diète. — Griefs du délégué de Bavière. — Attitude de la Prusse vis-à-vis de ses confédérés en Allemagne. — La fête de Napoléon à Francfort-sur-le-Mein. — Traits de caractère de M. Prokesch.

20 août 1854.

J'ai eu avant-hier un long entretien avec mon collègue de Bavière. Aussitôt après la séance il a écrit à Munich que l'Autriche tendait évidemment à ne pas laisser discuter par la Diète les documents communiqués, vu que M. de Prokesch cherche à faire voter la prorogation à partir de jeudi prochain. Le nègre a fini sa tâche, que le nègre s'en aille. Après la prorogation, on reparaîtra avec le *fait accompli* d'une nouvelle démarche du cabinet de Vienne et on exigera une approbation immédiate dans les vingt-quatre heures. Il attend des instructions de Munich, pour savoir s'il doit s'opposer ou non jeudi à la prorogation. D'après le règlement il peut exiger une autre séance. Je ne repoussai pas directement ses plaintes, mais je lui fis remarquer les difficultés que rencontrerait une manifestation de la Diète dans le sens des idées bavaroises. Dans la commission, M. de Prokesch peut, en sa qualité de membre, prolonger la discussion, présenter des amendements, et entraver ainsi la présentation d'un rapport; en sa qualité de président il a des moyens à sa disposition pour en retarder pendant des semaines la déposition. Moi, pour ma part, je ne me croirais pas autorisé, comme membre de la commission, à rompre en visière à l'Autriche; M. de Nostitz ferait bien quelque chose dans ce genre à la séance de la Diète, où il lit simplement ses instructions, mais il n'oserait jamais parler contre l'Autriche dans la commission où il émet ses opinions personnelles. M. de Münch est l'âme damnée de l'Autriche, le comte Kielmansegge (1) et M. de Marschall (2) ont de l'aversion pour toute opinion nettement exprimée, si bien que la Bavière ne peut espérer la défense énergique de son point de vue que de M. de Reinhardt et du délégué mecklembourgeois, en ce moment absent. M. de Schrenk me donna raison, en se plaignant de ce que les représentants des cabinets allemands avaient le verbe haut et montraient le poing quand ils étaient *entre eux*, « mais dès qu'il s'agit d'attacher le grelot, le cœur leur fait défaut et leur tombe dans les chausses ». Aussitôt que ses instructions seront arrivées, il me les communiquera.

A mon avis, il faudra que j'évite de me faire, contre M. de Prokesch, le champion des Bambergeois, mais je n'insisterai pas pour obtenir la prorogation, si les États moyens n'en sont pas partisans, afin que nous n'ayons point l'air de vouloir, nous

---

(1) Délégué du Hanovre.
(2) Baron Marschall de Bieberstein, délégué de Bade.

aussi, par condescendance pour les désirs de l'Autriche, empêcher la Confédération de manifester sa manière de voir.

Votre Excellence décidera s'il est opportun de faire des ouvertures directes sur nos vues actuelles aux cabinets allemands, au moins aux plus importants, afin qu'ils s'y rattachent plus résolument, et qu'ils se tiennent en rapport avec nous. Je n'attends point d'eux une ferme résolution, et notamment point de sacrifices pour un intérêt commun, mais je crains sérieusement que, en voyant l'Autriche pencher d'une façon plus marquée vers les puissances occidentales, plusieurs de nos confédérés ne cherchent également à se rapprocher de la France, si nous ne réussissons pas à les retenir du côté de la Prusse. Nous pouvons y réussir, tant que notre politique gardera le caractère pacifique qu'elle a porté jusqu'à présent. Si nous sommes forcés de prendre une part active à la guerre, l'appui que nous avons à espérer en Allemagne dépendra, non du côté pour lequel nous nous prononcerons, mais du plus ou moins de crainte inspirée par nous ou par les autres. Mais notre poids dans la balance, comme médiateurs ou comme neutres, augmentera beaucoup, si les Allemands tiennent pour nous aussi longtemps que nous garderons cette position.

La fête de Napoléon s'est bien passée, et M. de Tallenay a cette fois-ci desserré les cordons de sa bourse pour nous donner un grand dîner en uniforme. M. de Prokesch a bu à la santé de l'empereur Napoléon ; contre l'usage aux fêtes officielles d'ici, notre amphitryon répondit par un toast à tous les souverains représentés ; le délégué-président passa à un toast à l'impératrice Eugénie, et on eut grand peine à arrêter les manifestations du même genre en l'honneur d'autres personnages encore. Un accident a paru de mauvais présage : le délégué ultramontain de Darmstadt (1) a fait renverser un plateau de douze verres de Château-Laffitte sur l'uniforme blanc du général autrichien de Schmerling ; il se trouvait dans un tel état, qu'il dut se retirer.

Une partie de mes collègues et les officiers autrichiens sont dépités de ce que M. de Prokesch ait trouvé bon de remettre le dîner d'usage du 18, (2) à cause du deuil de la Saxe (3). Il n'a pas non plus pris part à la fête militaire, dont les frais sont partagés au prorata des appointements, quoique les employés de la légation n'aient pas suivi cet exemple. Par contre il a commis l'impolitesse de passer la revue des troupes autrichiennes commandées par Reitzenstein (4) sous les yeux de ce général, et sans même le saluer. Vis-à-vis de moi personnellement, il est depuis quelque temps d'une amabilité parfaite.

LXXXVI

Le conflit de Bade avec l'Église. — Attitude de la Bavière dans la question d'Orient. — Prorogation de la Diète.

23 août 1854.

Mon collègue de Bade m'a fait part aujourd'hui de l'arrangement provisoire avec la curie romaine, en

(1) Baron de Münch-Bellinghausen.
(2) Anniversaire de la naissance de l'empereur François-Joseph.
(3) Le 9 août 1854, mourut le roi Frédéric-Auguste de Saxe.
(4) Baron de Reitzenstein, lieutenant-général, premier plénipotentiaire de la Prusse à la commission militaire fédérale et commandant en chef de la garnison fédérale à Francfort-sur-le-Mein.

attendant un concordat définitif. Quoiqu'il ne soit pas un adversaire déclaré du parti de l'Évêque, et malgré sa réserve habituelle, il ne put s'empêcher de dire que le résultat obtenu était une défaite pour son gouvernement.

M. de Schrenk me quitte à l'instant; il m'a confié qu'il ne s'opposerait pas à une prorogation de quelques semaines, parce que le ministre de Pfordten ne pourrait l'autoriser à donner un avis dans la commission sur les propositions des deux grandes puissances qu'après avoir fait son rapport au roi sur les documents communiqués (1), et après décision prise. En d'autres termes : la Bavière ne se déclarera que quand elle connaîtra l'accueil fait à Saint-Pétersbourg aux notes du 13 et du 10 courant. Dans une lettre confidentielle, M. de Pfordten remarque que, jusqu'à ce jour, on n'a rien appris à Munich, d'où l'on pourrait conclure que l'Autriche compte sur la collaboration militaire des États allemands pour l'exécution de ses projets.

Ce qui me frappe, c'est que M. de Prokesch, qui, avant-hier encore, était un chaud partisan de la prorogation, en parle aujourd'hui comme d'une chose invraisemblable. Il croit nécessaire de convoquer auparavant les commissions en réunion plénière, quoique les délégués de Saxe et de Bavière au moins lui aient assuré qu'ils n'étaient pas encore en mesure de donner leur avis. M. de Prokesch m'a dit aujourd'hui que, de tous les délégués, ceux de la Bavière et de la Saxe seraient probablement les seuls à vouloir exprimer leur opinion sur la question d'Orient, mais qu'il croyait qu'il s'exposerait aux reproches de ces deux messieurs, s'il ne convoquait pas la

---

(1) Voir volume II de la *Correspondance diplomatique*, (Plon, Paris).

commission avant la prorogation. Quand même ce serait là réellement sa façon de voir, comme dans les derniers jours les affaires ont chômé et qu'il eût été facile de convoquer la commission, sans empêcher la prorogation que tout le monde désire maintenant, je dois admettre que Prokesch a ses raisons pour agir de la sorte, raisons dont il ne veut pas me faire part.

LXXXVII

Dispositions de la Saxe, du Hanovre, du Wurtemberg et de la Bavière dans la question d'Orient. — L'Autriche renonce à faire de nouvelles propositions à la Diète. — Dépêche-circulaire de Paris aux États moyens. — L'empereur Napoléon et ses rapports avec la Prusse. — Reconstitution de la Pologne. — Dépêche-circulaire de la Prusse sur la question d'Orient. — Suppositions de M. de Bismarck sur le développement futur de la politique prussienne. — Attitude austrophile à Darmstadt.

20 octobre 1854.

Ma dépêche du 18, malheureusement mal chiffrée, contenait ce qui suit : Les délégués de la Saxe et du Hanovre n'ont pas reçu des instructions aussi favorables à l'Autriche que le faisaient craindre les derniers rapports de nos agents. Les deux instructions portent à peu près que l'on veut protéger le *territoire* de l'Autriche, mais que l'Autriche n'a aucun droit à demander qu'on la soutienne dans les Principautés. La Saxe veut que l'Autriche cherche à s'entendre de nouveau avec la Prusse. Le Hanovre désire que les commissions rédigent un ou deux points d'une façon plus détaillée, afin de les rendre plus nettement applicables aux intérêts allemands. Le point de vue du Hanovre ressemble à celui de Bade qui est chaudement approuvé par mes collègues.

On a envoyé de Stuttgard à M. de Reinhard (1) la copie des instructions de la Saxe, en lui recommandant de les prendre pour ligne de conduite; mais on n'y a pas ajouté le dernier mémoire que M. de Beust a donné au comte Kuefstein (2) et dont M. de Nostitz me dit qu'il n'engagera pas l'Autriche à faire des propositions unilatérales. M. de Schrenk n'a pas poussé jusqu'à Munich dans son dernier voyage. Rien n'a encore été changé dans ses instructions qui lui commandent de voter contre les propositions autrichiennes, contenues dans la circulaire du 1er octobre, si on les présentait à présent.

Mais tout porte à croire que l'Autriche ne les présentera pas; il semble qu'elle ait mis un certain empressement à prendre acte de ce que les dispositions des cours allemandes ne faisaient pas espérer l'acceptation sans réserve *per majora*. La presse officieuse écrit dans ce sens : je sais qu'un article du « Correspondant de Nuremberg », article affirmant que l'Autriche ne fera point de propositions, émane directement du palais fédéral par l'entremise d'un M. Ursprung. M. de Prokesch a parlé dans le même sens à M. de Nostitz, son confident particulier. Ses confidences compromettraient le sort des propositions, si on avait encore l'intention de les faire; car la certitude seule que l'Autriche passe résolument outre, sans nous céder, peut déterminer les Bambergeois à promettre leur adhésion aux propositions. Mes collègues se confirment de plus en plus dans l'opinion, que M. de Tallenay m'a exprimée hier en ces

---

(1) Délégué du Wurtemberg à la Diète.
(2) Ministre de l'Autriche à Dresde.

termes : *La note du 30 a été rédigée sous le régime du canard*; et, en effet, la manie des fausses notes était à son paroxysme au moment où la note a été lancée.

Paris a envoyé le 13 courant aux Cours de second ordre une dépêche-circulaire, qui leur recommande d'adhérer sans réserve aux deux propositions autrichiennes de la note du 1er octobre. La dépêche contient bien de graves avertissements sur les dangers auxquelles ces États s'exposeraient en cas de scission en Allemagne et que l'union avec l'Autriche peut seule détourner; car, sans cela, la guerre se prolongerait et l'Allemagne en serait le théâtre. Mais le ton du document est modéré et poli; on y accorde, entre autres, que sa position géographique et ses alliances de famille ne permettent guère à la Prusse de se résoudre à une participation active, qu'on considère à Berlin même comme fondée en droit.

Outre M. de Tallenay, la France a encore ici un autre agent de confiance, M. Tillos, qui appartient il est vrai, à la légation suisse, mais qui connaît l'Allemagne pour y avoir fait un long séjour. Ces deux messieurs me parlèrent des vues de leur souverain sur ses rapports avec la Prusse dans un sens tout opposé à celui des belliqueux journaux de Paris. L'empereur, disent-ils, *a trop d'affaires sur le dos*, pour s'en créer une nouvelle avec la Prusse; une guerre avec la Prusse serait plus sérieuse que toute autre, excepté avec l'Angleterre ; elle romprait l'alliance anglo-française, malgré les colères de l'Angleterre contre la Prusse, et, en fin de compte, si la France était victorieuse et annexait la Prusse rhénane, il en résulterait une coalition européenne, dans le but de reprendre cette province. On dirait que l'ambition des Français se porte plutôt sur le développement de leur puissance maritime dans la Méditerranée, sur l'acquisition de ports italiens, accessibles à leurs troupes de terre. Ils fortifient beaucoup Civita-Vecchia; et chacun d'eux parle, avec une flamme dans le regard, des progrès considérables qu'a faits leur marine sous le *régime* de l'alliance anglaise.

La visite significative de M. de Prokesch à l'archiduc Etienne (1), a fait apparaître aux yeux de tous ici le fantôme de la reconstitution de la Pologne, qui hante les feuilles françaises et allemandes. J'ai déjà rappelé auparavant (2) que l'Autriche serait capable de prêter les mains à cette bévue, et qu'elle aimerait peut-être bien échanger la Gallicie contre la Dacie.

Notre circulaire du 13 courant reçoit l'approbation de tous à cause de son habile rédaction. Elle évite toute condescendance, rendue d'ailleurs impossible par le ton de la note autrichienne du 30 courant, et laisse cependant la porte ouverte à l'Autriche, si bien que l'Autriche décevra les espérances des confédérés, si elle ne met pas cette porte à profit.

Ces jours derniers, dans des entretiens particuliers, j'ai tenu à mes collègues à peu près le langage suivant : La Prusse a suivi la politique de la paix, reconnue comme bonne par tous les cabinets allemands, sans ambition, et par dévouement pour l'Allemagne, en s'exposant à l'inimitié de la moitié de l'Europe; elle ne peut continuer que si l'Allemagne reste constante; en voyant que personne ou presque personne n'est disposé à la suivre, l'Autriche ne se séparera pas de l'Allemagne; celle-ci, d'ailleurs, est, même sans l'Autriche, assez forte pour garder une politique indépendante, à condition qu'elle reste ferme et unie; mais si les autres États de la Confédération abandonnent la Prusse, s'ils lais-

---

(1) Né le 14 septembre 1817.
(2) Voir vol. II, *Corresp. diplom.* (Plon, Paris).

sent planer un doute sur leur résolution d'observer religieusement les conventions fédérales au cas où la France attaquerait, alors la Prusse isolée ne sera pas assez forte pour braver toute l'Europe, et il faudra qu'elle avise à sa sûreté, en prenant parti. Se joindre à la Russie par une invasion soudaine en Autriche, ni les sentiments de Sa Majesté, ni les conventions fédérales ne le permettent ; il ne nous resterait donc qu'à entrer dans l'alliance des puissances occidentales, adversaires de la Russie. Une pareille volte-face n'inspirerait confiance aux puissances occidentales que si le ministère passait aux mains des libéraux. Qu'arriverait-il alors ? Poussés par le vent d'ouest de l'opinion publique, nous passerions très vite et très loin devant l'Autriche, et celle-ci s'efforcerait en vain de nous arrêter.

Je fis cet exposé du développement probable de la politique prussienne d'un ton indifférent et maussade, et chacun de mes collègues en fut troublé et inquiet. Une telle éventualité leur fait plus peur que le choléra ; ils conviennent que, par ce dénouement, l'Autriche serait distancée, et qu'elle serait réduite à la défensive dans l'hégémonie allemande. Les Français même redoutent que les choses prennent cette tournure, et M. Tillos m'assure à plusieurs reprises que, même le ministère *actuel*, en se rapprochant de la France, peut compter sur la confiance du cabinet de Paris. L'Angleterre seule ne verrait pas sans déplaisir la renaissance du libéralisme en Prusse. La perspective d'un cabinet libéral à Berlin réussit à merveille ici, comme moyen d'intimidation ; il serait bon que la presse en parlât, en supputant les craintes et les espérances des partis, mais non sur le ton de la menace.

A Darmstadt, on est autrichien *à toute épreuve*, **du moins messieurs de Dalwigk et de Münch.**

LXXXVIII

Faux bruit de désordres à Francfort-sur-le-Mein.

22 octobre 1854.

Dans le numéro d'aujourd'hui de la « Gazette de la Croix », se trouve un article singulier, emprunté au « Correspondant de Hambourg » ; on y raconte que la fête du 15 octobre (1) a été célébrée ici avec accompagnement de chansons révolutionnaires, de barricades, de batailles et d'arrestations. Le correspondant de ce journal est probablement Hehner de Francfort, homme de lettres aux gages de M. de Prokesch. Ce récit est de pure invention. J'ai fait prendre des informations à la police ; il ne s'est passé rien de semblable, pas même de quoi donner naissance à un bruit quelconque. Une rixe anodine entre nos Silésiens et des Bavarois ivres, a été l'unique *hors-d'œuvre* de la fête.

LXXXIX

Les empereurs Napoléon et Nicolas en Crimée. — Conclusion d'un traité entre la Prusse et la France. — M. de Larisch et l'affaire d'Altenbourg.

17 février 1855.

Les informations des journaux sur l'intention de l'empereur des Français d'aller en Crimée, forment

(1) Anniversaire de la naissance du roi de Prusse.

depuis hier le sujet de toutes les conversations. Presque tout le monde y croit, quelque fantastique que paraisse le projet. Aux yeux de M. de Tallenay lui-même, ce *coup de tête* n'est pas invraisemblable, étant donné le caractère de l'empereur. Il tient cette nouvelle de différentes sources, selon lui, dignes de créance. C'est le chargé d'affaires des Villes libres à Paris, M. Rumpff, qui l'a communiquée le premier.

Le général Niel, doit avoir annoncé à Paris le jour d'une grande action contre Sébastopol, en affirmant la vraisemblance du succès ; l'empereur ira en recueillir la gloire et dira comme César : *Veni, vidi, vici;* quinze jours après, il sera de retour à Paris, car Hamelin (1) se charge de le conduire en cinq jours de Marseille en Crimée. Entre temps, Morny dirigera les affaires civiles, le général Vaillant (2) les affaires militaires, tous deux sous les ordres du vieux Jérôme.

Voilà ce que l'on raconte ici. Prokesch et la Bourse sont également agités ; à leur avis Napoléon devrait rester chez lui, gouverner son pays, et non s'exposer témérairement à se brûler les yeux.

Si la nouvelle est vraie, je ne crains pas tant des troubles en France pendant l'absence de l'empereur, ou des balles russes à l'adresse de sa personne, que la possibilité d'un échec qui l'engagerait à continuer la guerre. On dit aussi que l'empereur Nicolas est également en route pour la Crimée, et que les deux monarques s'y verront et s'y donneront l'accolade.

Rumpff a envoyé une autre nouvelle : qu'un traité entre la Prusse et la France rédigé par Olberg (3) sous

---

(1) Hamelin, vice-amiral français, plus tard ministre de la marine et des colonies.
(2) Maréchal de France.
(3) D'Olberg, alors commandant de la place fédérale de Luxembourg.

la direction d'Usedom (1) doit avoir été approuvé par le cabinet de Paris, et le cabinet de Berlin aurait envoyé l'ordre de le ratifier. Rumpff affirme en être absolument sûr, et hier mes collègues se montrèrent fort inquiets de cette nouvelle. Je l'ai catégoriquement démentie, conformément à mes dernières instructions confidentielles.

M. de Larisch (2) est arrivé hier, pour traiter la question d'Altenbourg. Je ne saurais nier que j'ai été quelque peu blessé de ce qu'un compatriote et une si vieille connaissance ait adressé en premier lieu sa demande à la présidence, et non au délégué de la Prusse. Avant même qu'il eût cherché à se mettre en relation avec moi, Prokesch me communiquait ce dont il était convenu avec lui, et comment il fallait traiter l'affaire à la Diète. Dans la politique orientale également mon collègue du gouvernement de Potsdam ne voit d'autre issue pour la Prusse que l'union absolue avec l'Autriche. Il exprime en outre ses craintes que l'Autriche ne donne Altenbourg à la Saxe, si Altenbourg ne vote pas avec l'Autriche. Pourquoi ne redoute-t-on rien de semblable de la Prusse, du moment qu'on fonde ses calculs sur la suppression de tous les droits acquis? Je voudrais prier Votre Excellence de mettre en œuvre l'autorité de l'oncle pour raviver chez monsieur son neveu les sentiments prussiens. Je vais justement lui rendre sa visite et faire mon possible dans le même but.

(1) D'Usedom, ambassadeur de Prusse à Rome, plus tard délégué à la Diète.
(2) Ministre du duché de Saxe.

XC

Retour de M. de Prokesch. — Départ du comte de Rechberg. — Bruit du transfert de M. de Bismarck à Vienne. — Attitude de la police berlinoise. — Vacances de la Diète. — Préparatifs de voyage de M. de Bismarck.

4 juillet 1855.

Ma première entrevue avec Prokesch (1) a été des deux côtés franche de tout embarras. La douce sérénité, dont il portait le masque, se réflétait jusque dans la couleur de ses gants, qui étaient du bleu d'azur le plus tendre et, par exception, complètement neufs. Au moment où midi sonnait, le 2 juillet, je remarquai incidemment que ce moment était juste le milieu de l'année. Il me prit les mains avec un transport de cordialité, en disant : Eh bien, oublions les maux et les soucis de l'année écoulée et commençons une année toute nouvelle. Il a dit à madame de Vrints en arrivant : « Vous ne m'attendiez plus du tout ici ! » Elle répliqua : « Attendons d'abord que vous soyez définitivement réintégré. » Il semblerait donc qu'il n'est pas non plus sur un très bon pied avec la maison Buol.

Rechberg est parti aujourd'hui de bon matin ; il est allé voir son frère dans le Wurtemberg. Tout le monde regrette son départ. Quelques-uns de mes collègues pensent qu'il reviendra d'ici quelques mois, d'autres croient qu'il est appelé à Vienne pour remplacer Buol. Quelques mots qu'il m'a dit me font supposer qu'il compte faire un assez long séjour à

---

(1) M. de Prokesch avait été rappelé pour quelque temps et remplacé par le comte de Rechberg. Voir vol. II de la *Corr. diplomatique* (Plon, Paris).

Vienne. Il a l'idée fixe que j'y succéderai à d'Arnim et me dit en partant que, malgré mon aversion décidée pour ce poste, il ferait l'impossible pour m'y amener. Ce déplacement me rendrait quelque peu malheureux; je me plais beaucoup à Francfort, en dépit de Prokesch, et je crains qu'à Vienne on n'ait le désir et ne trouve les moyens de punir mes péchés d'ici contre l'Autriche. Cette manière de voir me paraît plausible, d'autant plus que Prokesch également s'intéresse vivement à ma prochaine nomination à Vienne.

Hier, un capitaine anglais, Yates, de passage ici, raconta chez Malet et d'autres ministres une histoire, sans doute exagérée, d'un conflit de la police berlinoise avec le Jockey-Club, affaire dont il fut témoin à l'hôtel du Nord. Si le récit tel qu'il l'a fait est exact, il faut que le fonctionnaire en question se soit comporté à l'égard de ces messieurs avec une déplorable grossièreté. Quelques Autrichiens de distinction, qui ont dû y être mêlés également, ont envoyé des renseignements et des plaintes, de façon que l'affaire est devenue l'objet des cancans de salon. Je ne sais pas assez bien ce qui s'est passé, pour distinguer le vrai du faux; mais tous les voyageurs s'accordent à dire que la police de Berlin est la plus grossière de l'Europe et qu'elle dépasse même le mouchard français dans ses façons arrogantes à l'égard des individus et dans son mépris de toute politesse. Mon expérience personnelle ne me permet pas de contredire ceux qui se plaignent de la sorte; le ton des agents avec des inconnus est inutilement brusque; la surveillance sur la voie publique des constables ennuyés s'étend jusqu'à la hauteur à laquelle d'estimables dames lèvent leurs jupes en temps de pluie; jusqu'à la façon dont on est assis dans un fiacre. Des avanies de ce genre produisent souvent contre un gouvernement une irritation bien plus grande que les différences d'opinion sur le bud'get et sur la forme du gouvernement. La disposition à l'arrogance et la grossièreté dans le service tient certainement avec une ténacité indestructible au caractère des agents subalternes de notre bureaucratie.

Mes collègues comptent sur de prochaines vacances. L'année dernière il n'y en a pas eu, et on y tient comme au droit fédéral le plus précieux. Si cet espoir se réalise, je tâcherai d'obtenir quelques semaines de congé pour essayer l'efficacité des eaux de mer contre les rhumatismes et les coups de fouet. J'espère que madame la baronne se trouvera bien de son séjour à Misdroy avec ses forêts solitaires et ses flétans (1) quotidiens. Je trouve l'endroit non sans attraits, mais jadis les logis étaient défectueux.

XCI

Retour de M. de Bismarck à Francfort. — Changement du délégué-président. — Nouvelles politiques de Paris. — La France vide de troupes. — Le comte de Hatzfeldt.

14 septembre 1855.

J'ai l'honneur d'annoncer à Votre Excellence que je suis de retour à Francfort. J'avais primitivement l'intention de passer mes derniers jours de congé en *villegiatura* sur les bords du Rhin et m'étais cherché à cet effet un logement à Rolandseck. En apprenant que Sa Majesté le roi allait venir ici, je me

(1) Grand poisson du genre pleuronecte qu'on ne trouve que dans les mers du Nord.

suis contenté de montrer à ma femme le séjour que je lui destinais.

Je n'ai trouvé que les représentants de Holstein, Luxembourg, Hesse-Hambourg et Francfort présidés par le délégué de Wurtemberg. Hier sont venus s'y joindre ceux de Saxe et de Bade; point d'affaires.

Les Autrichiens contestent encore le retour de Rechberg, on remet en outre sur le tapis le remplacement de Buol par Rechberg et la nomination du premier comme délégué à la Diète. Je crois plutôt que si Buol cède sa place, il se réservera le poste de Paris, en supposant que l'amitié avec la France ne soit pas fortement ébranlée par ces changements. En ce cas nous aurions Koller (1). On ne croit plus à la possibilité du maintien de Prokesch. Je le regrette; car aussi longtemps que l'Autriche gardera la même attitude à notre égard, je ne souhaiterais pas un autre collègue que lui; il vaut mieux dans tous les cas qu'une politique hostile à la Prusse soit conduite par un maladroit que par un représentant plus fin.

Les symptômes que j'ai observés à Paris ne sont pas favorables au maintien d'un accord secret entre Vienne et Paris. On se vantait bien dans les cercles ministériels d'avoir les États moyens de l'Allemagne dans la poche; mais on ne parlait de l'Autriche qu'avec une amertume involontaire, bien que je croyais qu'on aimerait à se donner l'air d'être sur un bon pied avec le cabinet viennois. Pendant tout mon séjour à Paris, je n'ai pas entendu de déclaration belliqueuse. Le public ne parlait de la guerre qu'en haussant les épaules. Les militaires, Canrobert y compris, en faisaient tout autant.

(1) Baron de Koller, ambassadeur d'Autriche à Hanovre et plus tard à Berlin.

Dans mes conversations avec des hommes de la politique officielle et autres, j'ai constaté qu'on cherchait avant tout à expliquer pourquoi on n'avait pas accepté les propositions autrichiennes. Ce qui a été nouveau pour moi, c'est qu'avant de refuser, on ait demandé à l'Autriche, si en cas d'acceptation, elle promettait de faire la guerre pour l'exécution de son propre programme, dans le cas où la Russie ferait des difficultés. Il paraît que l'Autriche n'a pas voulu faire cette promesse et qu'elle n'a donné que des réponses évasives; le refus des puissances occidentales en a été la conséquence. M. X... m'a raconté cela en détail, et le comte Walewski (1) s'est exprimé dans le même sens. L'empereur parlait de préférence de la santé de Sa Majesté le roi et de l'intérêt qu'il y prenait en s'exprimant en même temps d'une manière flatteuse à mon égard. En comparaison d'autres étrangers, nous Prussiens, nous avons été l'objet de grandes attentions. On ne voyait les Autrichiens presque nulle part; Hubner n'a paru à aucune des fêtes, sous prétexte d'indisposition, quoique je l'aie vu fort bien portant.

Ce qui prouve les sacrifices exigés par la guerre, c'est l'état de toutes les garnisons d'infanterie qui sont absolument dégarnies. Les armées de Paris, de Lyon et de Boulogne se trouvent sur un pied respectable; elles se composent peut-être en tout de 100,000 à 120,000 hommes; dans les autres garnisons il n'y a que des dépôts, dans le sens le plus étroit du mot. A Strasbourg, Metz, Rouen, les régiments d'infanterie n'avaient sous les drapeaux que les hommes nécessaires pour exercer les recrues qui ne cessent d'arriver, et chaque détachement,

---

(1) Comte Walewski, ministre des affaires étrangères en France.

aussitôt l'instruction faite, est mis en wagon et expédié en Orient. Le service de garde à Strasbourg et à Metz était fait par des non-combattants, des ouvriers militaires, et à Metz par les élèves de l'école d'application. A Strasbourg, au dire de certains habitants, ne se trouvent guère plus de 500 fantassins, renseignement qui me fut confirmé à Paris par des militaires. La garde était montée sur les remparts par des cavaliers. Un officier d'ordonnance de l'empereur m'a dit que la différence entre le nombre des hommes successivement embarqués et celui des troupes qui se trouvent actuellement en Orient s'élevait à 80,000. L'armée voit d'un fort mauvais œil que les bulletins officiels annoncent des pertes inférieures à la réalité, et chaque officier est prêt à donner un démenti au *Moniteur*.

J'ai écrit à Votre Excellence que la méfiance de Hatzfeldt contre X... dure encore, et qu'il est irrité de sa nomination. Je me suis efforcé en vain de dissiper ses préventions. Les ennuis qu'il a eus avec Wedell et Olberg ont exercé une influence désastreuse sur sa santé naturellement délicate; le dépit le ronge, et c'est, à n'en pas douter, un mal pour le service du roi, car Hatzfeldt est une spécialité pour Paris difficile à remplacer. La parenté de la comtesse et le long séjour du comte à Paris sous différents gouvernements, lui ont procuré des relations qui font de lui une autorité dans le corps diplomatique. Il a recueilli à ce que je crois, d'intéressants matériaux sur les manœuvres d'Olberg à Paris; par caractère, et plus encore guidé par son humeur actuelle, il ne prend l'initiative en rien; si on lui fournissait l'occasion de raconter ses impressions de cette année, je crois qu'il en profiterait avec empressement.

XCII

Visite de M. de Bismarck à la cour de Coblentz. — Les comtes de Bernstorff et de Hatzfeldt. — Prévenances des princes de l'Allemagne du Sud. — Manœuvres autrichiennes dans la presse.

3 octobre 1885.

J'ai l'honneur d'annoncer à Votre Excellence qu'après avoir accompagné Leurs Majestés au mont Appollinaris, j'ai fait un détour par la vallée de l'Ahr et le lac de l'Aach pour revenir ici. Pendant son séjour à Coblentz, Sa Majesté ne m'a guère parlé de politique; mais Bernstorff a trouvé sur le bateau à vapeur l'occasion d'épancher son cœur au roi. Sa Majesté lui a déclaré qu'il fallait considérer comme clos l'incident soulevé par la dépêche de Wedel et d'Usedom, parce que Hatzfeldt avait fourni une justification éclatante. En ce qui le concerne lui-même, Bernstorff fut enchanté des assurances royales, et l'excitation où il se trouvait auparavant parut apaisée après l'audience. Je crois en conséquence que Hatzfeldt et Bernsdorf se sont montrés les meilleurs alliés de Votre Excellence dans cette affaire; qu'ils l'aient fait de bonne volonté ou non, ils se sont rendus solidaires de l'attaque portée par vos adversaires.

L'empressement des souverains du sud de l'Allemagne à venir au devant du roi, notamment la visite du roi de Wurtemberg, a fait ici une impression favorable, tandis qu'à Paris c'a été, paraît-il, une désagréable surprise. Si, malgré cela, le grand-duc de Hesse se rendait pour le 15 à Berlin, ce sera une preuve qu'à Darmstadt on ne craint plus tant la France, en dépit de Sébastopol. On connaît maintenant partout les vides des garnisons de France en dehors des armées de Paris, de Lyon et de Boulogne, et l'on voit un peu moins de fantômes de ce côté. Je considère Darmstadt comme une sorte de baromètre de l'opinion des gouvernements d'Allemagne; le mercure de Dallwigk est le plus sensible à la pression de l'atmosphère politique.

Dans le *Journal de Francfort* et dans le *Constitutionnel*, l'Autriche fait manœuvrer d'une façon vraiment risible son cheval de bataille fourbu, en répétant ce qu'elle ferait et aurait fait depuis longtemps pour la France, si la Prusse ne la retenait pas par le pan de son habit. Je voudrais bien savoir qui elle croit encore tromper par ses basses courtisaneries à l'ouest, et ses indignes hâbleries à l'est; aussi longtemps que l'armée ne rentrera pas en Gallicie, le manteau de guerre dont l'Autriche se drape se montre par trop cousu de fil blanc.

XCIII

Menées de M. de Prokesch. — Volte-face de la Bavière du côté de l'Autriche. — Le roi de Grèce Othon. — Mission du maréchal Canrobert. — Nouvelles pacifiques de Paris. — Arrivée du comte de Rechberg.

6 novembre 1856.

Prokesch joue jusqu'à la fin le rôle du scélérat dans l'ennuyeux roman fédéral; on dirait qu'il veut rendre les débuts difficiles à son successeur; en effet, il met au premier plan les affaires litigieuses, comme la nomination de l'archiviste, la garnison de

Rastadt, etc. Il refuse des documents que je demande, supprime arbitrairement les séances de la commission et se rend invisible. Il croyait au début que Rechberg viendrait le relever deux jours après la séance du 25 de ce mois, et pour ne pas souffrir lui-même des difficultés qu'il voulait léguer à son successeur, il a décommandé toutes les séances depuis le 25 octobre. Je lui ai demandé compte aujourd'hui par lettre de la remise indéfinie des séances de la commission militaire. Il a donné pour prétexte son départ prochain; je lui répondis que les affaires courantes n'en devaient pas souffrir plus, que de l'absence de tout autre délégué. Malheureusement je ne trouve pas d'appui auprès de mes collègues dans une lutte de ce genre contre le despotisme présidentiel, surtout que la Bavière, depuis sa dernière évolution, gravite de nouveau dans l'orbite autrichienne.

Nous n'avons pas encore eu l'occasion de constater le fait officiellement, mais la mine de mon collègue Schrenk est pour moi un sûr indice.

A Paris, on exploitera certainement les côtés faibles de Pfordten; on le rendra plus Français peut-être, mais non plus Autrichien. Par contre, le cabinet de Vienne semble avoir trouvé dans la triste situation du roi Othon (1) un nouveau levier pour agir sur l'attitude de la Bavière.

Prokesch a promis à la grande-duchesse de Hesse de faire merveille pour son frère; en attendant il a reçu une décoration bavaroise en récompense de sa bonne volonté. Dans son voyage à Constantinople il s'arrêtera à Athènes.

(1) Othon, frère du roi Max de Bavière et de la grande-duchesse Mathilde de Hesse, monta sur le trône de Grèce le 5 octobre 1852.

La mission de Canrobert dans le nord donne beaucoup à penser. On fait une foule de conjectures, entre autres: hivernage des vaisseaux de guerre, alliance avec la Suède, exploitation de l'embarras du Danemark au sujet des péages du Sund, désir d'occuper Canrobert et de l'éloigner de Paris, négociations de paix par l'entremise du Danemark.

Il est certain que toutes les nouvelles qui arrivent de Paris, débordent en vœux pour la paix; même le petit Damrémont (1), le tyran de Dalwigk à Darmstadt, joue à pleins poumons du chalumeau de paix.

J'apprends à l'instant l'arrivée de Rechberg.

XCIV

Le comte de Montessuy. — Ses prévenances pour le délégué des duchés de Saxe. — Espoir du comte de Rechberg en une entente entre la Prusse et l'Autriche. — Politique de la Russie en Orient. — Attitude expectante de l'Autriche. — Mort de madame de Vrints.

11 janvier 1856.

Je trouve le nouveau représentant de la France plus paisible et plus calme dans ses conceptions politiques que je ne le croyais, à la manière dont on me l'avait dépeint avant son arrivée. Toutefois il n'a pas l'air de renoncer encore au préjugé que les ministres étrangers peuvent arriver ici à de prompts et palpables résultats. Il a six attachés et un secrétaire. Il va voir tous les jours la plupart des délégués et

---

(1) Comte de Damrémont, ministre de France à la cour de Darmstadt depuis 1853.

fait journellement un rapport, sans qu'on puisse s'imaginer sur quel sujet. En société on le trouve prétentieux, et sa femme a déjà la nostalgie de la France. Je n'ai pas à me plaindre de lui et je l'ai invité pour dimanche à dîner. Le comte Montessuy (1) n'est très prévenant que pour le délégué des duchés de Saxe; il parle en outre avec ostentation de l'amitié de son empereur envers le duc de Cobourg.

Jusqu'à ce jour, Rechberg craignait de recevoir de Vienne des instructions qu'il considérait lui-même comme fâcheuses; en général, il ne se gêne pas pour critiquer les dangereuses défectuosités de la politique de Vienne. Mais aujourd'hui, il me confia avec une grande joie un bruit venu d'Autriche, que l'entente avec nous était chose faite, grâce à Edwin Manteuffel (2). La presse autrichienne s'est déjà maintes fois servi de cette mission d'Edwin pour insinuer aux gouvernements de l'Allemagne que la Prusse changeait sa politique, et qu'eux-mêmes feraient bien de prévoir à temps ce qu'ils comptaient faire. Rien n'est plus propre à entraîner les petits dans le camp autrichien que de leur faire craindre notre inconstance. S'ils doutent de la fermeté de notre politique, le souci de leur propre salut les poussera dans le camp autrichien, et de là, dans le camp français.

La dépêche circulaire russe du 22 de ce mois aurait produit incomparablement plus d'effet si elle avait été connue avant l'envoi d'Esterhazy (3) à

---

(1) Comte de Montessuy, ambassadeur de France à la Diète, successeur de M. de Tallenay, accrédité le 22 décembre 1855.

(2) Baron de Manteuffel, colonel et aide-de-camp du roi de Prusse.

(3) Comte d'Esterhazy, représentant de l'Autriche à Saint-Pétersbourg, et ensuite, ambassadeur à Berlin.

Saint-Pétersbourg, c'est-à-dire presque immédiatement après qu'on se fût décidé à consentir à la neutralisation de la mer Noire, ce qui eut lieu, je crois, dans les premiers jours de décembre. Si, comme on le croit généralement, la Russie a fait des contre-propositions contenant quelques concessions, les impressions qu'elles produiront lui seraient d'autant plus favorables, qu'on les connaîtra plus vite. Instinctivement, je ne crois pas à un résultat favorable, tant que les négociations se feront exclusivement par Vienne et non directement avec Paris. C'est dans cette ville que l'on désire le plus ardemment la paix, tandis que l'Autriche, dans la solide position que lui a faite la convention d'avril, resterait volontiers encore pendant quelque temps spectatrice de la guerre entre les autres. Les régiments français sont mieux gardés en Crimée que sur la frontière de l'Italie; quant aux Principautés, on ne peut pas savoir ce qu'elles deviendront, tant que l'eau restera trouble.

La mort de madame de Vrints a fait un grand vide dans la société de Francfort; presque toutes les familles ont un deuil cet hiver.

XCV

Admission du fils du conseiller d'Etat d'Eisendecher dans la marine de la Prusse.

10 novembre 1856.

Je me permets d'adresser à Votre Excellence, en sa qualité de chef de l'amirauté, la prière suivante :

Mon collègue d'Oldenbourg, le conseiller d'État d'Eisendecher, n'est pas du nombre de nos amis politiques, comme Votre Excellence le sait. Ancien membre du parti de Gotha, il voit en nous les fauteurs de la ruine de ses espérances. N'ayant pu réprimer la passion de son fils (1) pour le service maritime, il s'est efforcé de le faire entrer dans la marine autrichienne. Il y eût été accueilli à bras ouverts, si la résistance inébranlable du fils n'avait été un obstacle aux intentions du père. Ce jeune homme, à peine âgé de quinze ans, a une prédilection si marquée pour la Prusse que, s'il ne peut être reçu dans notre marine de guerre, il préfèrera entrer dans la marine marchande de la Hanse, plutôt qu'au service de l'Autriche. Cet amour pour la Prusse, si peu en harmonie avec les sentiments de son père, lui a été inspiré en partie par sa mère, en partie dans ma maison. Sa mère est une amie de ma femme et n'a aucune idée des tendances politiques de son mari. Le jeune Eisendecher, âgé de quinze ans, est de force à entrer en seconde; il a une foule de connaissances en dehors de celles qu'on apprend au collège ; il est bien doué de corps et d'esprit pour faire un bon officier de mer. Il aura de la fortune du côté de sa mère, et son entrée chez nous serait un précédent qui, je l'espère, trouverait des imitateurs parmi les éléments analogues de la population sur les bords de la mer du Nord. En recommandant instamment mon protégé à la bienveillance de Votre Excellence, je me permets de demander s'il a quelque espérance d'être admis dans notre marine, quelles sont les démarches officielles à faire pour lui, et s'il doit s'adresser à Votre Excellence ou à son Altesse Royale le prince Albert.

(1) En ce moment ministre de Prusse à la cour de Carlsruhe.

XCVI

Le comte de Montessuy. — Changement des ambassadeurs de Russie et d'Espagne. — La question Neufchâtel. — Les comtes de Barral et de Mulinen.

18 novembre 1856.

J'ai l'honneur d'adresser à Votre Excellence la suite de ma lettre, interrompue hier par l'heure du courrier.

L'article de la *Gazette de Cologne*, qui a inquiété hier le comte de Montessuy, se trouve dans le numéro du 15 courant. Il est daté de Vienne, sous le signe de la Balance. Mon collègue de France donne en général trop d'importance à la presse, et y puise souvent des renseignements faux pour ses rapports, puisqu'il n'a aucune idée de l'action ni de la situation des correspondants des journaux allemands. Il étale d'ailleurs un zèle infatigable dans l'envoi de ces rapports; mes collègues allemands le redoutent à cause de ses procédés inquisitoriaux et de ses questions directes sur les incidents des séances, par lesquelles il gêne singulièrement les délégués qui affectent toujours des airs de mystérieuse importance. Dans la société, il n'a pas su se faire une bonne situation, à cause de sa femme surtout. Les dames de la Diète ne la trouvent pas assez aimable pour lui pardonner ses prétentions et ses diamants; ses invitations sont les sources de nouvelles inimitiés, parce que dans sa façon de choisir et de placer ses invités, elle ne tient compte d'aucun des nombreux écueils, prétentions nobiliaires et autres. Une partie des délégués ne va plus du tout chez les Montessuy. Je suis du petit nombre de ceux qui sont sur un bon pied avec la femme et le mari ; je n'ai qu'un reproche à faire à cette maison : on y mange médiocrement et on y boit plus mal encore, inconvénient que je supporte, dans mon abnégation pour le service du roi, sans murmurer, et parce que Montessuy est pour moi un collègue agréable.

Il semble que nous perdrons sous peu le ministre d'Espagne Estrada ; il propose de vider la question de Neuchâtel de la manière suivante : Sa Majesté renoncerait à la principauté, mais elle serait proclamée « premier citoyen d'honneur de la Suisse », fait qui serait éternisé sur une colonne commémorative à Berne. Il m'a, à différentes reprises, prié de la façon la plus sérieuse et la plus pressante de soumettre à Votre Excellence ce *modus* de solution. Son successeur sera le marquis Quinones, en ce moment premier secrétaire à Paris.

Pendant les vacances il nous est arrivé un nouveau Sarde, le comte Barral, mari d'une fort belle Parisienne. J'ai dû écrire à Votre Excellence que le comte Rechberg avait essayé d'obtenir dans la commission, par égard pour l'Autriche et à cause de certains mots de Cavour, que le réprésentant de la Sardaigne ne fût pas accueilli par la Diète. En présence de ce fait, on est quelque peu surpris de voir que les comtes Barral et Rechberg, au lieu de se montrer de la froideur, paraissent avoir noué des relations très amicales. J'ignore si j'en trouverai la clef et si Barral offre le rare échantillon d'un Sarde, confiant dans l'Autriche. Lui aussi a l'habitude des questions directes et indiscrètes. Un jour qu'il m'en adressait une sur nos rapports avec la Russie et la France, sans lui dire quoi que ce soit, dont il aurait pu constater la fausseté, je lui ai conté quelques bourdes, grâce auxquelles je pourrai me convaincre plus tard, s'il est d'accord ou non avec Rechberg.

Ce qui m'a paru singulier, c'est que Barral avait évidemment l'opinion suivante : le Piémont n'a pas à attendre de la France et notamment d'une alliance franco-russe, des avantages sérieux pour sa puissance et son indépendance ; si, au contraire, l'Autriche court le danger d'être écrasée par une alliance continentale prépondérante entre la France, la Russie et la Prusse, il ne lui reste plus qu'un moyen de salut, se mettre elle-même à la tête du mouvement national des peuples catholiques opprimés, c'est-à-dire des Polonais, des Italiens, des Allemands et des Français, de faire sauter ainsi ses trois adversaires par la révolution et avec l'aide de l'Angleterre, en cherchant en Allemagne seulement des dédommagements pour les provinces cédées à la Pologne et à l'Italie, et en concluant une alliance dominante en Europe avec les nations catholiques et libérales, de création nouvelle. Il ne formulait pas ce système comme je le fais ; il parlait, au contraire, avec l'air de provoquer l'Autriche, mais je ne crois pas me tromper, en déduisant de ses discours cet aventutureux raisonnement comme sa véritable profession de foi.

Les idées de ce genre ont déjà dû hanter d'autres cerveaux, car Barral, quoique jeune, est un bon vivant, qui a trop vécu pour inventer lui-même ces plans fantastiques. On peut objecter à cela qu'il est parfaitement possible que l'Autriche révolutionne la Pologne, et que l'Angleterre révolutionne la France, mais que jamais le cabinet de Vienne n'aura la confiance des révolutionnaires d'Italie et d'Allemagne. Cette objection n'empêche pourtant pas certains Italiens de faire des combinaisons de détail, et d'y croire. Je rapporte mon observatoin à Votre Excellence, simplement comme un naturaliste qui a trouvé une espèce curieuse; ce serait cependant intéressant pour moi, si l'on pouvait apprendre à Turin ou à Paris, où Barral exerçait ses fonctions antérieurement, s'il s'y est trouvé mêlé à des intrigues ultramontaines.

Un autre élément original dans la diplomatie de Francfort, c'est le comte de Mulinen, deuxième secrétaire à l'ambassade de France et parent éloigné du comte de Montessuy. Son père, Suisse de naissance, a été au service du Wurtemberg, sa mère était Française, son frère fait partie de la diplomatie autrichienne, sa femme est la fille du ministre de Russie en Suisse, Krudner; lui-même était, il n'y a pas longtemps, au service de l'Autriche; il le quitta sans raisons connues, se fit ensuite naturaliser Français, grâce aux relations de ses parents, devint consul à Dantzig ou à Kœnigsberg, et vint enfin ici avec Montessuy, comme son secrétaire le plus intime. On se demande souvent, quelle garantie le gouvernement français possède, qu'il n'est pas aujourd'hui encore aussi bien que son frère au service de l'Autriche; en effet, dans sa position actuelle il pourrait rendre au cabinet de Vienne les services les plus signalés.

L'affaire de Neufchâtel me vaut une foule de questions impatientes de la part de mes collègues : M. de Lydow n'est-il pas encore à Berne? Ne faites-vous pas de préparatifs militaires pour le cas où la Suisse répondrait par une fin de non-recevoir? etc. Le comte Rechberg est averti, que M. de Mensshengen, ministre d'Autriche à Berne, l'informera par dépêche de tout ce qui se passera; il n'a rien reçu jusqu'à ce jour.

Il y a environ quinze jours, j'ai écrit à Votre Excellence nos succès à la Diète dans l'affaire de Neufchâtel et les motifs de ces succès; mais j'ai envoyé la lettre à Letzlingen, croyant que Votre Excellence s'y trouvait; j'espère qu'elle sera arrivée à son adresse par la poste de Magdebourg.

XCVII

Nouvelles de Paris.

18 novembre 1856.

J'annonce à Votre Excellence que H... est arrivé hier. Il prétend avoir passé neuf mois en prison à Paris et avoir été relâché il y a huit jours. Il a tout un stock de nouvelles alarmantes : l'empereur est atteint d'une maladie mortelle, il souffre du diabète, le jeune prince est né aveugle, la révolution va éclater, etc... Il ne parle que de Kossuth, de Mazzini (qu'il prononce Machini, il n'a donc jamais entendu prononcer son nom par des amis de ce révolutionnaire). Il m'a promis ses renseignements par écrit, et, quoique je n'y croie pas, je me permettrai pourtant de les envoyer. Je ne connais pas son passé; aussi ne sais-je s'il est convenable de le laisser vagabonder librement, sans feu ni lieu. Voilà pourquoi je l'ai accueilli, écouté, et lui ai promis de l'argent, car il prétend être sans ressources. J'annonce provisoirement sa présence par le télégraphe.

XCVIII

M. de Bismarck à Hanovre. — Avis de M. de Fonton et de lord Palmerston sur la question de Neuchâtel. — Avertissement de l'Autriche sur l'alliance de la Prusse avec la France. — Attitude de l'Autriche dans la question de Neufchâtel. — L'Électeur de Hesse. — Politique de la Sardaigne dans le conflit de la Prusse avec la Suisse. — Le nouvel ambassadeur de Russie à Londres. — Note circulaire de la Russie sur la question du Holstein.

22 décembre 1856.

J'ai rendu compte à Votre Excellence, dans mon dernier rapport immédiat (1) de mes impressions à Hanovre. Je me permets d'ajouter quelques détails plus circonstanciés.

Le roi Georges a été, comme toujours, fort gracieux pour moi; il s'est montré particulièrement reconnaissant de l'appui que nous lui avons prêté dans la question de la constitution hanovrienne. Sa Majesté parla avec un intérêt tout particulier de l'expédition de Neufchâtel, qu'Elle croyait prochaine; Elle voulait savoir des détails sur les troupes et les généraux désignés pour y participer; je n'en savais rien moi-même. Sa connaissance du personnel de notre corps d'officiers m'a plongé dans l'étonnement. Le roi ne voulut pas s'appesantir sur la question de savoir si nous marcherions ou non. L'attitude de la Suisse lui fait croire que c'est inévitable, et que personne ne peut plus honorablement nous conseiller de rester tranquille. Du moment que nous étions sûrs de la France, il n'y avait plus

(1) V. la *Correspondance diplomatique* à la même date.

de motif plausible pour tolérer plus longtemps l'injustice des Suisses ; le chapitre des frais est sans doute désagréable, mais la question d'honneur nous oblige d'une façon irrésistible.

En général je n'ai trouvé personne depuis qui croie possible que nous n'ayions pas recours aux armes, si la relaxation ne précède pas le jugement. Même des Anglais et des Autrichiens, comme Malet et Ingelheim concèdent, dans leurs entretiens extra-officiels, que nous ne pourrions agir autrement, sans perdre quelque peu de notre considération à l'étranger.

Fonton est un des personnages intéressants de Hanovre (2). On dit que le prince Gortschakoff attache de plus en plus de prix à ses conseils et à ses avis. Fonton croit que la France, après nous avoir permis de procéder contre la Suisse, ne resterait pas immobile, mais coopérerait probablement en occupant Genève, ou plus encore, *en qualité de puissance amie;* on le lui a écrit de Paris.

Par le ministre du Hanovre (3) à Londres, le comte Platen connaît les opinions de lord Palmerston sur le conflit suisse. Ce que j'ai surtout retenu c'est que le lord a dit en riant : « Les Prussiens vont faire beaucoup de frais, et au mois de janvier la Suisse condamnera ses prisonniers, et les amnistiera, *donc la farce sera finie, et la Prusse y sera pour ses frais*. Le même raisonnement se trouve dans la presse gouvernementale de l'Autriche, par exemple dans l'extrait ci-joint de l'organe officieux « Gazette autrichienne » sous la rubrique correspondance « du lac de Constance ». Si les Suisses prenaient cette mesure sans tarder à l'égard des personnes et des

(1) Comte d'Ingelheim, ministre d'Autriche à Hanovre.
(2) De Fonton, ministre de Russie à Hanovre.
(3) Comte de Kielmansegge.

biens des détenus, elle aurait seulement, à ce qu'il me semble, pour effet de ramener le *statu quo ante* septembre. Or, une fois que nous serions à Schaffhouse avec 100,000 hommes, nous chercherions à obtenir davantage.

Le prince Ysenbourg (1) a dû rapporter déjà que l'avertissement donné par l'Autriche contre notre accord avec la France n'a été émis que verbalement, mais, comme l'admet le comte Platen, sur recommandation expresse. Il m'a dit y avoir répondu par cette question : « L'Autriche est-elle, pour des éventualités de ce genre, absolument sûre des trois Etats de l'Allemagne du Sud? » et que le comte Ingelheim répliqua : « Nullement, mais le danger n'en est que plus grand. » Platen affirme avoir ajouté : « Pour nous le danger est *trop* grand, si nous voulions nous séparer de la Prusse, car nous pourrions être très vite inondés par les armées prussiennes, et nous avons appris de l'Autriche elle-même à nous mettre chaque fois du côté du plus fort ». Votre Excellence voit par là quelle singulière confiance on témoigne de toutes parts dans la solidité de la Confédération au moment du danger.

J'ai déjà mentionné autrefois que l'Autriche avait engagé Carlsruhe, Darmstadt et Wiesbaden à nous renvoyer à la Diète, si nous demandions le passage pour nos troupes. D'un autre côté, dans les délibérations sur la résolution du 6 novembre, le comte Rechberg avait reçu les instructions les plus strictes. Il devait repousser toute proposition de la commission autorisant le passage de troupes prussiennes. On nous conduirait naturellement par le bout du nez, avec des discussions dans la commission, des

---

(1) Prince d'Ysenbourg et Budingen, secrétaire de légation à l'ambassade de Prusse à Hanovre.

demandes d'instructions et des contre-propositions à la Beust, si on pouvait nous amener à faire dépendre notre marche en avant d'une nouvelle résolution de la Diète.

Suivant sa politique actuelle, l'Autriche se demande, à chaque incident, comment elle pourrait l'exploiter au détriment de la Prusse ; aussi serait-ce un aussi grand plaisir pour elle que pour lord Palmerston, si nous ne nous tirions *pas* à notre honneur de cette affaire. De plus l'Autriche n'aime pas que la Prusse déploie de grandes forces dans l'Allemagne du Sud et termine sa querelle avec la Suisse plus énergiquement qu'elle-même ne l'a fait avec le Tessin, dans la querelle des couvents, où elle a fini par faire de grandes concessions. Enfin l'on sait très bien à Vienne que la France, après son inutile intervention, se considèrerait comme abandonnée par nous, si nous ne faisons rien ; que l'amitié de Louis Napoléon et son respect pour notre énergie baisseraient considérablement, si on s'en tenait aux paroles échangées. Tout cela explique pourquoi l'Autriche, tout en affirmant notre droit, s'efforce de nous jeter dans les jambes le lacet fédéral, pour nous maintenir dans l'inaction. On agirait encore plus vigoureusement sur les cours de l'Allemagne du Sud, si on ne craignait pas qu'en fin de compte la France n'obtînt à Carlsruhe une influence que l'Autriche cherche à nous dérober, ou même que la France ne nous accordât le passage, ce à quoi je ne crois pas encore.

Le prince Électeur de Hesse, qui m'a donné ici une audience, exprima l'espoir de nous voir bientôt entrer en campagne, avant que la Suisse n'ait achevé ses préparatifs de défense ; il joindra avec plaisir ses troupes aux nôtres.

Quant à la crainte que la Sardaigne ne prenne

parti contre nous pour la Suisse, je n'ai trouvé personne qui la partageât. Les amis de Paris du comte Barral m'ont dit qu'on le comptait plutôt parmi les conservateurs que parmi les Cavouriens et que ce parti dans son pays s'intéressait depuis quelque temps plus vivement à une entente avec l'Autriche.

J'entends dire à maintes reprises par des Russes que leur poste d'ambassadeur à Londres doit être occupé par un nouveau titulaire. On ne connaît de remplaçant possible que M. de Brunnow, qui le désire certainement de la manière la plus vive. Il a dit dernièrement, à ce que j'ai appris, que l'éloignement des Anglais de la mer Noire ne pressait pas tant, pourvu que les Autrichiens fussent expédiés hors des Principautés.

En ce qui concerne le Holstein (1), il existe, paraît-il, une instruction circulaire russe qui déclare qu'on ne s'inquiétera nullement de la querelle entre l'Allemagne et le Danemark, à condition que la monarchie danoise et le protocole de Londres de 1851 restent intacts.

XCIX

Craintes du comte de Rechberg sur l'attitude de la France dans la question de Neufchâtel. — Entretien à ce sujet avec le comte de Montessuy. — Attitude de la Sardaigne.

28 décembre 1856.

Votre Excellence me permettra de revenir sur mon rapport d'avant-hier (2) et de le compléter.

(1) Question de la Constitution de Holstein-Lauenbourg.
(2) Voir vol. II, de la *Corr. diplom.*, (Plon, Paris).

Dans l'entretien en question, le comte Rechberg m'a demandé s'il y avait longtemps que je n'avais plus causé avec le comte Montessuy ; je répondis : « Avant-hier soir ». Il me fit promettre la plus grande discrétion, et me confia que le comte lui avait parlé hier sur un ton qui n'était pas en harmonie avec notre apparente confiance dans les intentions de la France, et qu'il semblait avoir reçu de nouvelles instructions de Paris. Le comte Rechberg ne voulait ni ne pouvait me communiquer ce que notre collègue de France lui avait dit, mais il nous prévenait d'être sur nos gardes, et de ne pas attacher trop de valeur à l'article du *Moniteur* (1) ; bref, il était fort inquiet pour nous. J'en ai causé avec le comte Montessuy, sans nommer Rechberg, et j'ai pu me convaincre que mon ami autrichien avait inventé comme à plaisir pour exciter notre méfiance contre la France. Je ne rapporte cet incident que pour jeter la lumière sur des tentatives semblables, que l'on fait peut-être ailleurs. Montessuy m'a dit que ses dépêches dataient de plusieurs jours, que leur sens était conforme à cet article du *Moniteur* et à une interprétation de cet article dans le *Constitutionnel*, signé Céséna, et qu'il n'avait parlé à personne dans un sens différent. Il n'a pas nié qu'il était fort possible que la France envahît également la Suisse ; qu'il n'y avait pas, en ce cas, de conflit avec l'Autriche à craindre, parce que la coopération de ces deux puissances, si toutefois elle devenait effective, se bornerait à des territoires séparés par une distance d'au moins cinquante lieues. Dans le cours de cet entretien confidentiel, il dit que la Suisse sortirait en tous cas changée de ce conflit, soit au point de vue politique, soit au point de vue

(1) M. de Bismarck fait allusion à un article du 17 décembre 1856.

géographique ; en d'autres termes, il s'attend au moins au rétablissement d'une constitution conservatrice, sinon à une réduction du territoire suisse. D'après ses paroles, on conçoit à Paris la question sous le jour d'une exécution européenne contre la démocratie. La pensée du morcellement de la Suisse se répand de plus en plus dans le public; j'ai entendu dire que la couronne royale se trouverait pour Bade au fond de ces désordres. Mon collègue de Bade me dit, sur un ton moitié sérieux, moitié badin, que son gouvernement serait disposé à céder, en échange du canton de Schafhouse, du territoire à Hohenzollern ou à la Bavière qui nous donnerait, par contre, des morceaux du Palatinat.

J'eus l'occasion de dire au comte Barral qu'un grand nombre de Suisses nourrissaient l'espoir d'être soutenus par la Sardaigne. Il répondit qu'il faudrait que son gouvernement fût *tombé en démence*, s'il se laissait entraîner à soutenir la Suisse contre la Prusse. « Le radicalisme suisse, ajouta-t-il, n'est nullement sympathique aux tendances des Sardes; tout ce qui pourrait se soucier de l'Italie, notamment les éléments italiens de la Suisse, est absolument républicain. La maison de Savoie ne peut pas attendre de la Suisse un appui efficace pour son développement; ses espérances d'avenir concordent essentiellement avec celles de la Prusse, quoique, jusqu'ici, vous ne vous soyez guère montrés favorables à notre égard. »

C

Intervention de la Confédération dans la question du Holstein. — Attitude de la France et de la Russie. — Voyage de M. de Bismarck à Paris. — L'union douanière de l'Allemagne du Nord.

11 mars 1857.

Dans la question danoise, M. de Rechberg, qui a déjà soumis son idée aux gouvernements allemands, proposera tout d'abord l'envoi d'un commissaire fédéral à Copenhague, lequel chercherait à obtenir du Danemark, et au nom de la Diète, la solution des difficultés demandée jusqu'ici par nos notes et par celles de l'Autriche. S'il est possible de surmonter les obstacles que présente l'instruction de la part de la Diète d'un tel commissaire envoyé avec pleins pouvoirs, cette mesure, à mon avis, allégerait la tâche; un commissaire de ce genre, grâce à ses rapports immédiats avec les membres du gouvernement danois, aurait plus de marge pour conformer son attitude aux circonstances et faire intervenir, dans les négociations, les mesures que la Confédération *pourrait* prendre, tandis que la Diète, par des résolutions unilatérales et plus ou moins pratiques, peut aisément nous entraîner dans des complications, où notre honneur serait engagé.

Si nous devions consentir à l'envoi de ce commissaire, il faudrait d'abord sonder les dispositions des puissances étrangères, afin de nous assurer que la démarche de la Confédération aurait quelque chance de succès. Si oui, la nomination de ce commissaire devrait être confiée à la Prusse; mais si l'on peut prévoir que les Danois, comptant sur un appui extérieur, ne céderont pas, il faudra laisser aux États moyens l'honneur de tirer les marrons du feu.

La première alternative me paraît probable, si l'on réussit à convaincre la France qu'elle est intéressée au maintien du Danemark, mais que ce maintien est incompatible avec la durée du gouvernement démocratique de ce pays. Si la France était d'avis qu'il faut agir, la Russie, d'après tout ce que j'entends, y consentirait, car, à Saint-Pétersbourg, on semble redouter que la constitution actuelle ne maintienne le Danemark dans un état de trouble constant, dont le résultat final ne pourrait être favorable qu'à l'Angleterre, attendu qu'en Russie on ne croit pas à la vitalité du scandinavisme.

Si Votre Excellence le jugeait convenable, je serais bien disposé à me rendre à Paris, sous forme d'un congé de quelques jours, pour y traiter la question d'un commun accord avec Hatzfeldt. Mes entretiens avec Montessuy m'ont fait comprendre qu'on n'a là-bas qu'une idée très imparfaite du point où en sont les affaires danoises. Ce dernier m'a même exprimé le désir qu'un homme, connaissant cette matière à fond, allât à Paris l'exposer dans notre sens et verbalement, parce que la négociation par écrit serait difficile pour différentes raisons. Je crois que Hatzfeldt lui-même serait content de causer avec moi sur ce point. Jusqu'à ce jour, les dépêches de France et de Russie se fondent encore sur l'hypothèse que l'affaire n'arrivera pas jusqu'à la Confédération.

J'ai une remarque à ajouter au sujet du Hanovre. Le comte Platen s'est exprimé longuement sur le projet de la Constitution d'un Zollverein de l'Allemagne du Nord ; d'après lui, le Hanovre en ferait partie, du moment que la Saxe en serait. Pourtant, le roi Georges plaide toujours encore pour l'accession de toutes les possessions autrichiennes.

CI

La question du Holstein et la Diète. — Voyage de M. de Bismarck à Paris. — Position de la France. — Rotschild, trésorier-payeur général de la Prusse.

26 mars 1857.

J'ai l'honneur de renvoyer à Votre Excellence ce mémoire avec mes remerciements. Il prouve encore une fois que l'auteur est d'une intelligence hors ligne et qu'il rendra de plus grands services, lorsqu'il aura acquis, comme lest, le calme et la réflexion indispensables à la vivacité de son esprit, et pourra diriger sa barque d'une main sûre. Ses critiques de certaines personnes, je les tiens malheureusement pour absolument fondées.

On me demande de toutes parts *si*, *quand* et *comment* la question du Holstein sera portée devant la Confédération. Au *si*, j'ai toujours répondu que cela me paraissait inévitable, vu que les deux grandes puissances ne pourraient faire davantage que de répéter ce qu'elles ont déjà dit en continuant à dérouler l'écheveau de leurs correspondances avec le Danemark. Selon moi, il serait bon pour nous et pour l'affaire qu'elle fût portée sans retard devant la Confédération. Dans notre action commune avec l'Autriche, cette dernière nous a laissé jusqu'à ce jour autant que possible le rôle de l'agent responsable, parce que la tâche ne promettait pas une solution facile et claire. Toute l'Allemagne partagera ce fardeau avec nous, dès que nous aurons présenté l'affaire ici. Notre action deviendra bientôt l'objet des méfiances et des soupçons, si nous n'amenons pas les autres gouvernements allemands à prendre leur part de responsabilité dans les résultats peut-être médiocres. La Confédération n'a pas besoin de prendre tout de suite des résolutions ; son organisation lui permet plus décemment qu'aux deux grandes puissances de traîner la chose en longueur, et elle a un excellent moyen de se tirer d'affaire en envoyant un commissaire à Copenhague. Quant à la médiation des puissances occidentales, elles y seront poussées, sans que nous les y déterminions ostensiblement, par la crainte que la Diète, se trouvant par extraordinaire d'accord avec l'opinion publique de toute l'Allemagne, ne fasse de cette question le levier de l'enthousiasme national, dont l'intensité croissante finirait par les mettre toutes mal à l'aise. Je compte qu'alors on obtiendra plus pour prévenir les résolutions de la Diète, que par ces résolutions elles-mêmes.

La Diète pourrait commencer par faire énumérer par une commission les griefs contre le Danemark fondés en droit fédéral, sur les promesses contractuelles de 1852. L'article le plus saillant est le numéro 56 de l'acte final, sur le changement des constitutions ; il faut y ajouter le décret fédéral du 23 août 1851 ; car la constitution générale du Danemark, valable aussi en Holstein, ne laisse pas au duc l'indépendance nécessaire pour remplir ses devoirs de membre de la Confédération, et se trouve du reste souvent en contradiction avec la Charte fédérale.

L'usage veut qu'il n'y ait de séance ni le jeudi saint, ni dans la semaine de Pâques ; je pourrais donc, sans trop exciter l'attention, mettre à profit les congés de Pâques pour faire mon excursion à Paris, et partir, si Votre Excellence le permet, vers demain en huit.

Je causais ces jours derniers sur la position de la France dans la question danoise avec un homme très au courant des habitudes de la cour impériale. Il m'affirma que le plus sûr moyen d'agir sur Louis Napoléon, c'était par Persigny (1), et que l'empereur ne prenait pas facilement une décision à laquelle Persigny était opposé. Mais il faut se garder en traitant par Persigny, d'en rien laisser parvenir aux oreilles de Walewsky (2), qui agirait en sens contraire. Persigny est, paraît-il, absolument discret, le plus sûr des hommes d'Etat français contemporains; il est même franc pour qui a su gagner sa confiance.

Je suis complètement désorienté sur l'état actuel des négociations neufchâteloises, et serais fort obligé à Votre Excellence de me faire envoyer les communications annoncées par la lettre du 16 courant.

Post-scriptum. — Rotschild me demande à chaque instant ce que sont devenues ses propositions sur l'établissement du service de notre dette dans sa maison. Il est prêt à faire les paiements sans avance de fonds et sans frais. Il me dit qu'il place constamment des fonds prussiens dans l'Allemagne du Sud et qu'après adoption de cet arrangement il pourrait le faire sur une plus vaste échelle.

CII

M. de Bismarck à Paris. — Dispositions des grandes puissances dans la question de Neufchâtel. — Nécessité pour la Prusse d'accepter les conditions de la conférence. — La question Danoise.

Paris, 11 avril 1857.

Je me permets d'envoyer provisoirement à Votre

(1) Duc de Persigny, successivement ministre de l'Intérieur, ambassadeur à Londres et sénateur.
(2) Comte de Walewsky, ministre des affaires étrangères depuis 1855.

Excellence quelques détails sur ce que j'ai vu et entendu ici, j'ai justement une occasion sûre pour envoyer ma lettre.

Jusqu'à ce jour j'ai vu, entre autres personnages politiques, le comte Walewski, lord Cowley (1), Hubner (2), la grande-duchesse Stéphanie de Bade etc...; tout en disant que je fais un voyage de vacances et de plaisir, je ne puis faire autrement que de prendre part à des entretiens sur la politique, sur la question de Neufchâtel par exemple, où je me borne au rôle d'auditeur, pour ne pas marcher sur les brisées de Halzfeldt. On la jugeait partout comme chez Hubner avec lequel j'en causai en premier lieu : la solution de cette affaire sera prompte et satisfaisante, car toutes les quatre puissances ont trouvé la plupart de nos conditions acceptables, et ne doutent pas que, pour les autres, nous ne fassions de justes concessions, parce qu'elles ne peuvent pas admettre que la Prusse ait engagé les négociations sous la forme d'un ultimatum. Le comte Halzfeldt a déjà dû mander que les points sur lesquels nos conditions paraissent excessives sont l'article 9 et l'indemnité pécuniaire; le premier parce qu'on ne trouve pas admissible de forcer la Suisse à violer sa constitution, l'autre parce que la somme demandée est trop forte. Le comte Walewski a dit : *Un million est le maximum qu'on pourra obtenir de la Suisse.* Sur les deux points c'est naturellement l'Angleterre qui soutient le plus la Suisse. Toutes les personnes que je viens de nommer m'ont affirmé que l'Angleterre le ferait à un plus haut degré encore, si les bonnes relations personnelles de lord Cowley avec Hatzfeldt ne le décidaient à déroger à ses habitudes en se mon-

---

(1) Ambassadeur d'Angleterre à Paris.
(2) Hubner, ambassadeur d'Autriche à Paris.

trant plus modéré et plus conciliant que ses instructions. Hubner a prétendu que ce qui nuit surtout à notre situation, c'est que Hatzfeldt a *trop bien* réussi auprès de l'empereur Napoléon, l'automne dernier; personne à cette époque n'avait voulu croire que ce fût possible. Quant à lui-même, Hubner m'affirma que ses instructions actuelles lui recommandaient en général de soutenir l'empereur Napoléon ; il disait cela pour me faire entendre que ses instructions nous sont favorables. D'après le dire du comte Walewsky, je puis croire que le cabinet de Paris s'efforce sérieusement de faire accepter de nos conditions autant que c'est possible, sans courir le risque d'avoir des ennuis avec l'Angleterre, mais qu'il serait très désagréablement affecté, si nous ne voulions pas accepter les propositions qui amèneraient l'accord entre les puissances. Si les négociations n'avaient pas ce résultat, cela prouverait que l'empereur a commis une faute politique en prenant notre parti dans la question des détenus, et que ceux qui l'en détournaient avaient eu raison. Je ne pus, pour ma part, que plaider en faveur de nos conditions, mais je ne pense pas que ce soit politiquement pratique de repousser les conclusions des conférences, ne seraient-elles même pas entièrement conformes à nos vœux. En effet, voici la tournure que prendrait la chose : l'opinion des quatre autres puissances étant une fois connue, surtout dans les termes du protocole de la première conférence à laquelle nous ne participâmes point, la Suisse se passera de notre assentiment, car elle aura alors pour elle, de fait, sinon de droit, la révocation du protocole de Londres; nous, par contre, nous n'obtiendrons rien de ce que nous demandions, nous abandonnerons nos amis de Neufchâtel pour un temps indéfini au caprice despotique de leurs adversaires, situation dont ils s'affranchiraient tôt ou tard en se détachant publiquement de nous.

J'ai eu des conversations plus approfondies sur la question danoise, je les rapporterai prochainement à Votre Excellence; aujourd'hui le temps me manque, car je dois encore avoir une audience de l'Empereur, laquelle me donnera peut-être plus ample matière.

J'ignore si j'aurai le temps d'aller jusqu'à Londres ; si je ne quitte point Paris dès le milieu de la semaine prochaine, ça n'en vaudra guère la peine, vu que je dois être de retour à Francfort pour la prochaine séance, au plus tard le 23.

CIII

Voyage de M. de Bismarck à Berlin pour les délibérations de la Chambre sur l'impôt du sel.

Paris, 22 avril 1857.

Le comte Hatzfeldt m'a communiqué hier la dépêche de Votre Excellence qui m'invite à venir à Berlin, et peu de temps auparavant j'avais reçu un appel d'un certain nombre de membres de la Chambre des Seigneurs, qui demandaient mon assistance *contre* l'impôt du sel (1). A mon avis, les opinions de la Chambre sont dès à présent trop solidement établies pour que, dans le peu de temps qui reste avant le scrutin, je puisse agir avec succès sur

(1) En janvier 1857, le gouvernement avait présenté à la Chambre des Députés un projet de loi, portant sur l'élévation du prix de vente du sel (12 à 15 thalers par tonne de 405 livres.)

mes amis politiques. Ma voix seule ne serait pas un gain pour le gouvernement, au contraire; un vote isolé, en contradiction avec toute la fraction ou le parti, me ferait perdre pour longtemps, sinon pour toujours, mon peu d'influence sur la droite de la Chambre et me donnerait l'air d'un membre renonçant à l'indépendance de son jugement en faveur d'influences purement gouvernementales.

CIV

Les fortifications de Rastadt. Influences anti-prussiennes à Carlsruhe. La « Gazette de la Croix, » son manque de tact en parlant de l'Empereur et du prince Napoléon.

12 et 13 mai 1857.

Que Votre Excellence me permette d'ajouter encore quelques mots confidentiels à mon rapport sur Rastadt (1).

Je voudrais bien entendre ce que l'Autriche dirait ou ferait, si *nous* concluions avec Bade une convention semblable sur la garnison de Rastadt, ou si, par exemple, nous nous entendions avec Darmstadt pour remplacer le bataillon de Hesse que le grand-duc est obligé d'y tenir. Si nous nous présentions à la Diète avec des propositions semblables, si nous demandions entre autres de contribuer pour une part plus grande à la garnison de paix de Mayence, on nous répondrait de Vienne avec vigueur et sans détours.

Voir vol. II *Corr. diplom.* (Plon, Paris).

En dehors de Meysenbug, le général Seutter, plénipotentiaire militaire badois et général aide de camp du grand-duc, nous est surtout nuisible à Bade. C'est un homme relativement encore jeune, gagné à l'Autriche aussi bien que sa femme qui est une francfortoise. Le vieux Blittersdorf, bien connu pour avoir les mêmes opinions, fréquente beaucoup la cour de Carlsruhe, lui qui, jusqu'à ce jour, n'y était pas en faveur. Je trouve que le ministère Rudt était pour nous bien meilleur que le ministère Meysenbug; le premier avait au moins pour lui sa simplicité, le second est un intrigant infatigable.

13 mai.

L'article de la *Correspondance prussienne* (1) contre la *Gazette de la Croix* (2) m'avait déterminé à écrire à Votre Excellence une longue confi-

(1) Numéro 110, 13 mai 1857.
(2) La « Nouvelle Gazette de Prusse (*Gazette de la Croix*) » écrivait dans son numéro du 12 mai 1857 : L'arrivée du prince Napoléon n'aura d'importance politique aux yeux de personne. Lorsqu'à la suite des événements de Neufchâtel les relations entre les cours de Berlin et de Paris reprirent de l'activité, le prince Frédéric-Guillaume fit une visite à l'empereur des Français en revenant de Londres. C'est conforme aux règles de l'étiquette que Louis-Napoléon ait engagé son cousin à partir pour Berlin et à présenter ses respects à Sa Majesté Royale... Le voyage du prince Napoléon n'a pas de but politique... La politique extérieure de l'empereur des Français a jusqu'ici un tout autre caractère que celle de son oncle qui écrasa les peuples à la tête de ses armées pour finir en exil, chargé des malédictions de l'Europe. Sans doute personne ne peut dire ce que l'avenir nous réserve; mais à nous, Prussiens, il nous faut un cœur intrépide et des yeux clairvoyants, pour voir venir les événements futurs. Nous n'avons pas besoin de chercher des alliances, mais nous n'avons pas besoin non plus de craindre un adversaire, tant que nous aurons la conscience pure, le cœur droit et la main sûre. La politique intérieure de la France actuelle a trouvé assez d'ama-

dence sur nos rapports avec la France, thème sur lequel je ne cesse de me disputer amicalement avec le général de Gerlach depuis mon séjour à Paris ; mais les visites de Bulow, Rechberg, Montessuy, Reitzenstein ne m'en ont pas laissé le loisir. L'article en question semble avoir été inspiré par la crainte d'un coup d'État chez nous ; toute sa teneur mérite en tout cas un rappel à l'ordre ; il eût déjà été excessif, même si le prince Napoléon (1) n'était pas notre hôte. Je trouve particulièrement inconvenante l'affectation avec laquelle on nomme constamment « *Louis-Napoléon* » un monarque que Sa Majesté le Roi a reconnu officiellement, de même que le « Spectateur de Berlin » mêle ostensiblement le nom pur et simple de prince Napoléon sans épithète, aux noms de nos princes accompagnés du

teurs parmi les hommes d'État de l'Europe. Son mot d'ordre c'est *éclairer et diriger*... Il est fort possible qu'une centralisation aussi forte y ait été absolument indispensable pour empêcher le tout de se dissoudre.

En tout cas il faut que *nous*, de notre côté, nous nous tenions sans cesse sur le qui-vive, pour que le régime impérial ne devienne pas l'idéal pour les peuples européens. Il y a certes assez de gens qui, sans en avoir les capacités, se sentent pourtant des dispositions à jouer au « Napoléon » ; et quoique le génie ne s'imite pas, ils ont cependant bien observé ses expédients extérieurs, et ils sont prêts à faire le bonheur du monde. *Suum cuique !* La Prusse du moins ne peut exister que si ses princes, tout en ayant la main ferme, accordent au peuple la liberté, issue du droit — et si les sujets gardent à leur roi cette fidélité, fruit d'une libre affection. Là où tout se tait, règne le silence, non la paix.

(1) Le prince Napoléon était arrivé à Berlin au milieu du mois de mai 1857 ; à la revue il galopait à la droite du roi. Ni sa figure, ni ses vêtements ne répondaient à l'idée qu'on s'était faite de l'ancien empereur, dont on disait que le prince était la fidèle reproduction. Un gavroche berlinois exprima sa déception en ces termes : « Ce n'est pas lui du tout, il ne porte pas le chapeau en bataille. »

titre d'Altesse Royale (1) dans le récit de la revue de Potsdam. Cela frappe les lecteurs, et on raconte déjà assez d'histoires singulières sur des procédés discourtois à l'égard de notre hôte.

J'aurais bien voulu avoir une occasion de m'entretenir verbalement avec Votre Excellence sur quelques-unes de mes observations faites à Paris, surtout sur le désir de l'empereur de nous faire une visite, et sur d'autres pensées qui s'y rattachent et qui m'ont été suggérées par mes entretiens avec lui. Bien des détails ne peuvent se rendre par écrit, quelque développement qu'on y mette; de plus le caractère purement privé de mes rapports avec les personnages politiques à Paris me laisse indécis sur les limites de la discrétion que je dois observer par égard à notre situation à Berlin. J'ai pourtant résisté à la tentation de faire ce voyage, et je n'en ai pas fait l'offre, parce que je ne sais pas si ma présence et mes idées seraient les bienvenues auprès de Sa Majesté le Roi. Je me permettrai cependant demain de développer dans un rapport d'un caractère purement privé à Votre Excellence mes idées sur notre politique générale. Je demanderai seulement de l'indulgence et de la discrétion, pour le cas où ce rapport paraîtrait oiseux ou inopportun, à cause des divergences qui pourraient s'y trouver avec les hautes intentions de Sa Majesté le Roi.

(1) Le roi de Prusse nomma le prince Napoléon, à l'occasion d'un toast, « prince français ». Voici comment le « *Moniteur* » en rendit compte : « Au dessert le roi s'est levé et a porté la santé du Prince français, en ajoutant : Je souhaite que l'illustre famille à laquelle appartient mon hôte, fasse longtemps le bonheur de la France, et que cette grande nation reste toujours l'amie de la Prusse. »

CV

Mémoire de M. de Bismarck sur la politique générale de la Prusse. — Visite du prince Napoléon à Berlin, avantages d'une visite de l'empereur Napoléon.

18 mai 1857.

J'ai résumé mes vues dans le mémoire ci-joint. Je prie Votre Excellence de l'accueillir avec indulgence; c'est un essai pour contribuer à éclairer la situation à mon point de vue personnel. Je ne sais si mes conceptions répondront aux intentions de Sa Majesté; elles ne sont pas conformes aux vues du général de Gerlach, je le vois par ses lettres; mais, d'après l'impression que l'état réel des choses a produite sur moi, je ne puis concevoir d'une façon différente l'attitude que nous avons à prendre.

Le voyage du prince Napoléon, la façon dont le « *Moniteur* » le raconte et publie pour ainsi dire à son de trompe l'accueil que le prince reçoit prouvent quelle importance la politique française attache à l'opinion qu'elle se trouve en bons rapports avec la Prusse. Dailleurs j'ai eu à Paris suffisamment l'occasion de me convaincre qu'on cherche à paraître et à devenir plus intime avec nous. Si Sa Majesté le Roi est d'avis que l'apparence de cette intimité a pour nous aussi des avantages sérieux, on pourrait la produire sous une forme qui ne nous engage à rien, en venant au-devant des désirs de l'empereur Napoléon, qui voudrait faire une visite à la Prusse. J'ignore si et comment ce thème a déjà été discuté par les voies officielles entre Berlin et Paris, ou à Berlin même pendant la présence du prince Napoléon. Si Sa Majesté était disposée à y consentir, et si la voie régulière présentait quelque difficulté, je serais en état, après ce qui m'en a été dit à Paris, de me charger de l'affaire d'une façon toute naturelle et pour ainsi dire à mon propre compte, soit à l'occasion d'une visite à la grande-duchesse Stéphanie, quand elle sera de retour à Bade, soit par d'autres voies. Je considérerais la chose, en cas de réussite, comme un grand succès diplomatique pour la Prusse, et quoique Gerlach m'ait vertement réprimandé à propos de ce projet, je n'en reste pas moins convaincu d'avoir bien agi en le conseillant.

Dans le dernier numéro de la « *Revue de Berlin* » se trouve une creuse déclamation historique sur la visite du prince français à Berlin. L'occupation de Berlin par les Français en 1806 ne signifie plus rien aujourd'hui, pas plus que l'entrée des Russes et des Autrichiens pendant la guerre de Sept Ans. On ne peut pas faire de la politique avec des phrases.

J'ai appris à Paris avec quelle prudence nous devons adresser des communications à Vienne. On utilise chacune de nos expressions bienveillantes, on s'empare de tout ce qui se dit à notre cour, pour souffler la méfiance contre nous à l'empereur Napoléon, pour lui faire croire que l'Autriche peut en tout temps nous entraîner contre la France, et que nous communiquons à Vienne toutes les notes confidentielles de Paris. C'est cette dernière idée que l'on cherche à tenir sans cesse en éveil, et, en matière d'insinuations, Hubner déploie beaucoup de savoir-faire.

CVI

Mémoire autographe sur la politique générale de la Prusse.

Aussi longtemps qu'une alliance, fondée sur des principes de politique commune, unissait étroitement les trois grandes puissances de l'Est, elle forma une assise solide pour la Confédération Germanique, en même temps que les trois puissances trouvaient en elle un surcroît de force. Malgré mainte divergence de vues et d'intérêts, ce système avait fait de l'Europe centrale une sorte de corporation solidaire, qui présentait un front défensif commun vers l'Ouest, pour écarter de tous ses membres les dangers dont les révolutions et l'ambition conquérante de la France les pouvaient menacer. Cette union était si forte, et surtout, comparée à la France seule, si visiblement prépondérante, que ses membres y trouvaient une garantie passablement sûre pour le maintien de leur intégrité. Les souverains allemands de la frontière de l'ouest, partant les plus exposés, pouvaient avec une grande vraisemblance compter qu'une attaque de la France n'aurait pas lieu, ou serait repoussée par les forces réunies de la Sainte-Alliance, et que toute défaillance, toute infidélité de leur part trouverait sa punition. On pouvait donc admettre qu'ils resteraient fidèles, même après avoir subi des désastres au début, et que, surtout en cas de guerre, la constitution et l'armée se montreraient dans leur force et leur réalité.

Pour la Prusse cette alliance avait ses côtés gênants, si nous concevions des plans ambitieux. L'union étroite avec les deux empires, ayant plus de rapports entre eux par leur situation intérieure et leurs principes gouvernementaux, nous enlevait la liberté de nos mouvements sur le terrain de la politique européenne. Mais l'assurance d'une existence paisible avait aussi pour nous son prix ; grâce à cette sécurité, et à l'équivalence des situations et des intérêts, nous conquîmes en Allemagne une influence que l'Autriche, à cause de sa politique intérieure, ne put nous disputer, ou qu'elle nous céda tacitement en échange de notre appui auprès des cabinets des autres grandes puissances. La Confédération Germanique était par conséquent un organisme sur lequel nous pouvions jusqu'à un certain point compter en cas de guerre, et dont le développement en temps de paix, contrecarré par l'Autriche, nous était plutôt favorable que défavorable.

Peu importe que la dissolution de la Sainte-Alliance ait été plutôt une faute de la Russie ou de l'Autriche ; un seul fait nous intéresse, cette alliance n'existe plus. Il est invraisemblable que, si aujourd'hui les armées françaises envahissaient l'Allemagne, celles de la Russie se hâteraient de se joindre à nous pour marcher contre elles. Il n'est même pas admissible que l'Autriche dégarnirait ses frontières orientales pour se jeter avec toutes ses forces au-devant de l'ennemi occidental ; et il reste fort douteux qu'entre elle et la Prusse se rétablirait à l'instant le degré de confiance et de dévouement mutuel qui seul pourrait donner à leur alliance une énergie suffisante dans l'union pour qu'elle fût une garantie de succès. Ce sont là les raisons pour lesquelles en Allemagne et surtout chez les souverains fédéraux exposés en première ligne à une attaque de la France s'est affaiblie, sinon perdue la croyance à l'issue heureuse d'une guerre avec la France.

Mais supposons même que dans une telle guerre la Prusse et l'Autriche soient réellement d'accord ;

les souverains allemands, la Russie étant sortie de l'alliance, ne croiraient plus que leur position, selon les péripéties de la lutte, serait mieux respectée par la Prusse et l'Autriche que par la France. Ils sentent que le morcellement en petits États avec leurs prétentions exagérées de souveraineté est un mal pour l'Allemagne, mais n'est aucunement désavantageux pour l'intérêt de la France ; ils savent fort bien que l'état fractionnaire de la Prusse est difficile à supporter et se transforme en une lourde entrave pour nous et pour le développement vital de l'Allemagne, grâce au faux esprit d'indépendance des petits États intermédiaires. Ils croyaient autrefois que l'Autriche leur laisserait et maintiendrait cette indépendance ; le comte Buol et la politique de Vienne pendant la dernière guerre leur ont fait perdre cette illusion. Lorsque M. de Hugel était ministre de Wurtemberg à Vienne, le comte Buol lui dit d'un ton brusque, à peu près au moment où parut la fameuse dépêche circulaire du 14 janvier 1855 : « Il faut que vous vous fassiez à l'idée que l'Autriche seule en Allemagne a droit à une politique indépendante, et plus tôt vous vous en rendrez compte, mieux cela vaudra pour le Wurtemberg. » A Kœnneritz (1) il disait du même ton : « Nous pèserons sur les petits États jusqu'à ce que le souffle leur manque pour nous faire de l'opposition. »

Ces paroles et d'autres semblables ont naturellement circulé de bouche en bouche dans les cours des États moyens, et comme le caractère des personnes qui dirigent la politique autrichienne n'autorise pas à les envisager comme des paroles en l'air, elles expriment ce que les États moyens peuvent attendre de l'Autriche. De plus, leur goût d'indé-

(1) Ministre de Saxe à Vienne.

pendance et d'influence a grandi par le fait que la Prusse et l'Autriche ont à tour de rôle brigué leurs voix. La France et la Russie ont peut-être intérêt à leur maintenir cette position, l'Autriche et la Prusse nullement, sinon par jalousie réciproque ; mais du moment que l'Autriche obéira à la nécessité ou à la voix de la raison, et cherchera loyalement à améliorer ses rapports avec nous, cette position se trouvera compromise.

En de telles conjonctures, il faudrait aux États de l'Allemagne du Sud une très forte dose de patriotisme fédéral pour faire leurs Thermopyles sur les bords du Rhin ou, en cas de nécessité, attendre dans le camp austro-prussien la reprise de leurs territoires. Au moment du danger ils agiront d'après ce proverbe : « La chemise est plus proche que le pourpoint »; ils se diront que leur État les touche de plus près que la Confédération ; ils chercheront à temps à obtenir à Paris des garanties directes, peut-être même une perspective de profit.

La France peut promettre au Wurtemberg et à la Bavière de leur livrer Bade, que le pressentiment de ce danger vient peut-être de jeter dans les bras de l'Autriche; de même elle peut faire luire encore l'appât de mainte autre simplification dans le régime territorial à l'intérieur de l'Allemagne. Le sentiment de la conservation, surexcité par le malaise que la multiplicité des souverains répand dans l'Allemagne entière, suffit à lui seul pour engager les petits souverains à chercher un appui au dehors. Dans les plus hautes sphères de Paris on s'imagine que cet appui y est demandé, sinon déjà accordé, et que la France n'a pas à redouter dans une guerre en Allemagne l'armée entière de la Confédération.

Des doutes sérieux sur la cohésion de la Confédération surgissent donc à la simple question de possibilité d'une guerre entre la France et l'Allemagne ; mais ces doutes même s'évanouissent dans l'hypothèse d'une attaque simultanée de la France et de la Russie. Rien que l'abstention de la Russie, comme appui de réserve pour la Confédération, enlève aux États chancelants la foi en leur supériorité dans la lutte, et la sortie de la Russie de l'alliance leur ravit le soutien qu'ils trouvaient jusqu'ici en elle pour le maintien de leur souveraineté absolue à l'intérieur. D'ailleurs, l'armée fédérale ne nous fera pas défaut, lorsque nous posséderons réellement la supériorité ; pour toute autre combinaison, il faudra nous habituer à considérer comme nulle et non avenue la constitution militaire de la Confédération, et à ne compter que sur les contingents des États que leur position géographique met dans notre dépendance.

Même pendant les périodes de paix, la Confédération ne nous présente plus les avantages qu'elle nous offrait avant 1848.

L'Autriche observait autrefois une certaine mesure dans sa façon de conduire les délibérations de la Diète, et nous abandonnait parfois et longtemps la présidence. Aujourd'hui elle s'est posée en rivale de la Prusse par l'influence qu'elle cherche à exercer sur la Confédération et chaque cour d'Allemagne. Tendance qui n'est pas le fruit des vues passagères des hommes d'État actuels de l'Autriche, mais la conséquence nécessaire et durable du changement de système dans sa politique étrangère et surtout intérieure. Le grand problème de centralisation de l'empire, appuyé sur l'élément allemand, alors que les Allemands ne forment que la dix-huitième ou vingtième partie de la population, n'est réalisable qu'en affermissant l'hégémonie de l'Autriche sur le reste de l'Allemagne. Avec la prépondérance que prennent de jour en jour davantage les intérêts économiques, et poussée par le besoin où elle se trouve de relever ses finances à l'aide de finances moins malades que les siennes, son désir d'entrer dans le Zollverein prime tous les autres. Les obligations qu'entraînerait l'entrée de l'Autriche entière dans l'union douanière, elle les éviterait, en attendant, en stipulant des garanties pour l'Italie et la Hongrie, ce qui la dispenserait de tripler ses apports matriculaires, comme elle y serait tenue dans le cas d'une entrée totale. Depuis longtemps Vienne soutient, non sans succès, que le devoir de protéger les possessions de l'Autriche en dehors de la Confédération, est imposé à l'Allemagne par ses intérêts mêmes, et est une conséquence indirecte des conventions fédérales. Grâce à cette théorie, les autres membres de la Confédération voient leurs obligations grandir et s'étendre sans en recevoir un équivalent et sans accroître les charges de l'Autriche.

Jusqu'à la guerre d'Orient, le cabinet de Vienne avait fait de grands progrès par ce moyen et par l'habile exploitation des errements que la politique prussienne avait suivis à Gotha. Il fallut la maladresse du comte Buol pour reperdre, pendant la guerre d'Orient, une grande partie du terrain conquis sur nous, et, ce n'est pas nous, mais les États de la coalition de Bamberg qui l'ont gagné en trouvant en France un soutien pour leur indépendance et leur rôle de médiateurs, qu'ils ont pu prendre grâce aux rivalités des grandes puissances allemandes. Ce danger ne trouble en rien le cabinet viennois, qui continue à combattre avec succès l'influence de la Prusse à Bade, que tant de liens rattachent à nous.

Si en 1842 nous avions promis à l'Autriche la possession de la forteresse de Rastadt que la Confédération allait faire bâtir, il est à peu près certain qu'elle nous aurait fait soit à Mayence, soit ailleurs des concessions en échange. Mais aujourd'hui elle compte que nous fortifierons sa position vis-à-vis de nous par pure complaisance de confédérés ; elle ne croirait même pas nous devoir de la reconnaissance, si nous nous chargions gratuitement de garantir ses provinces en dehors de l'Allemagne, ce qu'elle accepterait comme un devoir fédéral et elle s'en servirait sans scrupule pour en faire des communications insidieuses à la France. Elle nous a combattus de la manière la plus sensible sur tous les terrains de la politique, durant notre traité de garantie de ses provinces italiennes et notre alliance d'avril. Elle continuera à nous combattre ; car ce n'est pas un caprice, c'est une question vitale pour elle de ne pas laisser la Prusse croître en forces, et d'amoindrir sa puissance, s'il y a moyen.

Notre plus fort et principal allié dans la Confédération est entré dans une voie qui en fait fatalement l'adversaire de nos intérêts, et ne permet guère que nous en attendions un secours loyal et durable, même dans les cas d'un péril extérieur commun. Une partie importante des autres confédérés faillira à son devoir en cas de guerre, et en temps de paix nous n'avons nullement sur la Confédération une influence qui réponde à nos obligations fédérales et nous dédommage des liens par lesquels elle nous entrave.

Par conséquent nous ne pouvons plus, comme avant 1848, prendre pour point d'appui principal ou même exclusif de notre politique étrangère la situation que nous a créée la convention fédérale. Cette branche de salut est pourrie, et nous tomberons certainement, si nous ne nous appuyons que sur elle.

Si, dans la phase dans laquelle est entrée la politique, nos anciennes alliances ne remplissent plus leur but, nous ne retrouverons de l'influence et de la sécurité, qu'en nous en préparant de nouvelles, ou en régénérant les anciennes, si c'est possible de les conserver.

Nous ne pourrons plus reconstituer l'alliance avec le Nord, telle qu'elle existait avant 1848. La Russie, l'Autriche et la France ont changé depuis cette époque. L'Autriche a renoncé à la politique conservatrice, et veut croître dans trois directions, surtout en Allemagne et en Orient, la Russie ne se sent plus la mission de s'opposer au delà de ses frontières à la révolution française, ou à toute autre agitation insurrectionnelle, elle voit sans déplaisir le régime actuel de la France ; la France elle-même est devenue plus forte à l'extérieur qu'elle ne l'était sous Louis-Philippe.

Dans de telles circonstances, la conservation personnelle, et non l'ambition, nous commande de chercher un système défensif plus sûr ; les alliances que nous ferons dans ce but n'ont pas besoin de porter le caractère d'une conjuration contre autrui, mais peuvent avoir un caractère essentiellement *conservateur*. L'influence d'une puissance en temps de paix dépend en dernière instance de la force qu'elle peut déployer en temps de guerre, ou des alliances qu'elle peut contracter pour la lutte. Mais pour nous particulièrement notre influence en Allemagne est actuellement subordonnée à une seule chose : il faut que les États de la Confédération croient possible, vraisemblable ou sûr que la Prusse peut compter sur des alliances extérieures en cas de guerre. L'acte fédéral ne nous offre aucun moyen, et l'Autriche ne nous prête aucun appui pour élever notre importance dans la Confédération au-dessus du niveau de un dix-septième de part au vote dans le petit conseil. Ce n'est qu'en dehors de l'Allemagne que se présentent à nous les moyens de consolider notre position dans l'intérêt de l'Allemagne elle-même.

L'empereur Napoléon n'éprouve aucun désir de rompre l'alliance avec le cabinet anglais. Une guerre avec l'Angleterre serait sans attrait et sans avantage pour lui, tandis qu'elle présenterait la certitude de sacrifices tels, qu'ils compromettraient l'existence de l'empire ; mais, d'après sa manière de voir, une attitude hostile de l'Angleterre serait, sans déclaration de guerre, plus dangereuse encore que la guerre ouverte. Aussi, dès que les rapports se tendraient entre les deux puissances, il chercherait la guerre en engageant l'honneur national des Français. En prévision de cette éventualité, il tend à éviter avec soin tout refroidissement dans ses rapports avec l'Angleterre. Leur intimité est tout naturellement compromise par tout rapprochement de la France et de la Russie, et la Russie aura beau lui tendre les bras, l'empereur Napoléon aura de la peine à s'y jeter, aussi longtemps que l'Angleterre rendra son alliance supportable aux Français. Mais on ne peut prévoir la politique d'un gouvernement anglais ; elle dépend souvent de pressions intérieures qui se dérobent complètement aux prévisions de toute raison politique.

Aussi la prudence commande-t-elle à la France de se garder ouverte l'alliance avec la Russie, sans froisser l'Angleterre inutilement par des efforts trop visibles. La voie intermédiaire la plus sûre est de cultiver les relations entre la France et la Prusse. La France pourrait se rapprocher de l'Autriche ou des États de l'ancienne confédération du Rhin, elle pourrait les gagner facilement. Mais des intérêts français s'opposent à une alliance avec l'Autriche, et une alliance avec les États moyens ferait de la Prusse, qui est l'élément le plus vigoureux en Alle-

magne, et celui qui a le plus d'avenir, un adversaire
de la France. L'amitié de la Prusse lui offre de
grands avantages. Elle lui donne un appui continental, en dehors de l'Angleterre, et rendra la politique
anglaise plus mesurée envers la France et moins insouciante d'une rupture. L'amitié de la Prusse n'a
rien de provocant comme celle de la Russie pour
l'Angleterre; elle forme en outre, en cas de nécessité, un trait d'union, pour faciliter l'alliance avec
la Russie, et en *tenir les conditions en main;* elle
dispense la France de la nécessité ou de la tentation
de s'assurer trop tôt et peut-être prématurément
l'alliance de la Russie, et de précipiter ainsi la rupture avec l'Angleterre; elle fait prévoir la prépondérance de l'alliance continentale, aussitôt qu'on voudra la compléter par l'accession de la Russie, et
oblige l'Angleterre à la modération. Ces avantages
expliquent que la France attache une grande importance à faire paraître plus intimes ses relations
avec nous. La Prusse en profitera surtout en Allemagne; du moment que la France tient plus à notre
bon vouloir qu'à celui des États moyens, ceux-ci
perdent l'espoir de se former en confédération du
Rhin, et sont forcés de se rabattre sur nous; car ils
ne se fient pas à la sécurité et à la protection que
peut leur offrir l'Autriche seule, non alliée à la
Russie.

Nos relations amicales avec la France n'entraînent donc nullement des tendances hostiles à la paix
de l'Europe; au contraire elles offrent une garantie
de paix. Elles diminuent la vraisemblance d'une
rupture entre l'Angleterre et la France, retardent
l'éventualité d'une alliance offensive franco-russe,
et, dans le cas où cette alliance se conclurait, elles
**nous donneraient la faculté d'exercer une influence
modératrice sur sa formation et ses fins;** elles assu-

rent en outre à cette alliance une telle prépondérance, qu'une guerre continentale devient presque impossible ; elles sont enfin le moyen, le seul peut-être, d'emprunter à la forme et à l'essence de la Confédération germanique les *fondements* de sa reconstitution, et de nous assurer une influence décisive dans sa réorganisation. Rien que l'apparence des relations intimes entre la Prusse et la France sera d'un puissant effet sous ce rapport. L'empereur Napoléon de son côté reconnaît l'intérêt qu'il a à entretenir cette apparence et il y prêterait la main bien plus franchement encore, si nous lui faisions quelques avances. Mais si nous nous montrons revêches, si nous lui enlevons de prime abord l'espoir d'une union plus étroite avec nous, aussitôt qu'on en aura conscience à Paris, la France mettra plus d'ardeur à briguer un accord avec les États moyens de l'Allemagne ; elle réussira auprès de la plupart et minera complètement la Confédération. La Saxe elle-même ne résistera à la tentation qu'en tant qu'elle sera retenue par l'opposition expresse des grandes puissances, ses voisines. Aussi longtemps que durera l'alliance des puissances occidentales, la situation n'aura pour nous d'autre désavantage que la réduction continue de notre influence dans les affaires de la Confédération et du Zollverein ; mais si l'Angleterre en vient à rompre avec la France, cela prouvera que l'alliance franco-russe est faite, et nous aurons le choix entre une accession aux conditions exigées et les risques d'une contre-alliance austro-anglaise. Dans cette nouvelle combinaison, l'Angleterre ne perdra peut-être rien, aussi longtemps qu'elle sera en paix avec l'Amérique, parce que sa sécurité dépend moins de ses alliances que de sa flotte. Mais, dans une guerre continentale, l'Angleterre ne peut guère être utile aux grandes puissances allemandes ; aussi paraîtront-elles les plus faibles, parce qu'on n'a aucune foi en leur union, que les forces de la Sardaigne, de la Belgique et d'une partie essentielle de l'Allemagne se mettraient certainement du côté de la France, que l'Autriche, envahie par des armées étrangères en Hongrie et en Italie, dévoilera peut-être son manque de cohésion, et qu'enfin entre elle et nous, existent réellement une défiance et une jalousie qui paralyseraient l'action commune.

En considération de ces raisons, et sans qu'il y eût même de guerre, une alliance franco-russe aurait une supériorité diplomatique écrasante sur la Prusse et l'Autriche, qui perdraient toute action sur les États au dedans et au dehors de l'Allemagne. Une alliance franco-russe, où nous serions reçus *après* coup, ne peut pas être l'objet de nos vœux. Le meilleur moyen de l'empêcher, de la retarder, ou de réduire ses inconvénients, semble consister à entretenir les dispositions favorables de la France pour un accord plus intime et à ne pas lui enlever la perspective de pouvoir le réaliser. En maniant discrètement cette politique, nous ne compromettons, pendant toute la durée de l'alliance occidentale, ni nos relations avec l'Angleterre, l'alliée officielle de la France, ni nos rapports avec la Russie, qui s'efforce à le devenir ; enfin, nous gardons notre entière liberté d'action. Nous maintenons ainsi le faisceau des Etats allemands, nous occupons une position dont le développement intimidera l'Autriche et la décidera peut-être à modifier sa politique au point de la rendre supportable ; à l'égard de la France, il nous sera plus facile, selon les circonstances, de passer de l'amitié à la froideur, que de la froideur à l'amitié.

Cette position, indépendante et si favorable, ne

nous restera pas, si nous décourageons la France dans ses tentatives pour obtenir notre amitié; la première conséquence de notre conduite sera le développement de rapports plus intimes entre la France et nombre d'Etats allemands, en même temps que nous donnerions un nouvel aliment à la croyance que c'est précisément la Prusse qui aurait le plus besoin de l'appui de la Confédération, de l'Autriche ou de puissances étrangères, à cause de la province rhénane et du voisinage des Français; croyance dont le poids ne saurait être écarté que par la conviction que des rapports amicaux existent entre la France et nous.

CVII

Entrevue des empereurs d'Autriche et de France, ménagée par le roi de Bavière. — Circulaire prussienne sur la question des Principautés danubiennes. — Moyen de favoriser un rapprochement entre l'empereur Napoléon et l'Autriche. — Préparatifs de fêtes dans les cours voisines de Francfort.

J'ai l'honneur de soumettre à Votre Exellence, dans l'annexe ci-jointe, la suite et le complément de mon dernier mémoire sur nos rapports avec la France. J'ai été amené à le rédiger par une correspondance avec le général de Gerlach, j'y résume les points principaux de ma manière de voir.

J'ai déjà télégraphié à Votre Excellence que le roi de Bavière met à profit son séjour à Paris pour essayer d'amener une entrevue des empereurs d'Autriche et de France. Je tiens ce renseignement de bonne source et le crois vrai, depuis que le comte de

Montessuy me l'a communiqué, mais d'une façon toute confidentielle. Il désigna Pfaffenhofen comme le lieu de l'entrevue projetée ; ce nom mal prononcé par lui, peut être mal compris. C'est de lui également que je sais que le baron Bourquenay, partisan obstiné d'une alliance austro-française, travaille à ce projet d'entrevue, et que Benedetti (1), dans son passage à Vienne, a été circonvenu dans le même sens, non sans succès, si j'en juge par ce qu'il a dit ici. Le comte de Montessuy voyait de la connexité entre ce projet, les jugements favorables et inattendus de son Altesse Royale, l'archiduchesse Sophie, sur le prince Napoléon, et la publicité officieuse qu'on leur avait donnée à Paris. Ce qui ressort tout au moins de ces faits, c'est que le besoin de l'empereur Napoléon de nouer des relations personnelles avec d'autres monarques et de se montrer en Allemagne a été bien compris dans les cours de l'Allemagne du Sud, qui l'exploiteront, si nous négligeons d'en faire notre profit.

J'ai causé de notre circulaire du 28 de ce mois sur l'affaire des Principautés danubiennes avec quelques-uns de mes collègues allemands ; ils m'en ont exprimé leur satisfaction, parce que la façon dont l'Autriche avait dépeint notre attitude avait laissé dans leurs Cours respectives une impression défavorable pour nous.

Parmi les moyens employés pour disposer l'empereur Napoléon à se rapprocher de l'Autriche et à se rendre à la dite entrevue en Bavière, on m'en cita un qui est un signe des temps : avec la complicité de gens de la haute finance on a présenté à l'Empereur

(1) Comte de Benedetti, directeur de la section politique au ministère des affaires étrangères, secrétaire au Congrès de Paris, puis ambassadeur de France en Prusse de 1864 à 1870.

des Français l'« isolement » de l'Autriche comme la cause principale du marasme de toutes les Bourses et de la dépréciation des valeurs. « Les craintes qui en résultent, affirme-t-on, découragent les spéculations, et pèsent surtout sur les capitaux français engagés en Autriche ». L'Empereur finira peut-être par aller à Pfaffenhofen, pour produire une hausse des obligations des chemins de fer austro-français !

Je n'ai encore rien pu apprendre sur ce qu'il pense des désirs du roi de Bavière. Il verra bien, sans doute, que le marasme des Bourses doit être attribué, non aux craintes des banquiers pour l'Autriche, mais à l'épuisement des capitaux, conséquence inévitable de l'excès des entreprises dans ces dernières années.

Dans les petites cours du voisinage on n'est occupé que de préparatifs de fêtes, à Wiesbaden pour le mariage suédois (1), à Darmstadt pour la visite russe (2), à Rumpenheim pour la réunion de la famille du landgrave, de sorte que nous nous trouverons prochainement dans un feu croisé de devoirs de politesse. Nos collègues font remettre à neuf leur uniforme rarement porté et les dames s'exercent dans l'art de manœuvrer leur traîne.

---

(1) Du roi actuel de Suède avec la princesse Sophie de Nassau.
(2) On y attendait la famille impériale de Russie.

CVIII

Mémoire autographe sur les rapports de la Prusse avec la France.

2 juin 1857.

Un des plus importants motifs de l'aversion qu'inspire chez nous une alliance plus étroite avec la France, c'est que l'empereur Napoléon est le représentant principal de la Révolution, et qu'un compromis avec cette dernière ne peut pas plus être approuvé dans la politique extérieure que dans la politique intérieure. Dans les rapports extérieurs on ne saurait appliquer ce principe de façon à le faire prévaloir dans ses conséquences extrêmes par-dessus toute autre considération; en outre, on a tort de faire de l'empereur des Français la personnification de la Révolution. La cause en est tout d'abord l'origine illégitime de sa souveraineté qui saute aux yeux. Or, combien y a-t-il, dans le monde politique de nos jours, de souverainetés fondées sur le droit d'un bout à l'autre de leur existence? L'Espagne, le Portugal, le Brésil, toutes les républiques américaines, la Belgique, la Hollande, la Suisse, la Grèce, la Suède, l'Angleterre, fière encore aujourd'hui d'être issue de la Révolution de 1688, ne peuvent invoquer pour leur constitution actuelle la légitimité d'origine. Même pour les souverains allemands qui ont acquis leur autorité, soit aux dépens de l'empereur et de l'empire, soit aux dépens de leurs pairs, les seigneurs médiatisés, et de leurs propres Chambres, on ne saurait faire preuve de titres de propriété complètement légitimes.

Mais on ne peut reconnaître l'universalité d'un principe qu'en tant qu'il se vérifie en toutes circonstances et en tous temps; et le principe *quod ab initio vitiosum, lapsu temporis convalescere nequit*, resté exact en théorie, est à chaque instant réfuté par les exigences de la pratique.

La plupart des situations citées plus haut sont consacrées par le temps, nous y sommes habitués; voilà pourquoi nous avons oublié leur naissance révolutionnaire. Jadis, alors même qu'elles n'avaient pas encore ce degré de longévité, on ne s'arrêtait pas à leur nature révolutionnaire. Les potentats de l'Europe appelaient Cromwell « Notre frère » et recherchaient son amitié, quand elle leur paraissait utile. Les souverains les plus honorables avaient fait alliance avec les Etats généraux, avant qu'ils n'eussent été reconnus par l'Espagne. Guillaume d'Orange et ses successeurs en Angleterre, même pendant que les Stuarts étaient encore prétendants, furent en relations très intimes avec nos ancêtres; nous avons pardonné aux États-Unis leur origine révolutionnaire dès le traité de la Haye de 1785. Dans ces derniers temps notre Cour a reçu la visite du roi de Portugal, et nous nous serions alliés par mariage avec la maison de Bernadotte, si le hasard n'y avait fait obstacle.

Quand et par quels indices toutes ces puissances ont-elles cessé d'être révolutionnaires? Il semble qu'on leur pardonne leur naissance illégitime, du moment qu'on n'a plus rien à craindre d'elles, et qu'on n'est plus choqué, en principe, de ce qu'elles continuent impunément à se glorifier de leur origine.

Il ne paraît pas qu'avant la révolution *française*, un homme d'Etat ait eu l'idée de subordonner les relations de son pays avec d'autres États au besoin d'éviter tout contact révolutionnaire; pourtant les principes des révolutions américaine et anglaise, à part la quantité de sang répandu et les désordres religieux, différents selon le caractère de chaque nation, furent à peu près les mêmes que ceux qui amenèrent l'interruption de la légitimité en France. D'ailleurs, ce principe hostile aux idées révolutionnaires de 1789, on ne l'applique pas partout avec la même rigueur qu'à la France.

Les lois actuelles de l'Autriche et les tendances politiques de ses chefs, la prospérité de la révolution au Portugal, en Espagne, en Belgique, au Danemark, la profession de foi et la propagande révolutionnaires du gouvernement anglais ainsi que son intervention active dans le conflit de Neufchâtel, tout cela ne nous empêche pas de juger les relations du roi notre maître avec les monarques de ces pays d'une manière plus indulgente que ses rapports avec Napoléon III. L'origine non princière de ce dernier y contribue sans doute beaucoup, mais celle du roi de Suède est de plus fraîche date, sans entraîner les mêmes conséquences. Il faut donc que la révolution ait encore en France des particularités spéciales; seraient-elles précisément inhérentes à la famille Bonaparte? Elle n'a pas donné naissance à la révolution, et en extirpant cette famille, on ne supprimerait pas plus la révolution, qu'on ne l'empêcherait de nuire. La révolution a battu son plein de 1830 à 1848, sans qu'il ait été question des Bonaparte; elle est bien antérieure à l'apparition de cette famille dans l'histoire, et ses bases dépassent de beaucoup les limites de la France. Veut-on lui donner une origine terrestre? Il faudrait la chercher plutôt en Angleterre qu'en France, ou bien encore à une date plus reculée, en Allemagne ou à Rome, suivant que l'on veuille accuser les excès de la Réforme, ou ceux de Rome, ou l'introduction du droit romain dans le monde germanique.

Napoléon Ier a commencé à exploiter avec succès la révolution au profit de son ambition ; plus tard, il a en vain cherché à la combattre par de fausses mesures. Certes il aurait été heureux de l'effacer de son passé, après en avoir cueilli les fruits. Il ne l'a point du moins favorisée autant que les trois Louis avant lui, Louis XIV, par l'introduction de l'absolutisme, Louis XV, par les indignités de son règne ; Louis XVI, par sa faiblesse ; lui qui, le 15 septembre 1791, acceptait la Constitution en déclarant la révolution close ; elle eût certainement pris fin sans Napoléon. La maison de Bourbon, même sans *Philippe-Égalité*, a plus fait pour la révolution que tous les Bonaparte.

Le bonapartisme est la conséquence et non la cause de la révolution. Même les guerres de conquêtes injustes ne sont pas l'attribut particulier de la famille Bonaparte et du système de gouvernement auquel ils ont donné leur nom. Les héritiers légitimes de trônes antiques faisaient les mêmes guerres ; Louis XIV, dans la mesure de ses forces, n'a pas moins cruellement sévi en Allemagne que Napoléon, et si celui-ci avec ses talents et ses instincts était né fils de Louis XVI, nous n'en aurions probablement pas moins été inquiétés par lui. L'esprit de conquête affecte tout autant l'Angleterre, l'Amérique du Nord, la Russie et d'autres pays que la France napoléonienne. Chaque fois que les moyens et l'occasion de satisfaire cette ambition se trouvèrent réunis, elle n'a guère été arrêtée par la discrétion et l'amour de l'équité, même dans les monarchies les plus légitimes. Chez Napoléon III cet esprit ne paraît pas dominer d'instinct. Ce souverain n'est pas un capitaine ; dans une grande guerre avec de grands succès ou de grands dangers, les regards de l'armée, soutien de sa domination, pourraient bien se porter sur un général heureux plutôt que sur l'empereur. Il ne cherchera donc la guerre que quand il s'y croira contraint par des dangers intérieurs. Or, une telle contrainte s'imposerait de prime abord au roi *légitime* de la France, s'il montait sur le trône en ce moment. L'empereur actuel des Français n'est pas plus suspect de passion conquérante que maint autre, et la tache d'une origine injuste, il la partage avec nombre de puissances existantes, si bien qu'il ne peut pas être considéré pour ce motif comme le représentant exclusif de la révolution, et comme l'objet principal de l'hostilité que l'on éprouve contre elle. La situation actuelle de la France appartient sans aucun doute à la série des phénomènes révolutionnaires; mais le *bonapartisme* se distingue de la république, en ce qu'il ne fait point la propagande de ses principes gouvernementaux. Napoléon Ier lui-même n'a pas cherché à imposer la forme de son gouvernement aux Pays qui n'étaient pas rattachés directement ou indirectement à la France; on l'imitait à l'envi volontairement. Menacer les Etats étrangers à l'aide de la révolution, est maintenant, depuis une assez longue série d'années, le métier de l'Angleterre, et si Louis-Napoléon avait eu les mêmes idées que Palmerston, nous aurions déjà assisté, à Naples, à une explosion nouvelle. L'empereur des Français, en propageant les institutions révolutionnaires chez ses voisins, se créerait des dangers à lui-même; convaincu, comme il l'est, de la défectuosité des institutions actuelles de la France, il cherchera à établir peu à peu, dans l'intérêt de sa domination et de sa dynastie, des fondements plus solides que ceux de la révolution. Le peut-il ? C'est une autre question. Mais il n'est nullement aveugle à l'endroit des lacunes et des dangers du système gouvernemental bonapartiste, car il le dit lui-même et s'en plaint. La forme actuelle du gouvernement n'est point pour la France quelque chose d'arbitraire, que Napoléon pourrait arranger et modifier; il l'a reçue telle quelle, et c'est peut-être pour longtemps la seule méthode d'après laquelle la France pourra être gouvernée. Pour tout autre système la base manque, soit dans le caractère national, soit parce qu'elle a été brisée et perdue. Henri V lui-même, s'il arrivait au trône en ce moment, ne pourrait pas inaugurer un autre système. Louis Napoléon n'a pas créé la situation révolutionnaire du pays; il n'a pas non plus conquis la souveraineté en se révoltant contre une autorité légitime. S'il voulait abdiquer présentement, il mettrait l'Europe dans l'embarras et on le prierait à peu près à l'unanimité de vouloir bien rester; s'il cédait le trône au duc de Bordeaux, celui-ci ne pourrait s'y maintenir sans le secours de l'étranger. L'empereur Napoléon ne peut pas se donner une autre origine que celle qu'il a; mais on ne peut pas dire de lui que, maître du pouvoir, il continue à rendre un hommage *effectif* au principe de la souveraineté populaire, et qu'il reçoit la loi de la volonté des masses, comme c'est de plus en plus l'usage en Angleterre.

Au point de vue humain, il est naturel que la honteuse oppression de notre pays par Napoléon Ier ait laissé une impression ineffaçable dans le cœur de tous ceux qui en ont été témoins; je comprends qu'à leurs yeux le principe funeste qui, sous la forme de la révolution, met en danger les trônes et les droits acquis se confonde avec la personne et le nom de celui que l'on appela « *l'heureux soldat héritier de la révolution* »; mais n'est-ce pas accabler trop le Napoléon actuel, que de personnifier la révolution précisément en lui, en lui seul; et pour cette raison de le proscrire, de déclarer qu'il est contraire à l'honneur d'entrer en relations avec lui. Ce qui nous fait considérer la révolution *française* comme une chose spéciale et plus hostile que d'autres phénomènes du même genre, c'est moins le rôle que la famille des Bonaparte pourrait peut-être jouer dans l'avenir, que le voisinage des événements, que la grandeur et la puissance militaire du pays qu'ils peuvent mettre en mouvement. Voilà pourquoi ces événements sont plus dangereux ; mais cela ne rend pas les relations avec les Bonaparte plus damnables que celles avec d'autres puissances issues de la révolution, ou avec des gouvernements qui appliquent volontairement les principes de la révolution, comme l'Autriche, et qui travaillent à les répandre, comme l'Angleterre. Après la reconnaissance officielle de Napoléon comme souverain d'un pays voisin, ce n'est pas un attentat à l'honneur que de nouer avec lui les rapports amenés par le cours des événements politiques. Ces rapports n'ont rien de séduisant par eux-mêmes, je l'accorde ; mais si, en fin de compte, nous ambitionnions d'autres amitiés, ce ne serait guère possible, sans passer par l'entente réelle ou apparente avec la France. Par ce moyen seulement nous pouvons contraindre l'Autriche à renoncer aux plans exagérés de Schwarzenberg, par ce moyen seul nous pouvons empêcher les rapports directs entre les États moyens de l'Allemagne avec la France de se poursuivre et d'aboutir à la dissolution de la Confédération. L'Angleterre aussi commencera à reconnaître de quelle importance est pour elle l'alliance de la Prusse, dès qu'elle craindra de perdre celle de la France. Ainsi, même si nous voulons nous appuyer sur l'Autriche et sur l'Angleterre, il faut que nous commencions par la France, pour donner aux autres la conscience de la situation.

Il est probable que, tôt ou tard, en tout cas dès

que les relations entre la France et l'Angleterre se refroidiront, une alliance franco-russe résultera du *décousu* actuel de l'Europe, sans que nous puissions l'empêcher. Il nous faut compter avec cette éventualité et prévoir quelle position nous aurions à prendre, le cas échéant. L'attente passive des événements et la résolution de se tenir à l'écart sont impraticables au centre de l'Europe. La tentative pourrait avoir des conséquences tout aussi déplorables que l'indécision et l'absence de plan qui caractérisèrent la politique de la Prusse en 1805. Si nous ne nous préparons pas le rôle du marteau, il ne nous restera guère que celui d'enclume. Nous paraîtrons relativement faibles dans toute alliance avec d'autres grandes puissances, tant que nous ne serons pas plus forts qu'actuellement. L'Autriche et l'Angleterre, si nous nous unissons avec elles, ne feront pas valoir leur prépondérance en notre faveur. Nous avons vu au congrès de Vienne que les intérêts de ces deux puissances étaient le plus en opposition avec les nôtres. L'Autriche ne peut vouloir que nous gagnions de l'importance en Allemagne, l'Angleterre ne peut favoriser ni le développement de notre industrie, ni celui de notre flotte et de notre commerce maritime. En politique, on ne fait rien pour autrui sans y avoir un intérêt quelconque; or, la direction dans laquelle l'Autriche et les États moyens de l'Allemagne poursuivent à présent leurs intérêts est tout à fait incompatible avec le but que nous devons atteindre, et qui constitue pour la Prusse une question de vie ou de mort. De plus, une politique allemande commune est absolument impossible, aussi longtemps que l'Autriche n'adoptera pas à notre égard un système plus modéré, ce qui reste peu probable.

Mais, quelque parti que prenne la Prusse dans la

transformation des alliances en Europe, il est bon qu'elle ne repousse pas les avances de la France; il faut au contraire qu'elle fasse paraître aux yeux de tous les cabinets que des relations plus intimes existent entre les deux cabinets. Le meilleur moyen serait une visite de l'empereur Napoléon en Prusse.

Les États allemands n'ont de ménagements et d'attachement pour nous qu'autant qu'ils nous croient amis de la France. Ils n'auront jamais confiance en nous. Chaque regard sur la carte la leur enlève; ils savent que leurs intérêts particuliers et les abus de leur souveraineté sont un perpétuel obstacle à la tendance générale de la politique prussienne. Ils reconnaissent clairement le danger qui les menace, et dont ne les sauve pour le moment que le désintéressement de Notre Très Gracieux Souverain. Une visite de l'empereur des Français ne saurait donc éveiller davantage leur méfiance; cette méfiance est invincible, et ce qui devrait au moins pour le moment la calmer, les sentiments du roi, au lieu d'en être reconnaissant à Sa Majesté, on les exploite et on en profite. La gratitude et la confiance ne pousseront personne à prendre parti pour nous en cas de nécessité; la crainte, prudemment et habilement maniée, peut mettre toute la Confédération à notre disposition, et, pour inspirer cette crainte, il faut que nous donnions des preuves visibles de nos bons rapports avec la France.

Si nous repoussons les avances de la France, si nous ne satisfaisons pas à ce vœu d'une entrevue des monarques, vœu qui, à Paris, est devenu presque un besoin, l'empereur Napoléon cherchera le motif de notre conduite, non dans des considérations politiques, mais dans sa personne même, et l'offense faite à son orgueil réagira forcément sur nos rapports. Sans doute on peut également supposer une politique qui amènerait la froideur avec la France, quoique, dans la situation actuelle de l'Europe, une politique de ce genre resterait sans appui. Mais, tant qu'elle ne sera pas résolument adoptée, tous les points de vue militent en faveur d'un rapprochement avec la France par n'importe quel moyen, à moins que des considérations *irréfragables* ne s'y opposent.

CIX

Entretien sur la question danoise avec le prince de Gortschakoff et M. de Bulow. — Entrevue de Napoléon avec le roi de Prusse et l'empereur de Russie. — Opposition systématique de l'Autriche contre la Prusse. — Attitude de la « Gazette de la Croix » envers la France et l'Autriche. — Vues de l'empereur Alexandre sur l'Autriche, et sur une triple alliance entre la Prusse, la Russie et la France. — Opinion du prince Gortschakoff. — M. de Bismarck invité à aller voir l'empereur Alexandre et à une partie de chasse en Suède. — Décorations au personnel de l'ambassade française à Berne. — Explication de la volte-face du Wurtemberg dans le sens de l'Autriche.

3 juillet 1857.

Je suis allé voir avant-hier le prince Gortschakoff, mon ex-collègue à Francfort. J'ai rencontré chez lui M. de Bulow. L'entretien se porta naturellement sur la question danoise. J'exposai mes vues à peu près de la façon suivante, (mais je crois devoir prévenir Votre Excellence, que je ne lui rapporterai que ce que j'ai cru devoir dire à ces messieurs) : « La Prusse a tout autant que la Russie intérêt à maintenir l'intégrité territoriale de la monarchie danoise, parce que tout ce qui pourrait s'y substituer serait pour nous plus incommode que le Danemark actuel, du moment qu'il est raisonnablement gouverné. Mais la constitution commune n'est pas un lien de nature à maintenir l'État danois, c'est plutôt un élément de dislocation qui, par des froissements, provoque la scission entre Danois et Allemands, et rend cet état incapable de survivre à des crises européennes. Pour fortifier le Danemark, la Constitution commune doit tomber et le règne de la démocratie cesser.

M. de Bulow avoua que mes vues s'accordaient en général avec ses opinions personnelles, et peut-être aussi avec celles de quelques ministres danois ; mais il ajouta qu'il fallait laisser au gouvernement le temps d'amener à maturité un programme de ce genre par l'avènement d'un gouvernement conservateur. Si l'on essayait de hâter ce développement par une pression venue de l'extérieur, on exciterait des troubles à Copenhague, qui amèneraient l'immixtion étrangère des Anglais et des Français.

Le mot le plus remarquable du prince Gortschakoff fut que la clef de la situation se trouvait aux mains de la comtesse Danner. « *Si on s'assurait d'elle en lui assurant un avenir* », on n'aurait nul besoin d'un changement de gouvernement (dont on parle si souvent), pour obtenir du roi toutes les modifications désirables ; on éviterait ainsi toute espèce de troubles et d'immixtion.

M. de Bulow écoutait ces paroles avec un hochement de tête qui tenait diplomatiquement le milieu entre la réflexion et l'approbation.

A la fin le prince Gortschakoff me représenta qu'il ne faudrait pas répondre à la dernière communication du Danemark par des démarches violentes et inattendues, mais voir d'abord quelle forme allaient prendre les rapports entre la chambre du Holstein et le gouvernement.

Le comte Montessuy a passé quelque temps à Paris. Ce qu'il m'a raconté confirme mes propres observations : l'empereur Napoléon désire vivement une entrevue avec Sa Majesté et avec l'empereur Alexandre, mais il n'ose pas faire de démarches ouvertes, craignant que, si elles viennent à être connues, ses adversaires n'en abusent pour le représenter aux yeux de la vanité française comme un homme qui demande en grâce d'être admis dans une bonne société. L'envie de contribuer à cette entrevue, sans se compromettre, et de s'en faire un mérite ne laisse pas de repos à mon collègue de France. Aussitôt après son retour il m'en a parlé, ainsi qu'à M. de Fonton. « Il n'avait point d'instructions, mais il était convaincu que l'empereur en serait enchanté ; M. de Moustier avait annoncé que Sa Majesté le roi y était disposé ; il avait entendu dire qu'on avait adressé ou qu'on attendait une invitation pour l'empereur Napoléon aux grandes manœuvres en Prusse où à une entrevue dans l'Allemagne du Sud. » Bref il est bourré de « *on dit* », mais il lâche pied, dès qu'on le questionne d'une façon précise. Il adressa les mêmes propos à Fonton ; celui-ci les reçut d'abord froidement, disant qu'il risquait d'exciter le mécontentement du prince Gortschakoff, s'il se permettait de lui parler de cette affaire ; puis il me fit part de la chose et allégua les difficultés qu'offriraient les questions d'étiquette et de rang.

J'ai demandé avant-hier au prince Gortschakoff s'il comptait sur une entrevue des deux empereurs ; il m'a répondu qu'elle n'était pas impossible, vu que son empereur restait à Kissingen jusqu'au 22 ; elle lui ferait grand plaisir à lui, et à son maître également, croit-il ; car les relations personnelles des deux monarques sont excellentes, grâce à la correspondance directe qu'ils entretiennent entre eux; mais la Russie, après toutes ses avances à la France, ne peut faire les démarches pour amener une entrevue ; quant à la question de rang, il faut laisser aller les choses ; la discuter d'avance, c'est se créer des difficultés. Il parla longtemps et beaucoup sur ce thème, sur les endroits où l'on pourrait se rencontrer ; le procédé le plus simple lui paraît être une contre-visite de l'empereur Napoléon à Stuttgart, de là une visite à l'impératrice douairière (1) à Wildbad. En somme mon impression est qu'il compte fermement sur l'entrevue, soit parce qu'il croit que l'empereur des Français ne pourra s'en passer, quand même la Russie ne ferait pas de nouvelles avances, ou, ce qui me parut encore plus vraisemblable, parce que toute la chose est déjà arrangée et *convenue*, et que Gortschakoff tenait à me faire croire que la Russie attend paisiblement les avances de la France. Si ma supposition est juste, j'en conclus que nous aussi nous ne sommes plus étrangers à cet arrangement, et je nous souhaite bonne chance.

Il est fort à désirer que nous reprenions en Allemagne une position diplomatique plus importante, et cette rencontre des trois monarques projette sur la muraille l'ombre d'une alliance. L'impertinence sans égale avec laquelle la Saxe, le Wurtemberg et même le Hanovre reprennent parti contre nous dans la question de Rastadt, au lieu de rechercher des transitions et des compromis, est réellement propre à confirmer l'Autriche dans son système qui consiste à nous écraser par la majorité, au lieu de s'efforcer à nous gagner.

(1) L'impératrice Alexandra Féodorowna, fille du roi de Prusse Frédéric-Guillaume II, mère de l'empereur de Russie, Alexandre II.

Dans l'envoi que Votre Excellence m'a fait aujourd'hui se trouve un rapport de Zschock (1) de Stuttgart : il se laisse, semble-t-il, intimider par le reproche que nous faisons à l'Autriche une opposition systématique ; il aurait dû répliquer que c'est l'Autriche qui nous fait une opposition systématique ; que c'est elle qui attaque d'une façon envahissante notre position en Allemagne, et c'est à nous que l'on fait des reproches et qu'on en veut de ce que nous nous défendons, au lieu de nous assister et de faire observer à l'Autriche qu'elle brise témérairement la Confédération, en continuant à vouloir opprimer la Prusse avec des majorités à la Diète.

La *Gazette de la Croix* pourrait trouver quelque chose de plus malin que de faire chorus avec la belle indignation des feuilles autrichiennes sur de prétendues provocations à l'immixtion de la France dans les affaires allemandes. Elle devrait plutôt s'adresser à la conscience de l'Autriche, et l'engager à faire et à maintenir la paix avec nous, au lieu de chercher à nous passer sur le dos. Ces théoriciens parlent comme si l'Autriche n'était plus un pays étranger pour la Prusse, et comme si nous devions nous fondre complètement avec le pays qui préside en Allemagne. Ce n'est pas en se courbant devant l'arrogance autrichienne, c'est en montrant les dents, en faisant franchement voir où mène *nécessairement* cette indigne façon de traiter la Prusse, que nous pouvons acquérir une situation meilleure en Allemagne.

« Au sujet de l'Autriche, disait le prince Gortschakoff, l'empereur n'a pas changé d'opinion depuis son couronnement ; le *langage* de l'Autriche ne mo-

(1) De Zschock, chargé d'affaires à l'ambassade de Prusse à Stuttgart.

difiera en rien la froideur de la Russie, résultat naturel de la politique autrichienne ; on ne se laissera pas payer de phrases, la Russie ne sera plus la *dupe* d'une soi-disant solidarité avec le parti conservateur *autrichien ;* la France prendra naturellement, tant que durera son gouvernement actuel, la place que l'Autriche a laissée vide ; l'alliance de la Russie, de la Prusse et de la France, au lieu et place de l'ancienne alliance, maintiendra la paix de l'Europe et imposera des bornes à l'ambition de l'Autriche en Orient et en Allemagne ». Il formula fort *rondement* l'idée de cette triple alliance comme but de ses désirs, nomma aussi l'Angleterre comme quatrième alliée possible, et en parla avec beaucoup moins d'amertume que de l'Autriche.

Ce qui dans cette conversation, où il me donna encore force détails sur le caractère de très hauts personnages, fut dit à mon adresse ou exprimé par conviction, je ne saurais le distinguer ; mais il ne pourrait guère en espérer grand profit, si ces vues qu'il me donnait pour siennes, ne l'étaient pas en réalité. Il me demanda si je n'irais pas à Kissingen, pour me faire connaître de l'Empereur ; je ne pus que répondre que je ne demanderais pas mieux, si mes occupations me le permettaient.

Le prince Frédéric de Hesse m'a invité pour le mois d'août à passer quinze jours de chasse en Suède ; comme il est probable que nous aurons alors des congés, je m'y rendrais avec plaisir ; il me dit qu'outre le prince de Danemark, j'y trouverais, entre autres sommités du monde politique, le baron Blixen. J'y pourrai donc recueillir mainte information.

Un membre de l'ambassade française en Suisse m'a demandé incidemment si nous décorerions ses collègues, à l'occasion de la reprise de nos relations diplomatiques avec la Suisse ; je lui répondis qu'on accorderait toutes les récompenses honorifiques d'usage. Le premier secrétaire, Tillos, est un des plus âgés, sinon le doyen des *premiers secrétaires* au service de la France ; c'est un homme capable, qui connaît l'Allemagne ; il y a suivi les cours d'une université. Il se peut qu'on lui donne plus tard un poste en Allemagne. Je voudrais donc qu'il ne fût pas oublié. L'un des secrétaires a été envoyé en Amérique, il y a peu de temps.

P.-S. — Ce que M. de Zschock a dit de l'impression produite à Stuttgard par notre « opposition systématique contre l'Autriche » me paraît, si c'est vrai, d'autant plus digne de remarque, que le roi de Wurtemberg et M. de Hugel ne se sont exprimés jusqu'ici et dans les deux dernières années, parlant à d'autres et à moi, qu'avec la plus violente animosité contre l'Autriche. Est-ce que par hasard on aurait eu vent à Stuttgard de quelque convention conclue par la Bavière avec la France, lors de la visite du roi à Paris, et cette révélation inquiéterait-elle le Wurtemberg jusqu'à le pousser dans les bras de l'Autriche ?

CX

L'empereur de Russie. — La politique du Hanovre, de l'Autriche et de la France. — Dispositions des délégués dans la question danoise. — Opinion du prince de Metternich sur Kossuth et Mazzini.

7 juillet 1857.

Je me permets de communiquer à Votre Excel-

lence quelques nouvelles qui se rattachent au voyage de l'empereur de Russie.

Dans une lettre précédente, je mandais que le comte Buol avait exprimé au comte Rechberg l'intention de profiter du voyage de l'empereur Alexandre pour améliorer les relations entre l'Autriche et la Russie. Je tiens de la source la plus sûre les renseignements suivants sur la manière dont on a essayé de le faire.

Lorsque le comte Rechberg alla voir son frère au Wurtemberg, une semaine après la Pentecôte, il pria, au nom de son cabinet, le roi du Wurtemberg de vouloir bien être l'intermédiaire de l'Autriche auprès de l'empereur Alexandre ; le roi du Wurtemberg s'en chargea. Il s'acquitta de cette mission pendant la présence de l'empereur à Wildbad, mais sans succès. Le roi tira ses arguments surtout de la révolution et des dangers qui pourraient venir du côté de la France. L'empereur répondit : « Je n'ai point d'inimitié pour l'Autriche, mais pas non plus de raisons pour l'aimer davantage ; avant qu'il puisse être question d'un rapprochement entre la Russie et l'Autriche, il faut que j'aie d'autres « garanties » que celles que m'a données jusqu'ici la politique autrichienne. Mais quand même l'Autriche serait prête à les fournir, je ne m'engagerai plus « *à tout jamais* » dans une alliance à trois contre « *la France* ».

Le prince Gortschakoff a expliqué plus en détail au roi de Wurtemberg que la Russie s'efforcerait d'entrer en relations étroites avec la Prusse et la France, pour maintenir la paix et le droit en Europe ; si l'Autriche devait éprouver plus tard le besoin d'entrer, comme quatrième, dans cette alliance pour représenter les mêmes principes, la Russie n'y ferait pas opposition. Le roi de Wurtemberg lui-même a qualifié de *complètement ratée* sa tentative pour amener une entente de l'Autriche avec la Russie.

Votre Excellence a sans doute déjà appris de Bade que le général Rewbell s'y est rendu par ordre télégraphique de l'empereur Napoléon pour saluer l'empereur de Russie. Il lui exprima les regrets de l'empereur Napoléon de n'avoir pas appris plus tôt jusqu'à quel point l'empereur de Russie s'était rapproché de la frontière française, et de ne pouvoir par conséquent le saluer que par l'entremise du général. L'empereur Alexandre répondit que sa résolution d'aller à Bade avait été tout à fait soudaine, et qu'il était désolé de n'avoir pu faire à cette occasion la connaissance personnelle de l'empereur des Français.

Différentes notes qui me sont parvenues et m'ont été envoyées entre autres par des employés de chemins de fer sur la circulation et le chargement des voitures de la cour me font croire que l'empereur Alexandre repassera dès la fin de la semaine par Francfort pour se rendre à Heidelberg, et qu'il sera probablement le 13 à Wildbad pour l'anniversaire de la naissance de l'impératrice-mère.

Les dernières nouvelles du Hanovre sont très singulières; j'apprends que la volte-face du côté de l'Autriche est la politique personnelle du roi Georges, qui se trouve en contradiction avec les vues de Platen; c'est peut-être l'œuvre de Zimmermann (1), qui domine aussi bien le roi que Platen. Mon collègue du Hanovre me fit remarquer que l'Autriche est la seule cour ayant un ministre (2) à Hanovre; ceux de la Prusse (3) de la Russie (4) et de la France (5)

(1) Secrétaire général du ministère hanovrien.
(2) Comte d'Ingelheim.
(3) Comte de Nostitz.
(4) De Fonton.
(5) Comte de Reculot.

sont partis ; il paraît que la position de ce dernier est très mauvaise, qu'il se fait beaucoup d'ennemis, et cherche à faire de la politique pour son propre compte; c'est ainsi qu'il aurait travaillé contre nous dans l'affaire de Neufchâtel, en opposition avec son gouvernement. Mon collègue m'assura encore qu'il était nécessaire pour nous d'avoir un ministre à poste fixe au Hanovre, si nous voulions y garder de l'influence; avec la meilleure volonté du monde, Ysenbourg ne peut agir résolûment, non seulement parce que la position et la fortune lui font défaut, mais encore parce qu'il a besoin de se conserver des sympathies personnelles à Hanovre et la perspective de succéder à Nostitz, lorsqu'il partira.

On peut apprécier les sentiments que le roi Georges a pour l'Autriche et pour nous par la façon différente dont on envisage l'affaire du golfe de Jahde (1) et celle de Rastadt. On peut invoquer des arguments plus patriotiques pour le développement des forces maritimes de l'Allemagne, que pour la défense de Rastadt par l'Autriche ; cette place sera une menace pour le sud-ouest, bien plus que la Jahde pour le nord-ouest de l'Allemagne. Les redites sur l'immixtion française fournissent au roi de Hanovre un excellent prétexte pour prendre parti avec une belle indignation dans le dilemme entre nous et l'Autriche, et pour se ranger du côté de cette dernière. Il semble que les Etats allemands s'habituent à considérer l'Autriche seule comme suffisamment souveraine, pour se permettre une politique indépendante, à laquelle la Prusse se trouve toujours obligée de se rallier, sous peine d'être décla-

---

(1) En 1553, la Prusse acheta au duché d'Oldenbourg deux petites bandes de territoire sur le golfe de Jahde pour y établir un port de guerre.

rée « anti-allemande. » Si nous nous laissons dominer par des théories de ce genre, nous serons peu à peu acculés au point de devoir abandonner la Confédération, ou de nous sacrifier nous-même. Mais si nous nous montrons fermement décidés à conserver, par tous les moyens, le droit d'avoir une politique indépendante et une action décisive sur les destinées de l'Allemagne, l'unité de la Confédération se consolidera, car la présomption de l'Autriche et des Etats moyens cessera d'y rendre notre position intenable. Je ne veux pas dire par là qu'elle le soit déjà ; mais, si nous devions subir des assauts intérieurs ou extérieurs, ce serait, chez un peuple vaniteux comme nous le sommes, une grave question d'être assuré que, par notre situation extérieure, le sentiment national se trouve blessé ou satisfait. Cette alternative dépend aujourd'hui uniquement de la croyance qu'aura le pays dans sa dépendance ou indépendance de l'Autriche, et notre situation intérieure s'améliorerait visiblement, dès que le gouvernement lui donnerait la conviction de sa fermeté vis-à-vis de l'Autriche.

L'observation du comte Walewski sur la conduite de Bade est très probante. Ce qui le surprend, c'est que les mêmes gouvernements qui ont demandé conseil à Paris au sujet du passage des troupes prussiennes devant se rendre en Suisse, se montrent si susceptibles de ce que la France exprime son opinion sur l'occupation par l'Autriche d'une forteresse du grand-duché de Bade.

Les délégués de l'Autriche, de la Saxe, du Wurtemberg, de Bade, des deux Hesses, du Luxembourg, de Nassau et de Holstein, ne montrent pas le moindre empressement à porter la question danoise devant la Diète ; on craint que l'opinion publique ne donne trop d'importance à ce fait et en espère monts et merveilles, espoir auquel la Diète ne pourrait répondre, d'où désillusion générale, et déconsidération de l'Assemblée. Mes collègues du Hanovre, de Mecklembourg, de Weimar, d'Oldenbourg et des villes libres, sont plus disposés à s'opposer aux empiètements des Danois ; le délégué de Bavière en parle depuis quelque temps moins qu'autrefois.

Avant-hier, je suis allé voir le vieux Metternich sur le Johannisberg ; je le trouve très changé depuis cinq années, physiquement beaucoup, intellectuellement peu. Il ne me parla que d'un passé lointain, le seul sujet actuel auquel il s'arrêta fut un parallèle entre Kossuth et Mazzini ; on aurait intercepté récemment des programmes et des lettres poltiiques où ces deux personnages se combattent. Mazzini veut maintenir l'Italie en éveil par des attentats sans cesse renouvelés, Kossuth conseille de travailler en silence, jusqu'à ce qu'on se sente assez fort et que l'occasion se présente. Le prince déclara que Mazzini et son programme étaient des niaiseries, tout aussi utiles pour les gouvernements que les attentats simulés contre Louis-Philippe, Kossuth, au contraire, un « homme d'Etat de la révolution » aussi grand que dangereux.

CXI

Attitude de l'Autriche dans la question danoise. — Visites de souverains allemands à l'empereur Napoléon. — Voyage de l'empereur Alexandre.

10 juillet 1857.

Je me permets d'annoncer à Votre Excellence, au sujet de la question danoise, que le comte Montessuy

a reçu aujourd'hui de Paris ce renseignement :
l'Autriche y a déjà déclaré que « la dernière réponse du Danemark ne lui paraît pas être de nature à obliger les puissances allemandes à porter désormais la question devant la Diète ; que l'Autriche préfère attendre la convocation de la Chambre holsteinoise, ce qui ne dépendra plus que de l'avis de la Prusse. »

J'apprends que le grand-duc de Darmstadt a l'intention d'aller voir l'empereur Napoléon à Plombières, et que le roi de Wurtemberg se rendra plus tard auprès de lui à Biarritz ; la première information me vient de bonne source, la seconde de la reine de Wurtemberg même.

L'empereur Alexandre, comme je l'ai déjà écrit, visitera l'impératrice-mère, le 13 courant, à Wildbad. Il dînera après-demain, dimanche, ici chez M. de Fonton, et le soir, il sera à Wildbad. On a retenu un logement à l'impératrice douairière pour le 14 au soir ; elle arrivera le 14 ou le 15, et se rendra ensuite à Weimar.

CXII

Voyage de M. de Bismarck.

Copenhague, 24 août 1857.

Je me permets d'annoncer à Votre Excellence que je compte arriver à Berlin après-demain, mercredi, et que je me propose de continuer le soir mon voyage par le chemin de fer de l'Est. Si les occupations de Votre Excellence le permettent, je voudrais, à cette occasion, vous faire un rapport verbal sur mes impressions de Copenhague ; après-demain, vers cinq heures du soir, je demanderai si et à quelle heure dans la soirée je pourrai avoir l'honneur de présenter mes respects à Votre Excellence.

CXIII

Entrevue des empereurs d'Autriche et de Russie à Weimar. — M. de Bismarck reçu par l'empereur de Russie à Darmstadt. — Inquiétudes des princes allemands. — Visites de Napoléon à Munich et à Darmstadt. — Alliance franco-russe. — Amélioration de la position militaire de la Prusse à Mayence. — Arrivée du prince de Prusse.

23 septembre 1857.

Votre Excellence a déjà dû apprendre par le télégraphe que l'Empereur d'Autriche se rencontrera avec celui de Russie le 1er octobre à Weimar. On m'a communiqué cette nouvelle à la condition que je n'en ferais part qu'à mon gouvernement ; on exprima en même temps la crainte que l'Empereur François-Joseph n'ait provoqué cette entrevue dans l'intention de l'utiliser, comme contre-démonstration à l'entrevue de Stuttgart dans le sens de la Sainte-Alliance, en y appelant aussi Sa Majesté le Roi. Le prince Gortschakoff m'a dit que son Empereur, connaissant la méfiance prompte à s'éveiller de l'empereur des Français, éviterait en tout cas ce qui pourrait y donner lieu, et considérait comme impraticable une entrevue *à trois*, une rencontre *simultanée* avec notre très gracieux Maître et l'Empereur d'Autriche. L'Empereur d'Autriche a demandé directement à celui de Russie un entretien particulier, et ce dernier a proposé Weimar. Le comte Buol n'accompagnera pas son maître qui emmènera seulement le comte Grunne.

L'Empereur Alexandre partira de Weimar, le 2 octobre à 6 heures du matin pour Dresde, et sera à 9 heures du soir à Potsdam. Je l'ai vu à Darmstadt, dimanche, au thé de la grande-duchesse, et lundi, à la revue des troupes de Darmstadt. La première fois, il exprima encore une fois ses regrets de ce que Sa Majesté le Roi ne venait pas à Stuttgard, en remarquant toutefois que le grand-duc était très satisfait de cet arrangement, parce que l'entrevue inquiétait les princes allemands. C'est ce que m'a dit aussi M. de Dalwigk en s'exprimant dans un sens beaucoup plus franchement hostile à la Russie, que je ne m'y attendais dans les circonstances présentes. Quand il saura que l'Empereur d'Autriche vient à Weimar, il prendra sans doute un autre ton, absolument comme la presse autrichienne qui, en ce moment, est unanime à emboucher la trompette, pour inviter l'Allemagne à la « vigilance ». La Bavière a cherché à déterminer l'empereur Napoléon à pousser jusqu'à Munich ; elle n'a pas encore réussi. A Darmstadt, on espère toujours la visite française après l'*entrevue* de Stuttgard, mais on ne peut rien savoir de certain sur la manière dont s'opèrera le retour en France. Le ministre de France me dit que son empereur était parti aujourd'hui à 9 heures du matin de Châlons, qu'il passera probablement la journée à Strasbourg ou à Metz, et qu'il sera le 24 à Bade. Le souverain de Russie sera demain à 4 heures, celui de France après-demain à 5 heures à Stuttgard.

Le seul fait d'une entrevue franco-russe donne le sentiment que la Confédération germanique chancelle et que les questions fédérales perdent de leur **intérêt aux yeux des délégués ; avec quelle rapidité** toute la Constitution fédérale ne se réduirait-elle pas à l'état de document historique, si l'on se proposait de conclure réellement entre les deux puissances une alliance dans un but pratique.

On répand le bruit que Bonin (1) est désigné pour commander le II⁰ corps d'armée ; en ce cas il faudrait souhaiter que son successeur mît à profit le temps pendant lequel le commandement à Mayence restera encore aux mains de la Prusse pour s'occuper sérieusement d'améliorer notre position militaire, et qu'il s'entendît avec Reitzenstein (2) à ce sujet.

Le prince de Prusse arrive ce soir ; je pense l'accompagner à Bade ; car, lorsque l'Empereur aura quitté Darmstadt, le calme renaîtra ici.

CXIV

Santé du roi de Prusse. — Question du Holstein. — Affaires de Mayence. — La garnison de Rastadt. — Barons de Brunow et de Budberg. — M. de Fonton. — Plainte de l'Angleterre sur l'attitude de M. de Bismarck dans l'affaire Bentinck.

27 décembre 1857.

Je remercie Votre Excellence pour la lettre du 22 qui m'est bien arrivée dans le coffre aux dépêches.

Je conçois qu'on ressente directement aux sommets de l'organisme gouvernemental la calamité

---

(1) De Bonin, général de division, vice-gouverneur de la forteresse fédérale de Mayence.

(2) Baron de Reitzenstein, lieutenant-général, premier plénipotentiaire de la Prusse à la Commission militaire de la Diète, puis vice-gouverneur de Mayence.

dont le pays est menacé par l'état de santé du Roi (1) L'indépendance des différents départements ministériels et de leurs chefs est devenue à tel point traditionnelle chez nous qu'ils ne peuvent se passer de l'intermédiaire et du lien commun qu'ils trouvent dans l'intervention efficace de la Personne Royale. On ne peut pas exiger du Prince (2) une action suffisante, tant qu'il n'aura pas la certitude de n'être responsable de ses actes qu'envers Dieu et envers lui-même, tant que chacune de ses résolutions se présentera à son esprit simultanément avec la question : Qu'en dira le Roi, lorsqu'il reprendra les rênes du gouvernement?

A cette paralysation, à cet enchaînement partiel de la puissance royale il n'y a point de remède dans la situation actuelle. La régence aux mains du Prince, quand même moins de motifs s'y opposeraient et qu'elle exigerait moins d'égards, n'y changerait absolument rien. Tous ses droits à la conduite des affaires n'enlèveraient pas au Prince le sentiment de sa responsabilité ; cette arrière-pensée l'empêcherait d'intervenir activement et de son propre mouvement dans les dissonances qui pourraient se produire parmi les organes gouvernementaux. Les Chambres elles-mêmes ne peuvent rien améliorer ; leur convocation amènerait sur la scène une foule de nouveaux personnages, dont l'influence simultanée serait loin de favoriser l'unité et la confiance réciproque. L'intérêt que je porte à la cause du pays me fait donc souhaiter d'être à Berlin ; et si, grâce à mes nombreuses relations personnelles, je puis être utile à Votre Excellence, je viendrai très volontiers, dès que j'y serai autorisé, et si les affaires

---

(2) Guillaume IV.
(2) De l'Empereur actuel.

ne deviennent pas trop brûlantes ici, pour me laisser libre.

L'affaire du Holstein (1) ne marchera pas par bonds assez rapides pour que je n'aie pas, dans les intervalles, le temps de partir. M. de Schrenk a achevé la minute de son rapport, 80 petites pages ; j'envoie la copie de ses conclusions dans son rapport d'aujourd'hui. Il n'y est pas une fois question du Schleswig ; j'aurais souhaité qu'il y fût dit un mot des promesses assez nettes du Danemark au sujet de cette province, peut-être sous forme de réserve dans l'exposé des motifs, et sans en faire l'objet de la résolution. Cet oubli ne fera pas bonne impression.

Les questions relatives aux forteresses fédérales pourraient plutôt m'empêcher de m'éloigner. L'affaire de Mayence est au premier plan, mais je crois que celle de Rastadt deviendra plus brûlante encore. La première a deux faces : 1° l'indemnité pour l'explosion (2) ; 2° la construction des casernes, dont on s'est déjà occupé.

Les réclamations des Mayençais à la Diète, et la façon dont le gouvernement de Darmstadt les soutient et fait mousser la catastrophe de la poudrière, sont exagérées. Tous les États, petits et moyens, ont ensemble plus de population que la Prusse, et malgré leurs cours nombreuses et leur dotation relativement considérable, leurs finances sont très prospères. Comparés à nous, ils font des économies sur le budget de la guerre. Ils n'ont pas *une seule* forteresse bonne, la Bavière même n'en a guère, tandis que la Prusse en a 25. La Confédération les leur construit, fournit les garnisons qui, comme celle de

---

(1) Voir *Corr. Diplom.* (Plon, Paris), vol. II, p. 289 et 298.
(2) Voir *Corr. Dipl.*, vol. II, p. 290.

Mayence, dévorent depuis quarante-deux ans tous les ans au moins un million de thalers, et, lorsqu'un malheur arrive, la Confédération doit encore boucher le trou. Qui est-ce qui dédommagerait Coblentz en pareil cas ? et pourtant Coblentz contribue à la défense de l'Allemagne tout aussi bien que Mayence, avec cette différence seulement que le souverain du pays est obligé de construire et d'entretenir les ouvrages de Coblentz. Quand il ne s'agit que de concourir en paroles, chacun se montre grand et indépendant ; quand il s'agit de payements et de corvées, tous se font petits et invoquent la charité de la Confédération, au lieu de demander à leurs propres Chambres la somme minime qui constitue la différence entre leur modeste apport et le dommage. Il me semble que c'est honteux pour nous de nous laisser exclure par la direction de l'artillerie autrichienne de tout contrôle sur la poudre et sur les négligences de la manutention, et de payer quand même *les pots cassés*. Reitzenstein se plaint très amèrement des agissements de Bonin dans l'affaire ; au lieu de profiter de l'occasion pour soumettre le monopole de l'artillerie autrichienne à la surveillance de la Prusse et de la Confédération, il a prêté la main pour jeter un voile sur tous les désagréments de l'accident, et laisser à l'Autriche la conduite de l'enquête ; il a même fini par livrer toutes les pièces à l'Autriche.

On entend de toutes parts confirmer le jugement porté sur Bonin dans la lettre jointe à celle de Votre Excellence. C'est une sorte de coquette homme, il éprouve le besoin d'être de l'opinion de tout le monde, et notamment de mériter les éloges de l'Autriche. Le singulier billet autographe que l'Empereur lui adressa le 17 décembre prouve qu'il réussit à les obtenir, il fait quelque sensation dans les cercles prussiens. A mon avis nous devrions répondre par une fin de non-recevoir froide et résolue aux réclamations des Mayençais auprès de la Diète. De qui, en effet, attendons-nous de la reconnaissance à ce sujet? Du peuple de Mayence? De l'évêque Kettler? Du gouvernement de Darmstadt sous Dalwigk? Le premier ne remerciera personne, le dernier ne remerciera que l'Autriche, auteur de la catastrophe, qui sait être généreuse avec l'argent d'autrui. Nous n'avons pas un pfennig « de revenus politiques » à attendre d'une libéralité de cette nature. Et quelle conséquence cet incident aura-t-il pour toutes les forteresses fédérales! Chacune se croira assurée par la Confédération contre tout risque provenant de la garnison ou du fait que la ville est une forteresse.

J'ai été embarrassé jusqu'à un certain point par la proposition du 22 concernant la construction des casernes à Mayence. Il serait fort intéressant de savoir qui a pu mettre en avant cette idée d'une citadelle sur le Kaestrich; si c'est quelqu'un qui est *au courant* de la situation militaire de Mayence, je ne puis me défendre du soupçon qu'il aime mieux rendre service à l'Autriche qu'à la Prusse. Reitzenstein le croit également et Bonin lui-même a déclaré, à nous du moins, que ce plan était absolument intempestif et donnait le dernier coup à nos projets de construction à l'intérieur de la citadelle.

Les notices sur le personnel de Mayence, jointes à la lettre de Votre Excellence, doivent provenir d'un homme de jugement et de sens ; elles sont parfaitement justes, au moins pour les gens que je connais.

Je ferai un rapport complet sur l'affaire de Rastadt, dès qu'elle arrivera à la Commission militaire. Si on veut faire valoir notre demande de participation à la garnison, il serait bon que ce fût fait sans tarder, avant que les instructions des autres délégués ne soient définitivement arrêtées. Les troupes qu'on pourrait y envoyer seraient disponibles à Wesel où il y a un dépôt de cinq batteries, au dire de Reitzenstein.

L'envoi de Brunnow (1) à Londres était décidé, à ce que j'apprends, dès le mois d'octobre. Il m'en a parlé lui-même à cette époque, au moment de mon départ, d'une façon qui me fit croire que la chose était notoire ; il me confia qu'il quittait Berlin et qu'il espérait qu'on lui donnerait Londres. Il prit dès lors définitivement congé de moi ; je n'ai plus revu Votre Excellence après, sans quoi je lui en aurais parlé, et je n'ai pas écrit, parce que je ne croyais pas que ce fût une information nouvelle.

Budberg, comme successeur de Gortschakoff, serait contraire à notre intérêt ; il nous déteste du fond du cœur ; je ne saurais dire pourquoi, car il n'a réellement pas à se plaindre de Berlin ; il a fait sa carrière par nous. Mais pendant son séjour à Francfort, cet été, il a parlé contre la Prusse, de même qu'il l'a fait à l'époque d'Erfurt. De ses compatriotes, voyageurs venant par Vienne, m'ont récemment encore rapporté des faits semblables.

Quant à Fonton, j'ai de lui une opinion moins désavantageuse que Votre Excellence. Son caractère est celui d'une femme, et encore d'une méridionale ; il est emporté, mais tout aussi facile à calmer, bon enfant, surtout dans les affaires privées ; indolent à l'ordinaire, mais très actif et très adroit, dès que son intérêt ou sa passion est éveillée ; facile à gagner, facile à blesser, très serviable et très actif pour ses amis ; il l'a été pour l'Autriche et contre nous, pendant son séjour à Vienne, il l'a été pour Platen à

(1) Baron de Brunnow, ambassadeur de Russie à Londres, puis à la Diète et à Berlin.

19

Hanovre. Il a une grande influence sur les résolutions de son cabinet et rédige une grande partie des pièces dans les questions importantes. La dernière note envoyée au Danemark a été expédiée sur sa demande et communiquée aux autres cours; c'est lui qui l'a rédigée mot pour mot, à ce que m'assure son secrétaire. Je crois qu'on acquiert de l'influence en l'ayant pour ami, et il a des dispositions à se rallier à la puissance auprès de laquelle il est accrédité. L'opinion qu'a de lui Votre Excellence ne m'engage guère à conseiller une tentative pour l'amener à Berlin ; mais je déplorerais qu'on le refusât expressément, et qu'on s'en fît un ennemi; car je sais à n'en pas douter qu'il ne se fait presque rien à Saint-Pétersbourg sans son conseil. La pénurie de gens habiles est, paraît-il, si grande, qu'on passe sur tous les défauts qu'on peut lui attribuer, et qu'on le considère comme *indispensable,* malgré tous les changements dans la direction des affaires. Budberg n'est du reste pas son ami. Dans les querelles sur la préséance des délégués entre eux et des ministres des grandes puissances étrangères, je n'ai eu de vives contestations qu'avec lui ; il avait été excité par d'autres ; mais le lendemain il comprit par lui-même que j'avais raison, vint me voir, et fut ensuite notre meilleur avocat auprès de ses collègues de France et de Belgique. En somme je ne puis pas en souhaiter de meilleur à sa place; je voudrais seulement que sa vie privée se conformât davantage à nos idées, bien qu'il évite tout ce qui pourrait choquer en société.

La plainte anglaise sur ma conduite dans l'affaire Bentinck (1) m'a surpris; il doit y avoir sous roche beaucoup d'excitations autrichiennes, sans quoi je ne comprendrais pas que cela ait pu arriver. C'est un

---

(1) Voir vol. II de la *Corr. diplom.* (Plon, Paris) page 289.

cas tout à fait inouï qu'un gouvernement étranger prenne pour base de démarches officielles une discussion qui a eu lieu au sein de la Diète, discussion intime et non inscrite au procès-verbal, que ce gouvernement devrait honnêtement ignorer. Le chargé d'affaires intérimaire, Edwards, est venu chez moi aujourd'hui, après avoir reçu le rapport de Bloomfield (1) sur sa conversation avec Votre Excellence. Je lui ai parlé dans le sens de mon rapport du 26 novembre.

CXV

Mariage du prince Frédéric-Guillaume de Prusse et l'impression qu'il produit en France. — Absence de l'ambassadeur d'Angleterre. — Changements de personnel dans la diplomatie russe. — Attitude du *Journal de Francfort* au sujet de l'attentat d'Orsini. — Le comte de Rechberg et la politique de l'Autriche. — Baron de Blixen et l'affaire du Holstein.

22 janvier 1858.

Mon collègue de France n'est pas affranchi de toute inquiétude sur l'étendue et la vivacité de l'intérêt qu'on prend en Prusse au mariage du jeune prince (2). Dans les correspondances des journaux officieux de Paris on trouve des impressions analogues. Les Français n'ont pas une idée bien nette de nos rapports entre princes et peuple, et de la vie de famille allemande. La présence de toute la famille Royale à

(1) Lord Bloomfield, ambassadeur de la Grande-Bretagne à Berlin.
(2) Le prince héritier actuel.

Londres leur fait l'effet d'une démonstration politique, et l'intérêt que la Prusse témoigne à sa reine future leur apparaît comme le déchaînement de la sympathie nationale pour l'Angleterre.

On est un peu surpris de ce que mon collègue anglais soit absent et que l'Angleterre ne fasse rien pour fêter ce jour. Il est en Italie et reviendra peut-être lundi.

La nomination de Budberg a si bien surpris les Russes d'ici qu'ils ne voulaient pas y croire. Fonton se l'explique par la circonstance que Budberg a fait à Vienne trop de politique personnelle, et que le prince Gortschakoff a voulu l'en éloigner. Il paraît que Fonton aurait préféré Berlin à Vienne, où son animosité contre l'Autriche lui a gâté dans les derniers temps le métier. Il m'a dit qu'à l'époque de la nomination du prince Gortschakoff à Saint-Pétersbourg on hésitait entre lui et un ministère Orloff (1) avec Budberg comme secrétaire d'État et *faiseur* pour les affaires étrangères, mais que cette combinaison était maintenant enterrée et n'avait plus de chance de ressusciter.

Votre Excellence doit déjà savoir que le comte Bulow (2) à Schwerin prend sa retraite pour raisons de santé ; c'est-à-dire il veut essayer de se soutenir encore un peu plus d'une année, parce que cela lui ferait 4,000 thalers de retraite de plus.

On est unanime à désigner pour son successeur mon collègue OErtzen, caractère estimable et calme, un peu pédant et procédurier, mais honnête et digne de confiance, et jusqu'à ce jour, comme les scrutins le montrent souvent, aussi Prussien qu'un

---

(1) Prince Orloff, général de la cavalerie, depuis le 5 avril 1856, président du conseil des ministres.
(2) Comte de Bulow, ministre de l'intérieur et des affaires étrangères au Mecklembourg, depuis le 12 avril 1850.

Mecklembourgeois du parti de la petite noblesse peut l'être. Il ne l'était pas de 1850 à 1851, mais après avoir observé pendant sept années dans son poste à Francfort la politique autrichienne, il a complètement changé et je crois que nous pouvons hardiment appuyer sa nomination de ministre, si nous pouvons y contribuer.

Les impressions produites à Francfort par l'attentat d'Orsini ne présentent qu'un côté digne de remarque. Le *Journal de Francfort* est, au su de tout le monde, depuis l'année dernière, sous la direction immédiate du bureau de la presse à Vienne, grâce à une convention faite avec M. de Vrints ; or ce journal donna dans son premier numéro qui parle de l'attentat, le 18 ou le 19 à ce que je crois, deux articles, sans aucun doute originaires de Vienne, non seulement favorables au droit d'asile de l'Angleterre, mais encore semés de pointes désagréables pour l'empereur Napoléon et fort déplacées en cette occasion. Le comte Rechberg a exprimé tout haut son indignation contre cette feuille, en attribuant ces articles viennois à Mazzini et consorts; il attisa la colère déjà violente du comte Montessuy contre de Vrints, qui écouta sans rien dire et avec un air d'innocence offensée leurs reproches à tous deux. Il est probable que la France réclamera contre cette feuille auprès des autorités de la ville.

A l'occasion d'un entretien sur *quid faciamus nos* (1), le comte Rechberg a quelque peu lâché les rênes à sa critique de la politique autrichienne et parlé en faveur d'une meilleure entente avec la

(1) *Quid faciamus nos?* Brochure anonyme, parue en 1858 à Berlin, chez Schneider. Traitait avec esprit de la situation politique de la Prusse, de sa politique sur le Danube, des alliances de la Prusse avec la Russie, la France et l'Angleterre, de ses rapports avec l'Autriche et la Confédération, etc.

Prusse. Il a dit à un particulier de ses amis que les agissements de l'Autriche dans l'affaire de Neufchâtel avaient été une *sottise*. Il est plus malin que Buol, connaît les choses aussi bien que lui, et son jugement confirme que la politique de l'Autriche est engagée dans une voie scabreuse, où il nous est impossible de la suivre. Des gens comme Frantz, ou tout autre auteur de cette brochure, ne réfléchissent pas que nous ne pouvons la suivre *à tout prix*, et que les conditions auxquelles il nous serait utile de le faire sont repoussées avec horreur par l'Autriche. La critique dans *le Temps* (1) était très habilement rédigée, mais elle a « profondément attristé » Rechberg.

J'aimerais bien être à Berlin à l'époque des fêtes (2), si le Holstein ou Mayence ne me retiennent pas. Dans la première affaire, je n'ai pas rapporté que le célèbre Scandinave et ami du ministre Hall (3), baron Blixen a été ici, il y a quelques jours. D'après lui les difficultés seraient facilement résolues par la séparation du Holstein, si nous n'émettions pas de prétentions sur le Schleswig et ne voulions pas entrer dans de nouvelles négociations avec la Chambre holsteinoise. Le Danemark, c'est-à-dire le Roi octroierait alors les modifications demandées par la Confédération dans le Holstein-Lauenbourg et garderait la Constitution générale pour le reste de la monarchie.

(1) *Die Zeit*, le *Temps*, journal de Berlin.
(2) Le 8 février 1858 eurent lieu à Berlin les fêtes à l'occasion de l'entrée du prince Frédéric-Guillaume de Prusse et de la Princesse Royale de Grande-Bretagne et d'Irlande.
(3) Ministre de l'instruction publique et des cultes du Danemarck.

CXVI

La Prusse et la question des duchés. — Le baron de Blixen.

15 mars 1858.

J'avais écrit la lettre ci-jointe pour qu'elle pût être soumise à Son Altesse Royale le prince de Prusse. En la relisant, je trouve que dans ma précipitation je n'y ai pas mis assez d'ordre et de clarté ; aussi me permettrai-je d'en développer les parties essentielles dans un mémoire que j'enverrai au Prince (1).

J'ai l'honneur de présenter à nouveau les lettres de Quehl. Malgré toute son intelligence, sa vivacité et ses sentiments anti-danois l'entraînent.

Pourquoi faut-il que ce soit précisément nous qui fassions des efforts diplomatiques dans le but spécial d'obtenir pour les Allemands du Danemarck pleine satisfaction au sujet de leur Constitution intérieure, alors que toute la gloire en reviendra à la Confédération ? Quel profit y a-t-il pour la Prusse à ce que la Confédération remporte cet éclatant avantage, là où nous avons échoué avec le prétendu secours de l'Autriche ?

La solution possible en ce moment s'exprimera sans doute par la formule suivante : la Confédération prononce sur la question du Holstein, l'Europe sur cette du Schleswig. *Le mieux est l'ennemi du bien ;* si la Confédération veut englober le Schleswig dans sa décision, elle provoquera fatalement l'immixtion de l'Europe. Les projets des Danois, tels que les montre Quehl, sont en tout cas intolérables pour les Holstei-

(1) L'Empereur actuel.

nois, moins que satisfaisants pour la Confédération ; mais je vois en Quehl plus d'enthousiasme que de sagesse politique, quand il conseille à chaque gouvernement allemand et notamment à nous d'y « répondre par des actes ». Quand les Danois enverront une déclaration de ce genre à la Confédération, celle-ci aura à voir ce qu'elle devra faire, c'est elle qui portera la responsabilité, pas nous. Le parti le plus sage à prendre se trouve résumé dans la lettre de Votre Excellence en ces mots : Dans les délibérations et les résolutions de la Diète, il faut « que nous soyons plutôt en avant qu'en arrière. » Cela ne nous sera pas difficile ; jusqu'ici nous y avons parfaitement réussi ; dans une affaire qui, *pour le moment*, ne nous offre aucun profit, et ne nous en offrira plus tard que *si elle reste mal réglée à présent ;* nous n'avons pas besoin de quitter notre abri derrière la Confédération pour nous avancer sous notre propre responsabilité. L'approbation de l'opinion publique est un bien désirable pour la Prusse, mais elle est achetée trop cher par le danger d'avoir pour adversaires *tous les pays étrangers*.

Quehl connaît Blixen moins que moi. Ce n'est pas un aventurier, mais il a une vanité maladive. Il a tout ce que peut désirer un particulier, notamment de grandes et belles propriétés et beaucoup d'argent ; mais il voudrait arriver à la notoriété politique et lire son nom dans les journaux. Il est le seul parmi la noblesse danoise qui ait de l'ambition ; pour la satisfaire, il ne boude ni devant le travail, ni devant les dépenses, et se lie avec des démocrates et des aristocrates ; grâce à ces relations, à son intelligence, à ses connaissances et à son énergie, il pourrait bien entrer un jour au ministère dans son pays, si pauvre en capacités, à moins qu'il ne se ferme la voie lui-même par des vanteries prématurées et son manque de droiture et de franchise, qui excite la méfiance générale. Il n'est pas comparable à Schele, ne serait-ce que pour le bon ton et la bonne éducation qu'il possède. Ce que nous nous sommes dit dans « des entretiens très intimes » peut sans inconvénient être imprimé dans tous les journaux.

CXVII

Mémoire de M. de Bismarck. — Comte de Buol et la question du Holstein. — Attitude de Bade vis-à-vis de la Prusse.

10 avril 1858.

Dans une dernière lettre confidentielle à Votre Excellence je disais que j'avais l'intention de soumettre à Son Altesse Royale le prince de Prusse (1) un mémoire sur nos rapports avec la Confédération et l'Autriche. En le rédigeant je pensais surtout à ce que Votre Excellence m'avait écrit sur les menées de Koller contre vous. A ce point de vue j'ai cru que mon mémoire serait mieux accueilli s'il arrivait directement au Prince, plutôt que par l'entremise de Votre Excellence. Je ne crains qu'une chose, c'est qu'il soit trop long, mais je croyais devoir avancer toutes les preuves tirées des faits, parce que des plaintes et des affirmations générales sur l'attitude des adversaires produisent toujours l'impression de vues personnelles. Dans une lettre jointe au mémoire j'ai dit à Son Altesse Royale que je ne pouvais pas m'attendre à ce qu'Elle lirait un tel *opus*, mais que je La

(1) L'empereur actuel.

priais de se faire faire un compte rendu des idées qui y sont contenues, fruits d'une pratique septennale. Je puis donc admettre que ce travail est arrivé aux mains de Votre Excellence, à qui je demande une critique indulgente. Dans le cas contraire, et si Votre Excellence ne veut pas demander ce mémoire au Prince, j'en ferai faire encore une copie; mais cette copie ne pourra pas se faire très vite, vu que je ne puis plus du tout compter sur la plume du vieux Kelchner (1), et qu'Eckert (2) même est souvent malade. Ce travail ne contient rien de bien nouveau pour Votre Excellence, car vous savez mieux que moi tout ce que j'ai écrit à Son Altesse Royale sur le passé et le présent, et mes vues sur nos devoirs dans la politique allemande, exposées dans mes lettres et mes rapports, sont, non seulement connues, mais encore, comme je m'en flatte, approuvées par Votre Excellence. D'après mon impression, Sa Majesté le Roi ne m'est pas aussi favorable. Vis-à-vis de l'étranger on ne peut pas, dans la représentation de la Prusse, être aussi nettement homme de parti qu'à l'intérieur; l'Angleterre nous en fournit la preuve et de bons exemples. Si nous ne voulons pas nous « dissoudre » dans la politique fédérale de l'Autriche, et être mis en face d'une rupture à un moment peu favorable, il faut que nous nous concentrions à temps en nous-mêmes, et que, prenant en nous notre point d'appui, nous fassions agir des forces auxquelles l'Autriche n'a rien de semblable à opposer. En première ligne je crois qu'il faut mettre les plantes de serre de la politique fédérale au grand air de la publicité, ne pas se contenter de permettre à la presse de discuter librement la poli-

---

(1) Chef de la chancellerie à l'ambassade prussienne.
(2) Conseiller de chancellerie à la même ambassade.

tique allemande en réponse aux mensonges de nos adversaires, mais provoquer encore à ce sujet des discussions à la Chambre, ce qui nous donnerait une publicité authentique, contre laquelle les faussetés de la presse seraient impuissantes. Nous possédons les moyens de rendre très populaire notre abstention dans la soi-disant politique fédérale nationale ; n'obtiendrions-nous que ce résultat de faire craindre à l'Autriche et aux illuminés des majorités fédérales les conséquences auxquelles ils nous poussent, et d'arrêter leurs tentatives pour nous étouffer dans le lien fédéral, ces résultats négatifs vaudraient encore mieux pour nous que la situation actuelle. Alors, si telle est l'intention de Sa Majesté, nous pourrons au moins faire de la Confédération un organisme politique plus solide pour « la sécurité extérieure et intérieure ».

Le comte Montessuy m'interrompit par une visite assez longue. Il venait me dire, que le comte Buol avait exprimé à Bourquenay une opinion favorable sur la note danoise ; Buol espère qu'elle donnera lieu à des négociations fécondes, si la Prusse est du même avis. Il loua surtout le ton conciliateur de la dépêche danoise et dit à l'ambassadeur français que les représentants de plusieurs cours allemandes partageaient sa manière de voir. Au grand jour le cabinet de Vienne changera probablement de langage.

Wentzel est à Darmstad où les souverains de Bade sont restés deux jours en visite. Je ne puis pas quitter la chambre, sans quoi j'aurais essayé de leur présenter mes respects. Il est singulier que, de tous les États moyens, ce soit précisément Bade qui nous fasse l'opposition la plus vive pour la forme et le fond. La note de Meysenbug sur la querelle qui éclata le 25 février à la Diète, à propos de l'article 19 du règlement, est parfois grossière. Le rédacteur, celui qui en général joue le rôle de *faiseur* auprès de Meysenbug, est, dit-on, M. d'Uria, ultramontain des plus ardents.

CXVIII

La garnison de Rastadt. — La situation politique au Monténégro et en Italie. — Les impôts en Hongrie. — Position du ministre de Meysenbug et de M. d'Uria. — Les élections et les partis en Prusse.

26 mai 1858.

Que Votre Excellence me permette de prouver par quelques lignes ma bonne volonté de correspondant, quoique j'aie à peine un sujet digne d'intérêt. Je commence par le temps, et annonce qu'il est froid et désagréable, qu'il pleut tous les jours, mais que les fruits de la terre paraissent s'en trouver bien. Le colza même a perdu l'air chétif qu'il avait au sortir de l'hiver et a richement fleuri.

Dans la question de Rastadt, Rechberg ne se montre plus aussi pressé, soit qu'il commence à croire que nous tenons sérieusement à l'unanimité, soit que les points noirs au Monténégro et en Italie fassent paraître plus important l'accord avec la Prusse. Les instructions envoyées de Vienne à la presse se fondent sur ce dernier motif; j'apprends par des agents de journaux autrichiens qu'ils ont été invités à laisser reposer tout sujet de querelle, et à démontrer que la Prusse doit nécessairement être avec l'Autriche dans les difficultés orientales. Si nous nous montrons fermes à l'égard de l'Autriche dans les questions européennes, si nous faisons comprendre à Vienne que nos agissements ont leur raison d'être dans la politique de l'Autriche en Allemagne, il faudra que cette puissance se décide à prendre un autre ton, qu'elle recherche et achète l'accord avec nous.

On a de singulières nouvelles de la Hongrie : les impôts directs sont en retard sur une si vaste échelle qu'il a fallu arrêter leur rentrée par la contrainte, parce que les objets saisis ne se vendent pas. Quand les contribuables le sauront, beaucoup d'entre eux trouveront plus commode de ne pas payer.

La semaine dernière on disait la position de M. de Meysenbug compromise, à la suite des attaques dirigées contre lui par le parti ultramontain, indépendant de l'Autriche; celle-ci a remis l'affaire en ordre. Il paraît que Meysenbug s'est mis une épine au pied dans la personne de son conseiller rapporteur M. d'Uria. Celui-ci passe pour le plus capable des ultramontains de nos environs; il a la mission de conduire les affaires, en attendant par son influence sur Meysenbug, plus tard, selon les circonstances, sans lui.

Je reçois de chez moi des lettres désespérées sur les élections. On se plaint de l'émiettement de l'ancien parti conservateur, et de l'activité de l'opposition, qui travaille les électeurs dès à présent. Un bon symptôme, c'est que l'on n'ose pas se poser en adversaire du gouvernement, mais que chacun prétend être le véritable représentant des idées qui prédominent en haut lieu. Des communications écrites de la Prusse orientale, et de la Poméranie, des communications verbales de la Westphalie m'apprennent qu'on s'apprête plus fiévreusement aux élections que la dernière fois. A cette époque il y a eu une circonstance favorable, la crainte de la guerre a pesé dans la balance contre les candidats de l'opposition. Ce qui contribue également à agiter un peu les esprits en ce moment, c'est le bruit qu'en automne, si jusque-là Sa Majesté le Roi ne reprend pas le gouvernement, il y aura de profonds changements dans le personnel et le système. Il ne serait certainement pas prudent de procéder aux élections avec des incertitudes alarmantes. On devrait faire quelques-uns des changements *auparavant ;* mais si on n'en avait pas l'intention, on devrait le déclarer catégoriquement, avant l'ouverture de la période électorale. Cette déclaration servirait certainement à déranger toutes les manœuvres de parti, fondées sur des faits controuvés et sur des bruits alarmants.

Je suis invité à la fête de l'ordre de Saint-Jean, pour recevoir l'accolade de chevalier, et je demanderai alors la permission de me rendre à Berlin.

FIN

F. Aureau. — Imprimerie de Lagny

www.ingramcontent.com/pod-product-compliance
Lightning Source LLC
Chambersburg PA
CBHW072011150426
43194CB00008B/1072